VERLAG »DIE SILBERSCHNUR«

Hinweis:

Aus namens- und urheberrechtlichen Gründen wird hier ausdrücklich darauf hingewiesen, daß es sich bei den fettgedruckten Texten dieser Publikation ausschließlich um

›paranormale Übermittlungen geistiger Quellen‹

handelt. Die Entität 'Jung' etwa hat sich selbst als ›physisches Leben überdauerndes Bewußtsein des ehemals auf Erden weilenden Psychologen C.G.JUNG‹ bezeichnet. Um sowohl solchen Zusammenhang als auch die Unterschiedlichkeit zu historischen Persönlichkeiten zu kennzeichnen, wurden in dieser Dokumentation die Namen der jeweiligen Übermittler in Anführungszeichen gesetzt bzw. in nichtoriginärer Schreibweise ausgeführt. Der Verlag

René & Mirabelle Coudris

IM TRANCE-DIALOG MIT 'C.G. JUNG'

ODER KONTAKTE MIT DEM UNBEWUSSTEN ?

Channeling Chronik III
2 – 6/88

Es erschienen bereits zwei Bände dieser Serie im gleichen Verlag.

Originalausgabe

VERLAG »DIE SILBERSCHNUR«

Wir bedanken uns wiederum herzlichst bei allen Lesern, die unser Projekt materiell förderten, ganz besonders bei A. T., Herta, Herrn K., G. Z., Karl K., Nené v. M., Charlotte S., C. B., Ferdinand, den beiden Marias, Renate, Fam. B., Beate G., Chr. T., Sukie M. und O. & W. K., Mrs. L. H., sowie bei der ›Ann and Erlo van Waveren Foundation – New York‹ und allen Freunden, die als Akt der Unterstützung bereits die komplette Buchserie abonnierten. Ganz speziell bedanken wir uns natürlich wieder bei 'Ce Ge Jung' und seinen im Hellen agierenden astralen Mitarbeitern.

Die Autoren

Printed in Germany.

D-5450 Neuwied, Heddesdorfer Straße 7
1. Auflage – 12/90
Lektorat: Tom Hockemeyer/A. T. · Grafische Gestaltung: René Coudris
Umschlagbild nach einem Foto von Yousuf Karsh
Backcoverfoto: Veronika Hager
Herstellung: Manfred Huber · Produktion: Strüder-Druck, Neuwied
ISBN 3-923781-41-5

CeGeJungs weltweiter Grußbotschaft:

Meine lieben Freunde!

Im globalen Zirkel des Geschehens
gibt es da und dort
bekräftete Frauen und Männer,
die fähig sind,
zu verstehen worum es geht:

Psychoanalyse und Spiritualität
in eine vernünftige Einheit
zu bringen.

Nicht um Entgleisungen,
Entrückungen und Verzückungen
– auch nicht um Mystik –
geht es,
vielmehr um das Anheben des
psychologischen und spirituellen Wissens,
des Verständnisses des Menschen
in seiner Ganzheit!

INHALT

Prolog **DES ABENTEUERS DRITTER TEIL**
1000 Seiten Psychologie der Zukunft 11

59. Kontakt **'GUSTAV GRABER' TRITT VOR**
Im Kreis der 'Jung'schen Gruppe 19

60. Kontakt **ANAGRAMMA**
Ich empfinde es als Koan 33

61. Kontakt **DAS LEBEN IST LIEBE**
Es gibt keinen strafenden Gott 45

62. Kontakt **HERZKLOPFEN**
In der Hölle ist der Teufel los 51

63. Kontakt **PFERDESTÄRKEN**
CeGe kommentiert Träume 55

64. Kontakt **DER DRANG NACH EINHEIT**
Atomkraft ist sublimierte Sexualität 59

65. Kontakt **EIN HEILIGER UND NARR**
Wir alle sind Meister des Verdrängens ... 71

66. Kontakt **AUF-GEBEN**
Gewissen ist inneres Wissen 75

67. Kontakt **AUFERSTEHUNG UND SYNCHRONIZITÄT**
Oster-Symposion auf Lanzarote 81

68. Kontakt **AUF DEM PRÜFSTAND**
›Check up‹ eines Parapsychologen 91

69. Kontakt **TONBANDSTIMMEN-KONTAKT**
›Wir können es versuchen‹ 101

70. Kontakt **DIE QUAL DER VERDRÄNGUNG**
Das Göttliche spricht eine eigene Sprache . 111

71. Kontakt **IN DER PYRAMIDE**
Die Attacke bereitet sich vor 121

72. Kontakt **RTLplus BOYKOTTIERT CGJzwei**
Massenmedium kontra Trance-Medium .. 131

§§-Kontakt **RTL-JUSTIZ**
Offenbar Video-Originale gelöscht 145

73. Kontakt **EINE WELT AUS GLAS**
Wir können nur desillusioniert werden ... 155

74. Kontakt **ALTE FREUNDE SIND GEKOMMEN**
Not wendende Ziele 163

75. Kontakt **LIEBE MUTTER**
Ich bin ein Kind der Sonne 169

76. Kontakt **MENSCHLICHE PANNE**
Kraftorte und Kraftlinien 175

77. Kontakt **GLOBALE ZUSAMMENARBEIT**
Mehr Liebe – weniger Kampf 181

78. Kontakt **SINGENDES, SCHWINGENDES UNIVERSUM**
Ein Totenglöcklein streift mein Ohr 187

79. Kontakt **WOZU LEBE ICH?**
Eine bemerkenswerte Frage 191

Appendix **FEEDBACK UND FAKSIMILE**
Stimmen aus der Jungianischen Szene, Pressekommentare und Lesermeinungen, Fotos von RTLplus-Drehaufnahmen, Antwortbrief an R. Holbe 197

Ce Ge Jungs weltweite Grußbotschaft vom 31. 1. 1990,
gegeben während einer Konsultation für einen ›Jungianer des inneren Zirkels‹ in Zürich. (Copyright-freier Nachdruck erwünscht!)

Meine lieben Freunde!

Im globalen Zirkel des Geschehens gibt es da und dort bekräftete Frauen und Männer, die fähig sind, zu verstehen worum es geht:

PSYCHOANALYSE UND SPIRITUALITÄT IN EINE VERNÜNFTIGE EINHEIT ZU BRINGEN.

Nicht um Entgleisungen, Entrückungen und Verzückungen – auch nicht um Mystik – geht es, vielmehr um das Anheben des psychologischen und spirituellen Wissens, des Verständnisses des Menschen in seiner Ganzheit!

Solange Ihr immer noch Teile des menschlichen Bewußtseins aus diesem Ganzen ausschließt – mit der Behauptung, spirituelle Quellen seien eine bloß aus psychologischen Strategien resultierende Entwicklung, die Ihr nicht als wertvolle Mittel zur Integration ansehen könnt – seid Ihr nicht bereit, die wahrhaft ganzheitliche Natur der menschlichen Psyche anzuerkennen.

Es geht weder darum, die Psychologie in einem mystischen Brimborium zu ersticken, noch darum, alle Psychologen davon zu überzeugen, daß beispielsweise Moral, Mystik und Spiritualität wesentliche Werkzeuge zur Erfassung der menschlichen Psyche sind. Letzten Endes sind diese Werkzeuge einfach Bilder, die uns dabei helfen, das Vollendungs- oder Ganzwerdungswerk fortzuführen.

Wir wollen nicht behaupten, mit den Mitteln der wissenschaftlichen Erkenntnis alle psychologischen Hindernisse überwinden zu können oder damit auch nur zu lernen, sie zu überwinden, geschweige denn mit ihr Probleme aus dem Weg zu schaffen.*

Eigentlich geht es uns darum, das Leben in seiner Tiefe und Wurzel zu erfassen und mehr und mehr in das Netz der Integration hinein leben zu lernen, keinesfalls jedoch darum, Meisterstücke der Verdrängung zu vollbringen. Sterben, sterben und wieder sterben, um in dem ganzheitlichen Größeren

---

* CeGe spricht hier für seine jenseitige Studiengruppe.

zu wachsen und zu werden, bedeutet nicht, in eine Ecke gedrängt, mystisches Geschwätz hochzuheben und hochzujubeln.

Liebe Leute! Es wäre sehr klug und unter verstandesvernünftigen Menschen auch angebracht, eine Einheit zwischen analytischen Wissenschaftlern und solchen zu schaffen, die in sich selbst einen Hang zu Spirituellem verspüren. Eine ganzheitliche Medizin, die auch Anteil an der Psychologie hat und ebenso umgekehrt – mit einer Zusammenarbeit auf den höheren Ebenen – wäre anzustreben.

Wir versuchen hier nicht eine ›Jenseits-Propaganda‹ zu starten, noch wollen wir mit unserem von hier aus übermittelten Wissen Menschen, die nicht an ein Jenseits glauben, vor den Kopf stoßen. Es liegt auch nicht in unserer Macht und Absicht, irgend jemanden von irgend etwas zu überzeugen. Wir möchten auch nicht in großen Worten sprechen, um die Hirne mit unserer Klugheit zu belasten, das haben wir zu Lebzeiten genug getan. Wenn das Herz fühlt und weiß, passiert bedeutend mehr als der logische Verstand zu erklären imstande ist, denn Verstehen geschieht über das Herz. Wie jeder gute Psychologe weiß, haben wirkliche Veränderungen ihren Ursprung in der liebevollen Umpolung von Mustern innerhalb der Persönlichkeit.

Wollen wir zusammen das Werk fortführen, das ich damals als Schüler und Unwissender angefangen habe? Obwohl ich – unwissend wie ich war – wahrscheinlich ebenso noch als Erleuchteter zwischen Himmel und Erde herumirren werde? Wenn sich also jemand mit einem unvollkommenen Meister zufrieden geben möchte, kann ich gerne noch weiter meine Hilfe anbieten.

Im übrigen ist Vollkommenheit nichts, das es anzustreben lohnt, jedoch die Bewußtwerdung der eigenen Ganzheit und die Integration wie Akzeptanz der Schatten. Aber auch über den Rand des eigenen Wissens hinauszugehen, wäre erstrebenswert. Dabei kann die Psychologie ein hilfreiches Werkzeug sein – ja, sie sollte bei dieser Wehentätigkeit und diesen Geburtsschmerzen eine liebevoll helfende Hebamme sein.

Meine Freunde! Wann immer wir meinen, Schmerzen seien nicht gut, haben wir unrecht – sind sie doch ein Teil unserer Seele und unseres Erlebens. Auch Zweifel und Negativität

haben immer etwas mit Integration zu tun. Aber natürlich sollten wir nicht wahllos annehmen, was ein Mensch oder eine Institution uns aufbürden möchte. Wir können nicht mehr weiter in diesem Autoritätsdünkel fortfahren, den wir seit Jahrhunderten propagiert und genährt haben.

So sehen wir Euch gesegnet mit dem Wissen der Psychologie. Es wäre wunderschön und würde uns mit Freude erfüllen, wenn wir erleben dürften, daß unsere Einstellung und Einsicht ein bißchen Raum in Euren Herzen und denen Eurer Mitmenschen finden könnte.

In Verbundenheit

'Carl Gustav Jung'

Diese aktuelle Grußbotschaft übermittelte am 31. 1. 1990 der bekannte Schweizer Kultur-Psychologe 'CARL GUSTAV JUNG' (1875–1961) aus dem sogenannten Jenseits – einer Dimension, die für 'Jung' bedeutungsgleich dem Unbewußten ist. Die Botschaft wurde verbal in vollbewußter Trance via das österreichische Channeling-Medium Mirabelle Coudris (während einer Konsultation für einen ›Jungianer‹ des inneren Zirkels in Zürich) gegeben. Die Setzung unter Anführungszeichen bzw. phonetische Schreibweise des historischen Namens C.G.JUNG erfolgt zwecks Differenzierung sowie aus juristisch-erbrechtlichen Gründen. Die gesamte Übermittlungsarbeit CeGeJungs erscheint im Rahmen der Serie ›1000 Seiten Psychologie der Zukunft‹ im deutschen Silberschnur-Verlag unter dem Titel:

René & Mirabelle Coudris

IM TRANCE-DIALOG MIT 'C.G.JUNG'
oder Kontakte mit dem Unbewußten?
Channeling Chronik I–VII.

Chronik I: 1985-1987 – Chronik II: 12/87-2/88 – Chronik III: 2-6/88
Die weiteren Bände erscheinen (jeweils Okt.) in jährlichem Abstand,
je Band 208 Seiten, illustr., brosch., DM 24,80

Sonderdrucke obigen Grußtextes sowie ein komprimiert erläuternder Hintergrundbericht sind (auch in englischer Übersetzung) gegen drei internationale Antwortkupons kostenlos erhältlich. Anfragen und Nachdruckbelege bitte an

Studio Phoenix, A-4863 Seewalchen, P.O.Box 7, Austria.

Des Abenteuers dritter Teil

Liebe Leser! Liebe Freunde!

Viele unter Ihnen, die uns nunmehr schon bis zum dritten Band die Treue halten, dürfen wir wohl inzwischen zu echten Weggefährten unserer Bewußtseinsarbeit zählen. Weswegen wir auch weiterhin unsere persönliche, subjektive Sicht hinter die Kulissen – wie unter Freunden – mitzuteilen gedenken, obwohl dies nicht immer gern gesehen wird. Nachdem unser Schaffen nun erstmals in etablierten wissenschaftlichen Kreisen Anklang gefunden hat, ist das neuerdings nicht mehr ganz so gewagt wie zuvor. Damit ist bereits angedeutet, daß in Sachen ›Brückenschlag zum Unbewußten‹ bzw. ›zum bewußten Unbewußten Ce-Ge-Jot's‹ wieder genug geschehen ist, um den nachfolgend dokumentierten Dialogen aus 1988 einen aktuellen Lagebericht voranzustellen.

Die aus organisatorischen Gründen verspätete Fertigstellung dieser Chronik ermöglicht uns erfreulicherweise, auch den allerletzten Stand der Dinge zu berichten: Amerika – beziehungsweise die gesamte englischsprachige Welt – wird demnächst mit den übermittelten Erkenntnissen 'Jungs' beglückt! Ein angesehener kalifornischer Buchverlag hat sich nach Einholung von relevanten Expertenmeinungen entschlossen, als Wegbereiter einer ›Spirituellen Psychologie für das nächste Millennium‹* zu fungieren. Und das kam so:

Als sich zuletzt die Überlebenssituation von Studio Phoenix bedenklicher denn je zugespitzt hatte, waren klare Entscheidungen verlangt. Wie bisher konnte es nicht weitergehen. Alle unsere Überlegungen liefen deshalb auf Aufgeben oder Durchstarten hinaus. Einzig in der Gewinnung von Neuland sahen wir für unser Projekt eine mögliche sonnige Perspektive. Nicht zuletzt deshalb, weil uns über Umwege durch einen uns unbekannten medialen Kanal mitgeteilt wurde**, daß erst, wenn das von uns empfangene 'Jung'sche Wissen aus der Ferne nach Europa zurückgekehrt sei, es hierzulande von breiteren Schichten akzeptiert werden würde. Also begutachtete ich meine astrologischen Transite (ich sehe einige Leser schmunzeln) und befragte auch CeGeJung hinsichtlich seiner Einschätzung der Waghalsigkeit eines eventuellen Sprungs über das große Wasser in unserer Sache. Durch seine Antworten energetisch aufgeladen, nahm meine Vision erstaunlich schnell ernsthafte Gestalt an. Plötzlich waren auch die Reisespesen verfügbar, so daß ich schon bald darauf in Richtung Land der unbegrenzten Möglichkeiten abhob.

Natürlich bat ich Carl-Gustav, mich auf der fünfwöchigen Reise quer durch die Staaten zu begleiten. Ich hatte ja nicht nur die Absicht, einschlägige Verlage aufzusuchen, sondern auch die fixe Idee, diverse etablierte Jung-Institute und artverwandte Einrichtungen endlich über jene seit sechs Jahren in unserem Haus laufenden Vorgänge zu informieren – in der vagen Hoffnung, kooperierende Partner für die uns über den Kopf gewachsene Dimension der Trance-Arbeit zu finden. Vom nichtorganisierten Jungianischen Fußvolk konnten wir ja bereits massiven positiven Feedback und Beistand vorweisen, warum also nicht auch von anerkannten Fachleuten?

Als ich CeGe von meiner Intention erzählte, bei Jung-Instituten anzuklopfen, meinte er nur lapidar, ›daß ich es offenbar tun müsse, um einige Illusionen zu verlieren‹. Auch früher ließ er schon des öfteren durchblicken, ›mit Jungianern nicht mehr viel zu schaffen zu haben‹. Wie recht er damit auch umgekehrt hatte, bemerkte ich zu Jahresbeginn, als ich ein persönliches Schreiben an die Chefetagen aller wichtigen deutschsprachigen Jung-

* Arbeitstitel des Pilotbuches aus der Essenz der ersten vier Folgebände.

** Details dazu finden Sie im 62. Kontakt auf Seite 54.

Hochburgen sandte. Unglaublich aber wahr: Die einzige Rückmeldung auf meine seitenlange Vorstellung unserer Kontakte mit 'C.G.' (samt einer Einladung zur Partizipation) bestand aus einem Drucksache-Prospektpaket des Zürcher Jung-Institutes! Als kaum klein zu kriegender Optimist hoffte ich trotz dieses Frustes immer noch, wenigstens in den ›Staaten‹ die dort angeblich existierenden aufgeschlossenen analytisch-psychologischen Köpfe zu finden.

Über meine abenteuerliche Querfeldein-Rundreise – mit vierzehn Binnenflügen in den USA – könnte ich einen eigenen Report verfassen. Im speziellen über die individuellen Reaktionen der etwa fünf Dutzend Jungianischen Professoren, Präsidenten, Direktoren, Analytiker, Therapeuten, Autoren und Bibliothekare, die ich zwischen New York und Los Angeles näher kennenlernte. Da sämtliche Jung-Institute autark operieren, war das Verhalten dieser Repräsentanten gar wunderlich verschieden. Von ›definitely out of interest‹ bis zu ›absolutely fascinating‹ reichte die Palette der psychologischen Reflexe, sobald ich unsere Erlebnisse mit CeGe auspackte.

Gleich mehrmals war von Jungianischen Institutsleitern das skurrile Argument zu hören, daß es sich bei unserer Arbeit schlicht um ›aktive Imagination‹ handle – einer therapeutischen Methode der Jungschen Psychologie, bei der das Ich aktiv mit inneren Bildern und Phantasien arbeitet, ein spezielles Umgehen mit bewußter Einbildungskraft sozusagen. Wie absurd diese Ansicht ist, kann jeder Leser nachvollziehen, indem er selbst versucht, neueste 'Jung'sche Erkenntnisse imaginativ zu produzieren!. Trotzdem bat ich 'unseren Jung', zu diesem Vorwurf Stellung zu nehmen, indem er zwischen Channeling und aktiver Imagination differenziert. Da Mira jedoch erst wieder in Tieftrance arbeitet, wenn unser Töchterlein nicht mehr gestillt wird, konnten wir dazu (Ende Juni 90) vorerst nur nachfolgende kurze, peripher inspirierte Antwort erhalten:

C-G-J: ***Aktive Imagination entsteht während eines aktiven Geisteszustandes, Channeling wird indes nur mittels einer passiven Geistesverfassung, bei Bewußtseinsstille, möglich. Es geschieht in einer Art Prägung, ähnlich der Schwangerschaft. Über das Unbewußte wird bestimmt, welche Frequenz erreicht werden kann. Wenn man nur Empfänger ist, hat man ein bedeutend größeres Spektrum an Aufnahmefähigkeit.***

In der aktiven Imagination entstehen bestenfalls produktive Möglichkeiten. Tiefste Erkenntnisse aber kommen nur im pas-

siven Geisteszustand, dann, wenn die Ratio schweigt, auf einen zu. Ich werde später noch auf die Feinheiten dieser Angelegenheit eingehen.

Eindeutig konnte ich auf meiner Tournee ein starkes West-Ost-Gefälle bezüglich der Aufgeschlossenheit 'Jung'scher Prominenz feststellen, mit Ausnahme New Yorks, wo zumindest einige Leute an der Basis das Ruder in die Hand nahmen und per Aussendung sogar eine von mir abzuhaltende ›lecture‹ organisierten, was in der Folge zu einigen wertvollen Kontakten führte. Ansonsten fand ich in den diversen Jung-Instituten – abgesehen von vagen Versprechungen – nur in San Francisco konkrete Hilfe.

An die zwei Dutzend Mal führte ich während meiner nahezu zehntausend Meilen langen (Tor-)Tour den extra für meinen USA-Trip in das amerikanische TV-System transcodierten Videofilm jener 'Jung'-Sitzung vor, die das Schweizer Fernsehen vor zwei Jahren in Basel aufzeichnete. Mit partieller Unterstützung durch die New Yorker Van-Waveren-Foundation*, einer von verstorbenen Jungianern ins Leben gerufenen Stiftung, konnte ich dieses 40-minütige SRG-Interview 'Jungs' übersetzen und mit englischen Untertiteln belegen lassen. Dieser Film, den das Schweizer Fernsehen bislang nicht zu senden wagte, stellt das derzeit einzig erhaltene, optische Dokument eines kompletten 'Jung'-Dialogs dar. Das Video hat meine Informations-Kampagne einigermaßen erleichtert, mußte ich doch x-mal eine geraffte Darstellung unserer Erfahrungen mit CeGe wiedergeben. Auch für die Präsentation unserer Arbeit vor amerikanischen Verlegern war der Film-Mitschnitt eine große Hilfe.

Aus einem Katalog sämtlicher US-NewAge-Publishers hatte ich vor Reiseantritt eine ziemliche Anzahl potentiell in Frage kommender Verlage recherchiert und nach deren Geschäftssitz meine ungefähre Reiseroute zusammengestellt. Mittels Telefonaten, Telefaxen und Vorsprachen konnte ich die möglichen Verlagspartner nach drei Wochen on tour schließlich auf ein halbes Dutzend Interessenten einengen, mit einem starken Favoriten in San Francisco. Etliche Begutachtungen des Übermittlungsmaterials durch erfahrene Analytiker des ›C. G. Jung Institute of San Francisco‹, die teils Jung noch persönlich kannten und auch genügend

---

* Mit dieser Stiftung standen wir schon seit einem Jahr in Korrespondenz, nachdem die ehemalige Leiterin des Psychologischen Clubs Zürich dort für uns ein gutes Wort eingelegt hatte. Schließlich erhielten wir eine einmalige Förderung von 2000 Dollar, die wir für den Video-Film einsetzten. Diese 'Jung'-Sitzung ist für Sponsoren auf VHS-Kopie erhältlich. Info siehe Seite 207.

deutsch sprachen, haben schließlich den Vorstoß in internationale Gefilde wahr werden lassen. Kurz vor Vertragsabschluß mit Harper & Row habe ich – telefonisch via Sattelit und Mira – zuletzt auch noch CeGes Zustimmung eingeholt.

Äußerst bemerkenswerte Fakten fand ich im amerikanisch-theosophischen Quest-Magazine. In einem Interview mit Prof. Stephan Hoeller, einem an der Universität Los Angeles lehrenden Jung-Kenner ersten Ranges, kamen unbekannte Hintergründe aus Jungs Leben zur Sprache, die meines Erachtens ein völlig neues Licht auf Jungs wissenschaftliche Arbeiten werfen:

Zum einen kommt Herr Hoeller zum Schluß, daß der eigentliche Grund der Trennung zwischen Freud und Jung im Auftreten ›Philemons‹ liege, jenes mysteriösen Wesens, von dem Jung in seinen Träumen und visionären Erfahrungen aufgesucht wurde. Diese Wesenheit überbrachte Jung verschiedenste Informationen und lehrte ihn unter anderem die Sinndeutung von Symbolen. An die 1300 handgeschriebene Seiten soll C. G. Jung über seine diesbezüglichen transformativen Erfahrungen im sogenannten ›Roten Buch‹ hinterlassen haben.

Ganz nebenbei merkt der kalifornische Professor in seinem Interview an, daß er mit einer Dame bekannt sei, der es erlaubt war, jene in Zürich brachliegenden Schriften in Händen zu halten. Das Auffallende der handschriftlichen Zeilen in Jungs Rotem Buch sei die gegenüber dem sonstigen Schreibstil völlig veränderte, ungewöhnliche Schriftform, registrierte die Dame. Meiner Meinung nach deutet diese Eigentümlichkeit klar auf Jungs veränderten Bewußtseinszustand hin, in dem er die Kontakte mit Philemon (u. a.?) pflegte und niederschrieb.

Über dieses Rote Buch ist sehr wenig bekannt, nur soviel, daß Jung offensichtlich sein gesamtes Werk über die Psychologischen Typen auf der Basis einer Handvoll Seiten daraus entwikkelte. Dr. Hoeller meint sogar, daß jenes im Buch niedergelegte, inspiriert empfangene Material die eigentliche Veranlassung für die meisten von Jungs wissenschaftlichen Arbeiten war. Im Roten Buch seien die wissenschaftlichen Konzepte allerdings mehr in symbolisch-poetischer oder mythologischer Form zu Papier gebracht.

Und eben dieses Buch, jenes offensichtlich zentrale Dokument für das Verständnis des Jungschen Lebenswerkes, wird von den Nachfahren C.G.Js. – abgesehen von wenigen Passagen – bis heute der Öffentlichkeit vorenthalten. Seltsamerweise scheint

diesem Verhalten von den Jungianern kaum widersprochen zu werden.
Von Seiten der Erbengemeinschaft C.G. Jung gab es übrigens keine offizielle Reaktion mehr auf unseren letzten Brief, sie scheint unsere Arbeit mit CeGe nun nicht mehr opponieren zu wollen. Dennoch werden wir den durch das Personenrecht geschützten Namen 'C.G. Jung' weiterhin zwischen die nunmehr schon traditionell gewordenen Anführungsstriche setzen oder in phonetischer Schreibweise wiedergeben.
Obwohl unsere spirituellen Unternehmungen alles in allem unter einem glückhaften Stern stehen, müssen wir auch weiterhin einige mißliebige Hürden vermelden. Zuletzt hat uns sogar die österreichische Bürokratie einen bezeichnenden Streich gespielt: Seit Anbeginn unser psycho-spirituellen Beratungsarbeit hatten wir auch Klienten zu persönlichen Konsultationen mit CeGeJung eingeladen, und diese Gespräche im Rahmen unserer konzessionierten ›Psychologischen Beratung‹ abgehalten, damit alles seine Ordnung habe. Dennoch wurde uns (bzw. 'C.G.J.') nun in der Folge einer Gesetzesnovellierung die Beratungsfähigkeit abgesprochen und die dazu notwendige Arbeitsbewilligung kurzerhand entzogen. Unser unkonventioneller Bildungsgang war dem österreichischen Amtsschimmel zu dubios. Also fand er zum irrwitzigen Argument, daß solcherart Bücher zu schreiben allein noch keine Befähigung zur Lebensberatung darstellt.
Wir weinen diesem Mißtrauensvotum keine Träne nach, die Kosten der Gewerbeformalitäten haben ohnedies die Einkünfte daraus um einiges überstiegen. Künftig wird es in Österreich eben nur noch gelegentlich die aktive Teilnahme an ›parapsychologischen Experimenten‹ geben, die zwecks schriftstellerischer Aufarbeitung durchgeführt werden. Im Ausland sind je nach Gesetzeslage auch ›esoterisch-therapeutische‹ Gespräche möglich. Was für uns in Österreich ab sofort ein ›psychologisches Experiment‹ ist, darf hoffentlich von Gesetzes wegen für Sie selbst – subjektiv gesehen – immer noch Heilaspekte beinhalten.
Aus dieser neuen Regelung heraus entwarfen wir als organisatorische Erleichterung jetzt auch ein Formblatt zur Anmeldung Ihres eventuellen Teilnahmewunsches an einer Kommunikation mit CeGe & Co. Bei konkretem Interesse bitten wir Sie, diese Karteikarte bei uns anzufordern. Auch jene Geistfreunde, die sich bereits für ein Gespräch mit CeGe beworben haben, erhalten diesen Vordruck aus rechtlichen Gründen zugesandt. Damit wieder alles seine Richtigkeit und wir einen Überblick haben!

Ein weiteres Problem ergab sich durch unseren geliebten Familienzuwachs, der nunmehr lautstark und qietschvergnügt unseren bisherigen Meditations- und Konsultationsraum beansprucht. Somit haben wir jetzt – abgesehen von der Zeit – auch keine geeignete Rückzugsklause mehr in unseren eigenen vier Wänden, um Klientendialoge mit 'Jung' abzuwickeln. Also orientieren wir uns darauf, uns in den nächsten Jahren örtlich zu verändern. Bis uns die Zukunft den Weg zu einem neuen Domizil weisen wird, werden wir unseren 'PSI-Service' (sprich Parapsychologisch-Spiritueller Informationsaustausch) periodisch in diversen Stützpunkten anbieten*.

Ortsveränderung und Mobilität sind aber bekanntlich eine Frage von ausreichenden Finanzen, und da happert es im Studio Phoenix immer noch gewaltig. Das zwar hoffentlich langfristig auch materiell erfolgreiche Amerika-Abenteuer hat leider vorerst den gesamten Dollar-Vorschuß gleich wieder geschluckt, so daß wir wieder dort stehen, wo wir schon oft genug waren: nämlich vor dem Nichts! Deshalb müssen immer noch diverse Nebenjobs unser Haupthobby finanzieren helfen. Dies ist auch der Grund des verspäteten Erscheinens dieses Bandes, der ohne die Hilfe der eingangs aufgelisteten Förderer noch immer nicht in Ihren Händen läge. Die geplante raschere Erscheinungsweise der Folgebände mußten wir vorwiegend aus denselben Gründen bis auf weiteres wieder als unrealistisch zurückstellen, die Hürden sind einfach noch zu hoch. Auch mußten wir einsehen, daß unsere nunmehr vierköpfige Familie andere zeitliche Prioritäten setzt.

'Jung' selbst hat derzeit noch große Pause, seine bei uns vorgemerkten Klienten müssen sich noch etwas in Geduld üben. Unser inzwischen neunmonatiges Töchterlein Samantha hat bei Mira noch absoluten Vorrang vor allem anderen. Dennoch hat sich CeGe vereinzelt bereits intern wieder gemeldet und die Anzahl unserer Kontakte auf knapp 150 anwachsen lassen. Das bedeutet hochgerechnet, daß noch etwa vierzig Stunden ton-dokumentierte Trance-Dialoge aufzuarbeiten sind. Wenn wir davon ausgehen, daß während der künftigen Manuskripterstellungen eine ganze Reihe weiterer Kommentare 'Jungs' eintreffen werden, sind wir arbeitsmäßig bereits jetzt über Jahre hinaus eingedeckt.

Miras Channeling-Service steht 'Jung's Freunden also frühestens

---

* Bislang ergaben sich in Wien, Linz, Salzburg – Zürich, Basel, Bern – München, Hamburg und Berlin Möglichkeiten, um in privatem Rahmen zwischen Geistfreunden und Carl-Gustav Gespräche zu führen. Auch Seminare wird es an einigen dieser Orte später wieder geben.

gegen Frühjahr 91 wieder begrenzt zur Verfügung. Zuallererst werden wir dann langsam beginnen, die vielen bereits gegebenen Zusagen einzulösen. Falls wir gerade Sie, geehrter Leserfreund, vergessen sollten, melden Sie sich bitte. Die Postberge werden immer größer, weshalb wir ein bißchen die Übersicht verloren haben*. Seit kurzem sind wir deshalb dabei, in einen Computer-Oldie tausende Korrespondenz-Adressen einzuspeichern, um dann und wann eine aktuelle Information aussenden zu können. Auch die 'Jung'schen Übermittlungen werden nun computermäßig zum Satz vorbereitet. Dies ging nicht ohne einige Nervenzusammenbrüche des elektronischen Zauberkastens und seines Bedieners vonstatten. Mittels eines Index-Programms versuche ich übrigens auch ein Stichwortverzeichnis zu erstellen, um später einmal die inzwischen mehr als 1000 Seiten umfassenden Grundbausteine einer spirituellen Psychologie der Zukunft thematisch strukturiert präsentieren zu können.

Zum drittenmal bitten wir Sie nun, sich den nachfolgenden Übermittlungsthemen mit dem Herzen zu öffnen und die Inhalte bis tief in das kollektive Unter- und Überbewußtsein hinein wirken zu lassen. Dann ist nicht nur Ihnen größtmöglicher geistiger Gewinn garantiert.

Am Attersee im August 1990 René Coudris

PS: In der Annahme, daß Sie an den – derzeit zumindest vier – weiteren Folgebänden dieser Serie interessiert sind, möchten wir Ihnen ein Direkt-Abonnement empfehlen. Als Abonnent erhalten Sie den jeweils erscheinenden Band sofort zugesandt und helfen Studio Phoenix dabei, das gewaltige Projekt ein klein wenig vorauszufinanzieren. **

---

* Trotzdem freuen wir uns noch heute über jeden Leserbrief wie zu Beginn unserer schriftstellerischen Arbeit, nur können wir beim besten Willen nur noch ein paar Prozent der Korrespondenz beantworten. Aber zumindest über Aussendungen hören alle gelegentlich von uns. So haben wir beispielsweise vor, in den nächsten Jahren lokale CeGeJung-Studiengruppen zu initiieren und unsere uns schreibenden Leser (nach Rückfrage) miteinander bekannt zu machen.

Wir bitten auch um Verständnis, daß wir in nächster Zukunft – von Ausnahmen abgesehen – nur noch Förderern unserer Arbeit Gespräche mit 'Jung' anbieten können. Einesteils, weil uns die Anfragen zu viel werden, und aus der absoluten Notwendigkeit heraus, unser Projekt dadurch zu unterstützen.

** Inklusive Versand und Verpackung kommt jeder Band pauschal auf DM/sFr 25,– bzw. öS 200,–. Das macht für die nächsten vier Folgen zusammen DM/sFr 100,– bzw. öS 800,–. Diesen Betrag bitten wir Sie unter der Kennzeichnung ›Abonnement Bd.4–7‹ auf das Studio Phoenix-Konto Nr. 7512.209 an die Österreichische Postsparkasse zu überweisen oder per V-Scheck direkt an unsere Adresse (A-4863 Seewalchen am Attersee, Postbox 7) zu senden. Sie erhalten sodann jeden Folgeband druckfrisch zugestellt. Natürlich können Sie auch die bereits erschienenen Bände nachbestellen.

59. Kontakt – 25/2/88 – 21.15 h – Dialog mit René im Studio Phoenix

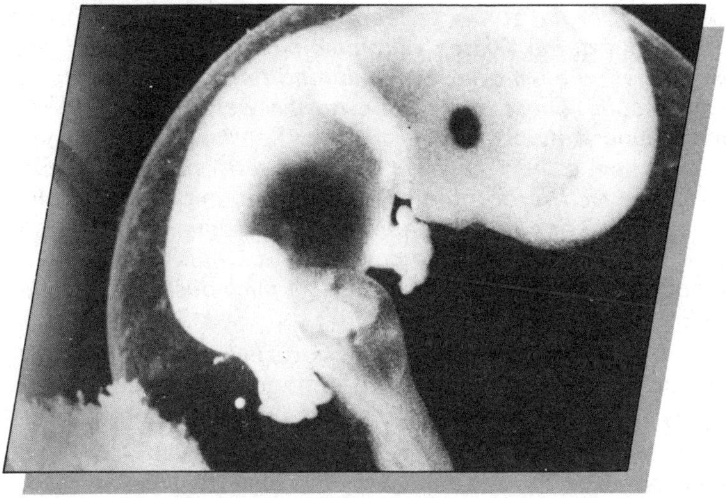

'Gustav Graber' tritt vor*

Als Einstieg in diesen Trance-Dialog ist zu vermerken, daß schon vier Tage vor dieser Sitzung eine kurze Verbindung mit 'Graber' stattfand. Darüber erzählt ein Auszug aus Miras Tagebuch-Notizen:

›21.2.88, ca.15 Uhr, Meditation im Studio: In tiefer Versenkung fühlte ich mich in der Lotushaltung hoch emporgehoben und saß plötzlich inmitten eines Kreises von sieben oder acht Wissenschaftlern um 'Jung', die mich alle freundlich begrüßten. Die Runde saß irgendwie in gleicher Höhe wie ich am Boden, in ganz normalem Gewand.

Der links neben mir sichtbare Mann wurde mir von Carl-

---

* Der historische Gustav Hans Graber, den wir aus juristischen Sicherheitsgründen gleich vorbeugend auch unter Anführungszeichen setzen – sofern das jetzige, jenseitige Bewußtsein dieses Wissenschaftlers gemeint ist –, lebte auf Erden von 1893–1982. Auf seine Initiative hin wurde 1971 die ›Internationale Gesellschaft für Pränatale Psychologie‹ gegründet, der übrigens auch wir seit einigen Jahren aufgrund unseres Engagements für die Ungeborenen angehören. Die ISPP ist eine der wenigen multidisziplinär angelegten Vereinigungen von Wissenschaftlern, die sich in breiteren bürgerlichen Kreisen Anerkennung verschaffen konnte. Wir hoffen im Interesse der künftigen Ungeborenen, daß genügend Mitglieder dieser Gesellschaft geistig offen genug sind, sich mit den übermittelten Anregungen ihres einstmaligen Begründers auseinanderzusetzen.

Gustav als ***'Graber'*** *vorgestellt. Er hatte weiche Züge und einen etwas weiblichen Charakter. Der schätzungsweise 35jährige sprach zu mir in legerer Sprache. Es ging darum,* ***›daß er mir gerne Wissen zukommen lassen möchte und daß ich Fragen, die ich oder wir an ihn hätten, einfach an 'Jung' richten solle. Dieser würde sie an ihn weiterleiten und mir auch seine Antworten übermitteln.‹*** *Sonst wurde nicht viel gesprochen, es herrschte ein stilles Einverständnis vor. Dann haben sie sich verabschiedet, und ich saß mit meiner Wahrnehmung wieder in unserem Meditationsraum. Der Kreis um 'Jung' scheint gerade, als ich meditierte, eine Besprechung gehabt zu haben. Vielleicht haben sie mich deshalb hinzugeholt.‹*

Dieses oben beschriebene Ereignis gab uns genügend Sicherheit, um es zu wagen, für unsere künftigen Referate in Sachen Embryobewußtsein einen Direktkontakt mit 'Graber' zu versuchen bzw. 'Jung' darum zu bitten.

In dieser Absicht begaben wir uns also in unseren Meditationsraum, und Mira begann sich zum vielleicht dreihundertsten Mal in die feineren Dimensionen einzustimmen. Während ich wieder einmal mit mäßigem Erfolg versuchte, Miras physiognomische Veränderungen mit dem Fotoapparat festzuhalten, räusperte sich meine diesmal besonders rasch in Trance gegangene Frau schon ungeduldig, um mir damit anzudeuten, endlich das Gespräch zu beginnen:

René: *Herr 'Jung', wir hätten heute zwei spezielle Wünsche, die im Zusammenhang mit unseren kommenden Seminaren und Vorträgen stehen. Ich habe es schon vor ein paar Sitzungen angedeutet, daß wir liebend gerne von Herrn 'Graber' etwas über Pränatale Psychologie übermittelt bekommen hätten, so eine Art Grundgerüst für eine Pränatal-Psychologie der Zukunft. Und, vielleicht als Vorspann dazu, hätte ich eine Bitte an Sie. Dieser sogenannte ›Professor‹*, der durch unseren damaligen Schweizer Sponsor ganz interessante Sachen spricht, hat – um ein Gespräch mit Ihnen anzuknüpfen, worum ich ihn gebeten habe – die Frage an Sie gerichtet, ob Sie*

---

* Durch einen medial veranlagten Schweizer Fan Miras und unserer Arbeit – der es sich leisten konnte, uns eine Zeitlang zu unterstützen – spricht gelegentlich eine Wesenheit, die sehr qualitative, sowohl ernsthafte wie auch humorig-philosophische Mitteilungen macht. Nachdem das Wesen erklärte, keinen Sinn in einer Etikettierung seiner selbst zu sehen, ergab sich im spielerischen Umgang mit seinem Channel der Spitzname Professor, um diese Bewußtheit, von der später noch die Rede sein wird, beim Namen nennen zu können.

uns den Menschen an sich definieren möchten. Das könnten wir eventuell als Ausgangspunkt für nachfolgende Übermittlungen 'Grabers' nehmen. Was meinen Sie dazu?

G-G-J: Zunächst möchte ich eine Botschaft von Herrn 'Gustav Graber' übermitteln:

›Die Welt des Ungeborenen, seine Erlebnisfähigkeit‹ – ich muß unterbrechen.

Kurze Pause. Es hatte den Anschein, als ob sich 'Jung' kurz mit 'Graber' absprach.

G-G-J: Er möchte vorausschicken, ›daß er hier herüben viel über die Welt der Ungeborenen dazugelernt hat, auch daß er hier im Austausch mit Psychologen, Analytikern, Psychiatern, Krankenpflegern, Schwestern, Frauen und Müttern steht, mit deren Hilfe er sein Wissen erweitern konnte. Er möchte speziell über die Frage der Erlebnisfähigkeit des Ungeborenen sprechen und auf die Rolle der Mutter in der Zeit der Schwangerschaft eingehen, sowie auf die Prägung, welche die Mutter an das ungeborene Leben weitergibt.‹

Die Inhalte dieser Abhandlung, die wir Ihnen nun übergeben, sind noch nirgends auf der Welt aufgezeichnet und werden möglicherweise in einschlägigen Kreisen und auch bei prominenten Personen Aufsehen auslösen. Wir erleben diese politischen Leute, deren sich viele auch als Ärzte bezeichnen, wie einen Spiegel für die psychosomatische Struktur der Menschheit. Eure Politiker verfolgen eine Strategie, die dem Sog des unterbewußten Stromes der Verdrängungsmechanismen der menschlichen Rasse zugute kommen, indem sie das Verantwortungsbewußtsein auf einer sehr geringen Stufe der Übertragung belassen. Sie übernehmen selbst keine persönliche Verantwortung, sondern funktionieren innerhalb einer politischen Struktur oder eines Machtkomplexes, den sich die Menschen zur Befestigung ihrer eigenen inneren Grenzen erobern konnten.

Die Funktion der Mutter spielt in dieser Gesellschaft nur eine untergeordnete Rolle.

Pause. Die folgenden Durchgaben kamen auf einer etwas anderen Frequenz durch und waren für Mira ungleich anstrengender in der Übermittlung als jene von 'Jung' selbst. Es war nicht nur aufgrund der monotoneren Stimmlage erkennbar, daß 'Jung' das ›Mikrofon‹ an seinen Mitarbeiter übergeben hatte, auch an der mehr als sonst verdrehten Satzstellung – die ich dem Leser ersparen will und deshalb bereinigt habe – fiel das auf. Man konnte erkennen, daß ein im Channeln ungeübter Jenseitiger aktiv war, was jedoch der inhaltlichen Qualität keinen Abbruch tut. Optisch nahm Mira 'Graber' etwas ungenau, aber wieder mit rundlichem Gesicht im mittleren Alter wahr. Da 'Graber' im engeren Sinn zur Mitarbeitergruppe CeGes zählt, haben wir auch für seine Botschaften den Fettdruck gewählt.

G-H-G: ***Wie Ihr wißt, läuft das Leben vor der Geburt im Ätherreich und dann im Wasser ab. Dieses ungeborene menschliche Leben entwickelt sich nach einem gewissen Strukturmuster und baut aus nicht sichtbarer Materie einen vollkommenen körperlichen Menschen auf. Die Moleküle verhalten sich in diesem Prozeß dermaßen, daß sie einer geistigen Prägung exakt Folge leisten. Und diese Art genetischer Erbfolge bringt in Verbindung mit der geistigen Vererbung schließlich ein vollkommenes, geistiges und physisches menschliches Wesen hervor, das mit Schmerz-, Leid- und Erinnerungsfähigkeit wie auch Funktionstüchtigkeit ausgestattet ist.***

Jeder Mensch hat eine andere Vergangenheit, und trotzdem fühlen wir uns alle irgendwie verbunden. Wir spüren einen Sog zueinander und leiden, egal ob wir uns selbst trennen oder von der Gesellschaft abgesondert fühlen. Diese Empfindung des Getrenntwerdens entsteht ursächlich während der Geburt. Denn solange wir uns in Verschmelzung mit dem physischen Körper unserer Mutter befinden, sind wir in ein stabiles Vorstellungsfeld einverleibt, oder sagen wir, in einer fixen Idee gefangen und hypnotisiert von einer Situation, in der sich die Außenwelt nur leicht verändert, während wir selbst uns ständig multiplizieren und uns in einem grandiosen Zustand der Veränderung befinden. Das müßte uns zu denken geben. Da wir davon ausgehen, daß sich nach der Geburt Ähnliches ereignet wie zur Zeit der Schwangerschaft, sollten wir erkennen, daß sich auch außerhalb des Mutterleibes unsere multiplikatorische Entfaltung als spiralförmiger Prozeß fortsetzt und weiter entwickelt. Wir befinden uns also in einem sogenannten sich erweiternden Bewußtseinszustand.

Wie wir alle wissen, leben wir so lange von außen nach innen, bis wir an einem Punkt im Zentrum unseres Seins anlangen, von dem aus unsere Entwicklung umschlägt und sich in Ver-

bindung mit unserem Bewußtsein wieder von innen nach außen gestaltet. Was uns innehalten und diesen Prozeß bewußt nachvollziehen läßt, bezeichnen wir als Tagesbewußtsein und ist die bewußte Erinnerung, als menschliches Wesen — als Möglichkeit im Universum — zu wachsen. Ich meine jene Urerinnerung, die bewußt nachvollzogen werden kann oder könnte. Wann immer wir lernen wollen, könnten wir uns umsehen und Fakten wie Daten finden, die unsere Erinnerung bestätigen. Doch wir haben festgestellt, daß wir oft verhindert sind, diese Bestätigung außerhalb unseres Selbstes auch zu finden und zu erkennen.

Diese explosionsartige Entwicklung, die ein Embryo im Mutterleib vollzieht, teilt sich in sieben Phasen. Sie wissen, daß ein Embryo gegen Ende des siebten Lebensmonats in dem Sinne geschlechtsreif ist, als sein Geschlecht voll ausgebildet und sämtliche Organfunktionen voll ausgereift sind, außer vielleicht der Lunge, die bei manchen Kindern erst im neunten Monat vollends auszureifen beginnt. Tatsächlich ist es aber so, daß sich die Funktionstüchtigkeit des Gehirns und die Fähigkeit der Funktionsorgane nach der Entbindung noch extrem erweitern.

Dieser explosionsartige Prozeß der evolutionären Weiterentwicklung verläuft nach der Geburt in genau denselben Phasen und Stufen wie zuvor. Also können wir vom Standpunkt unseres psychologisch-wissenschaftlich-paranormalen Wissens mal davon ausgehen, daß die Entwicklung im Mutterleib eine Vorstufe zur vieldimensionalen Entwicklung des Bewußtseins nach der Geburt ist. In diesem Sinne könnten wir einen nichtintegrierten Menschen noch immer als Leibesfrucht oder Baby bezeichnen. Solange der Mensch nicht dieses Bewußtsein entwickelt hat, ein menschliches Wesen mit allen vom göttlichen Schöpfer für uns vorgesehenen Funktionen zu sein — ausgestattet mit allen ›paranormalen‹ Fähigkeiten zur Überwindung sämtlicher Grenzen —, befindet er sich immer noch im Zentrum eines evolutionären Schwangerschaftsprozesses. Wir dürfen nicht unbedingt davon ausgehen, daß sich dieser Entwicklungsprozeß nach der Entbindung grundsätzlich umdreht. Wir können nur davon ausgehen, daß unser Geist eine, sagen wir, Verschnaufpause einlegt, um sich von außen nach innen und erst später dann von innen nach außen zu entwickeln.

Gehen wir nochmals zurück in die Schwangerschaft. Dort erleben wir unser Umfeld als statisch und die Dimensionen unserem Bewußtsein annähernd angepaßt, während wir uns selbst als ein explosionsartig entwickelndes Bewußtsein und physisches – ja, ich möchte es so sagen – Universum entdekken. Es ist also so – um es mal begrifflich nachzuvollziehen –, daß diese Fähigkeit des Geistes, alles wahrzunehmen, wo auch immer wir uns befinden, von der ersten Lebenssekunde unseres Daseins an voll gegeben ist – sind wir doch im Zustand der vollkommenen unterbewußten Aufnahmebereitschaft, die wir auch als Alphawellen-Stadium kennen. Diese Verfassung ist nicht an die Ratio, die Kondition des logischen Denkens, gekoppelt, wodurch sich auch die in diesem Zustand auftretende Vergeßlichkeit erklärt. Wir können daraus den Schluß ziehen, daß ein Erinnerungsvermögen erst möglich wird, wenn wir uns – nachdem wir uns dem logischen Verstand verschrieben hatten – bewußt mit unserem Unterbewußtsein verbinden, um uns rückzukoppeln, und uns so diese Erinnerungen wieder voll zugänglich machen.

René: In welcher Phase geschieht das genau? Können Sie das zeitlich angeben?

G-H-G: *Diese Phase entwickelt sich. Wir kennen die Probleme der Verdrängung und möchten sie kurz fundamental darlegen. Wir möchten auch auf unsere Erkenntnis hinweisen, daß eine Erinnerung an etwas, was wir erlebt haben, grundsätzlich erst wieder voll aktiviert werden kann, wenn wir uns bewußt von unserem logischen Verstand, unserer Kopfbetonung, wegbewegen und uns auf unseren unterbewußten Zustand einzulassen getrauen. Also müssen wir uns vorerst, um uns bewußt entwickeln zu können, auf den Verstand einlassen. Um handlungsfähig und nicht nur passiver Beobachter zu sein, müssen wir uns dem logischen Verstand widmen, das heißt, uns auf das Denken, Beobachten, Überlegen, Analysieren, Verurteilen und was auch immer konzentrieren.*

Es gibt Kinder, die das nicht machen und daher als verrückt eingestuft werden, womöglich in eine Sonderschule kommen und uns als Trottel bekannt sind. Es sind meist sehr liebe Kinder, durch die den Eltern unwahrscheinliches Wissen zugänglich wäre, wenn diese sich selbst dieser Welt des Unbewußten und Unterbewußten – dieses mit dem Verstand noch nicht zusammengekoppelten Zustandes – öffnen würden.

Sie kennen sicher den unpräzisen Blick von Neugeborenen nach der Entbindung, man sagt auch: ›Das Baby schaut ins Leere‹. Dies kennzeichnet den passiven Zustand des Unterbewußtseins, den wir nicht mit jener Krankheit der geistigen Abwesenheit verwechseln sollten, welche noch andere physische Manifestationen zeigt, deren Ausdrucksformen wir ein andermal deuten können. Der Blick ins Leere ist ein Schauen aus der passiven, unbewußten und unterbewußten Welt des Kindes heraus.

Wann immer Sie mit einem Kind kommunizieren und mit seinem höheren Bewußtsein einen ›legalen Vertrag‹* schließen, werden Sie es ihm ermöglichen, einen effizienten großen Schritt in seiner geistigen Entwicklung zu machen, indem Sie ihm die Möglichkeit der Koppelung seines unterbewußten Erlebens mit der aktiven Form des Geistes verschaffen.

René: *Mir fällt dazu ein, daß mir unser Sohn gleich nach der Geburt lebhaft und tief in die Augen schaute und diesen leeren Blick überhaupt nicht hatte.*

G-H-G: ***Genau darauf wollte ich hinaus. Sie können zum Beispiel beobachten, daß Eltern, die ihre Kinder bereits in der Zeit ihres unterbewußten Lebens aktiv werden ließen, diese schon bald mit einer unwahrscheinlichen Kapazität und einem größeren Potential geistiger Kreativität ausgestattet finden.*****

Solches kann nur entstehen, wenn der Geist mehr als nur ein passiver Beobachter ist. Die intensiven Fremdprägungen in der vorgeburtlichen Zeit erklären sich vor allem durch eine passive Haltung des Ungeborenen, durch den relativ passiven Geisteszustand, in dem ein Kind meist alles erlebt.

René: *Also sind die Übungen, die in der amerikanischen Pränatal-Universität*** mit den Embryos gemacht werden, ich meine das Anregen der verschiedensten körperlichen und geistigen Tätigkeiten, durchaus positiv zu sehen, auch wenn sie die Sache ein bißchen überzeichnen?*

G-H-G: ***Sie geben dem Kind die Chance, sich zu wehren. Wir haben festgestellt, daß es auch Kinder gibt, die den sensi-***

---

* Wir werden bei nächster Gelegenheit versuchen, von 'G.H.Graber' eine nähere Erläuterung zu diesem Terminus zu bekommen.

** Unser Sohn beweist diese Aussage bereits in ungewöhnlichem Maße.

*** In der kalifornischen Embryo-Hochschule ›Pat Pat Rub Rub‹ haben seit 1979 über 1000 Ungeborene ihr ›Prenatal University Programm‹ absolviert.

tiven Sinn ihrer Eltern von sich aus soweit beeinflussen können, daß sie wenigstens innerlich angehört werden. Solche Kinder machen einen ungeheuren Schritt vorwärts und sind Pioniere für eine Transformation über den Tod hinaus.

Wann immer wir Dinge weder verstehen noch verkraften, gehen wir früher oder später in das Unterbewußte. Wir verdrängen unsere Erlebnisse, spalten unser Bewußtsein ab und gehen in den passiven Zustand der Ruhe oder in das Trauma der Hypnose, um uns diesen Dingen nicht stellen zu müssen. Das ist es, was den Tod bewirkt!

Wir möchten uns dieser revolutionären Ausdrucksweise hier bedienen, um euch Kunde von unserer Überzeugung zu geben, daß, wann immer die Menschheit aufhört, sich von ihren unterbewußten Zuständen und Umständen abzuspalten und von den Gedanken der Einheit nicht mehr zu trennen beginnt, sich der Tod eines Tages schon im Leben nachvollziehen lassen wird. Wir sprechen also davon, daß ein völlig neues Leben – ohne Notwendigkeit der Erfahrung des Todes durch das Verlassen des physischen Körpers – möglich werden wird!

René: *Meinen Sie, daß das, was in der Psychiatrie als ›katatone Starre‹* bezeichnet wird, etwas damit zu tun hat?*

G-H-G: ***Die katatone Starre ist ein selbsthypnotischer Todeszustand, ein nicht vollzogenes Eingehen in das Unterbewußtsein. Derjenige Mensch verharrt in einer Situation zwischen Diesseits und Jenseits, ohne sich voll in die Schwingung seines unterbewußten Feldes einzulassen, obwohl er im eigentlichen Sinn auch nicht mehr im Diesseits verweilt.***

René: *Er ist im Niemandsland, sozusagen?*

G-H-G: ***In der Erstarrung. Wir kennen diesen Zustand schon lange. Alte Yogis benutzten früher diese Fähigkeit bewußt, um aus dem Körper auszusteigen, wie man das auch in den ›Lehren der Meister‹** nachlesen kann. Wann immer Yogis ihren Körper zur Verfügung stellten, nennen wir das nicht katatone Starre, sondern die Fähigkeit, seinen physischen Körper abzulegen. Aber ich glaube, wir kommen jetzt in ein Gebiet, das von ihrer momentanen Aufgabe zu weit weg führt.***

---

* Katatone Starre oder Katalepsie bezeichnet das unbewegliche Beibehalten von durch pathologische Störungen verursachten Muskelspannungen von Gliedern oder dem ganzen Körper.

** Gemeint ist hier der von Baird Spalding geschriebene Titel ›Leben und Lehren der Meister im Fernen Osten, Band I–V (= 2 Bücher), erschienen im Drei Eichen-Verlag.

René: *Ja, kommen wir wieder zum Thema zurück.*

G-H-G: ***Also, es geht uns um die Welt des Ungeborenen, um das vorgeburtliche Leben oder, um uns genauer auszudrükken, um das neue Bewußtsein der Integration des unbewußten und bewußten Denkens und Erlebens – das wir noch nicht nachvollzogen haben. Wir erleben jedoch schon heute ein Stadium des Übergangs, der Prägung und Vorbereitung auf ein neues Leben, das bereits begonnen hat.***

Genau besehen hat dieses Leben vor unzähligen Millionen Jahren und Zyklen begonnen, und kein Mensch weiß, wie oft er diesen Prozeß der Wiedergeburt durchgegangen ist. Es ist wohl revolutionär, wenn wir uns hier erlauben, aus dem Jenseits über psychische Dinge zu sprechen, die angeblich etwas mit Wiedergeburt zu tun haben sollen. Das muß natürlich manch irdischem Wissenschaftler zuviel werden.

René: *Ich würde eher sagen einer ganzen Menge.*

G-H-G: ***Damit werden wir wohl rechnen müssen und umzugehen lernen. Doch wir hier müssen vor allem Verständnis dafür aufbringen, daß es auch schon viele, viele Menschen gibt, die seit Jahrzehnten danach rufen, diesem Wissen endlich aufgeschlossen zu werden.***

René: *Diese skeptischen Forscher werden natürlich sofort nach der Beweisbarkeit rufen! Wird diese mal kommen?*

G-H-G: ***Diese Beweisbarkeit vollzieht sich nicht außerhalb, sondern im Bewußtsein der Menschen. Wann immer sie etwas begriffen haben, werden sie es auch in die Realität umsetzen können. Dieses höhere Wissen der Meister, dieses Erleben und diese Bücher darüber verbreiten sich schon. Die Leute machen sich auf und sind bereit, etwas, das andere Menschen oder Erleuchtete können, auch verstehen und nachvollziehen zu wollen. Da es diese menschlichen Wesen tatsächlich unter uns gibt, wird man sich nicht mehr davor hüten und bewahren können, sich auch damit auseinanderzusetzen.***

René: *Möchten Sie bitte kurz etwas zu der momentanen Rückführungsepidemie sagen?*

G-H-G: ***Es ist nur ein Spiegel dafür, daß wir beginnen, ins Unterbewußtsein zu steigen. Viele haben diesen Prozeß des Von-außen-nach-innen-Gehens beendet und beginnen nun, sich mit Hilfe dieses Wissens wieder von innen nach außen zu entwickeln.***

Ich sprach schon davon, daß wir während der Schwangerschaft im Zustand des passiven Unbewußten und des relativ passiven Unterbewußten leben. Wir kommen nun auf die Welt, nachdem wir – subjektiv gesehen jahrhundertelang – in Selbsthypnose lebten, und treffen dann während der Entbindung plötzlich mit unserem Bewußtsein zusammen. Im Augenblick der Geburt, da wir diesen Schock des Übergangs von einem Zustand in den neuen erleben, beginnen wir, bewußt zu werden.

Natürlich spielt auch hier die kosmische Einstrahlung eine Rolle. Darauf wollen wir aber zunächst nicht eingehen.

Wir als Psychologen beschäftigen uns hier mit dem Universum des Menschen als wirkendem Zentrum. Wir können auch in der Psychologie sehen, daß wir nicht länger von außen nach innen gehen müssen und daß es ein neues Denken von innen nach außen geben wird.

Diese psychischen Regressionen, zu denen wir fähig sind, erleben wir unbewußt täglich. Bewußt erleben wir sie nur, wenn wir uns auch bewußt darauf einlassen.

Ihr gebt euch der Illusion hin, geborene Wesen zu sein. Wir hier herüben können euch nur als Embryos sehen, denn ihr seid im selben embryonalen Stadium des Nicht-tun-Könnens, und Nicht-verwandeln- Könnens von Zuständen, die von außen auf euch einströmen.

Andererseits kommt der Embryogeist mit diesem plasmatischen Bewußtsein oder Potentialskern und entwickelt sich in rasender Schnelle von innen nach außen zu einem perfekten Universum. Es ist ja, wie wir wissen, in jeder Zelle der Code für das gesamte Universum dieses menschlichen Wesens von der ersten Sekunde an vorgegeben. Nachdem das Blut von Vater und Mutter seine Samenzelle und ihre Eizelle aufbaut, bewirkt es auch den Aufbau des physischen und psychischen Universums des neuen Kindes.

Das Wesen des gezeugtwerdenden Kindes verbindet sich mit dieser vorerst physischen Vibration und geht damit eine Verbindung ein. 'C. G. Jung' sagte schon vormals, ›wir wären zu 50 % geboren und zu 50 % sind wir ungeboren beziehungsweise werden wir neu geboren‹. Als ›geboren‹ bezeichnen wir zusammenhängendes ganzheitliches Bewußtsein, also die Verkoppelung von Überbewußtsein, Tagesbewußtsein, Unterbewußtsein und Unbewußtem. In Zusammenarbeit mit

'C. G. Jung' konnte ich erkennen, daß es natürlich weit mehr Dimensionen des Erlebens gibt, deren sich ein Embryo aber nicht bewußt ist.

Ihre Frau arbeitet mit diesem Unbewußten, das – nach einem bestimmten Prinzip – auch der unbewußte Teil in den Menschen ist, die um dieses Ungeborene herum funktionieren. Diesem Prinzip sind natürlich die Gesetze dieses Universums zugrunde gelegt, welches auf Ausdehnung jeglicher physischer Materie bedacht ist, auf Strukturveränderung in jener geistigen Vibrationsebene, die den feinen Ätherzonen schon näher ist.

Wie wir alle wissen, können wir als Embryo, als Fötus und als Baby nicht sehr aktiv in das Leben unserer Eltern einwirken. Wir können jedoch das Verhalten unserer Eltern über das Unterbewußte und Unbewußte steuern. Wir sind keineswegs unbeteiligt, wenn uns unsere Mutter abtreiben möchte. Auch sind wir nicht unbeteiligt, wenn der Vater die Mutter verläßt, weil wir in sie gekommen sind.

Eine Beziehung ging gut – die Frau wird schwanger, und die Beziehung bricht. Eine Ehe sah schlecht aus, und die werdende Mutter geht. Eine Beziehung war sehr schlecht und wird durch die Schwangerschaft grandios gut.

Wir sind der Spielball unserer unbewußten Kräfte. Wir haben ein riesiges Spielfeld von Energien, deren Inhalte sich zu mehr als 90 % auf unterbewußten und unbewußten Ebenen abspielen.

Diese ungeheuerlichen Energien des unterbewußten und unbewußten Lebens des Embryos scheinen einen massiven Einfluß auf die Eltern und die Gesellschaft zu haben. Oft haben wir sogar den Eindruck, ihre Einwirkungen auf die Eltern sind größer als die der Eltern auf das Kind.

Abstriche, die wir als Kinder machen, sind ein Angebot an die Umwelt, eine Kompromißlösung, die wir finden, um uns dem Schritt der Evolution des physischen und psychischen Environments anzugleichen. Aber, so wie wir nicht nur eine persönliche, familiäre Entwicklung haben, sind wir auch kosmischen Zyklen unterworfen, denen alle sich inkarnierenden Ungeborenen unterworfen sind.

Wann immer sich ein höheres Bewußtsein in die Gesellschaft integriert, wird das kollektive unterbewußte Feld in eine höhere Schwingung versetzt, und es kommen Dinge ans Tages-

licht, die diese Entwicklung noch fördern. Wann immer sich ein sehr unterentwickelter Geist inkarniert, wird die Schwingung der Psyche im Unterbewußtsein in eine stagnierendere Frequenz gebracht. Es kommt zu einer Stagnation in der Mutter, im Vater, in der Familie, ja im ganzen Dorf.

René: *Mir fällt dazu ein, daß wir ein Paar kannten, das sich mit dieser geistigen Materie ziemlich beschäftigte und, seit ihr Baby ankam, sich überhaupt nicht mehr dafür begeisterte.*

G-H-G: ***That's it, my friend! Dieses Phänomen des massiven Einwirkens hat etwas mit früheren Leben und mit dem Lebensplan an sich zu tun – jedoch wollen wir hier für die Chance des gegenseitigen Einwirkens eintreten.***

Integration bedeutet Machtausübung in Harmonie. Wir alle sind unseren Mächten ausgeliefert, solange wir uns in einem unbewußten Zustand befinden. Und diese Hypnose wird während der Schwangerschaft extrem verstärkt, um einen Kräfteaustausch auf genau dieser Ebene und Frequenz zu bewirken.

Diese sich austauschenden Kräfte stehen immer genau diametral gegenüber, und wann immer das Positive überwiegt, wird das Niedere in eine höhere Form transformiert.

Genau hier setze ich mit meinem Grundgedanken zur Erneuerung der Schwangerschaft und des embryonalen Bewußtseins ein. Hier setze ich an, um den revolutionären Gedanken ›des Übergangs durch den Tod ohne physischen Verlust‹ in die Welt einfließen zu lassen, um Schwangerschaft auch als möglicherweise letztes Inkarnationsgeschehen bewußt zu machen.

Auch das Thema der Sexualität, das ja ein umwerfend großes und sehr integrierendes Gebiet ist, müßte man hier eigentlich mitbearbeiten, doch mir fehlt die Kraft und Ausdauer, dies im Moment zu tun. Wir werden das wohl in kleinen Schritten übermitteln.

'C. G. Jung' sprach in diesem Zusammenhang schon vom Missing link*, welches ja einen fundamentalen Einfluß hat. Diese Bedeutsamkeit des Fehlens oder Nichtfehlens eines physischen Antagonismus zum Fehlen eines fließenden Übergangs vom Unterbewußtsein zum Bewußtsein und zum Überbewußtsein meine ich. Dieses Missing link könnte man theoretisch in der Schwangerschaft als vorbereitende Idee, sozusa-

* engl., fehlendes Zwischenstück (z. B. in einer Kette).

gen als Keil, in das Bewußtsein des Kindes schieben, um diesen evolutionären Sprung zu schaffen, an dessen Grenze wir immer mehr gelangen.

Ein Mensch, ein ganzgewordenes menschliches Wesen zu sein, so sagt 'C. G. Jung', bedeutet für ihn, sich seines umfassenden Bewußtseins voll bewußt zu sein. Der Mensch mit Unbewußtem, Unterbewußtsein und Überbewußtsein ist nach den Gesetzen der Natur und nach dem Bauplan dieses Universums aufgebaut. Er trägt alle Fähigkeiten in sich, die dieser Kosmos zu bieten hat. Und dieser Kosmos ist wiederum ein Kosmos in einem übergeordneten Kosmos, mit dem wir jederzeit die Verbindung – innen wie außen – aufrechterhalten können. Denn dieses Phänomen des ›ICH BIN‹ ist das Phänomen des ›ICH BIN ALLES‹.

Ich möchte eigentlich nicht zu spirituell werden, denn das machen die großen ›Masters‹ ohnehin. Wir, als Psychologen, möchten diese Übergänge zu schaffen helfen, denn wir sind davon überzeugt, daß ihr nicht in die spirituelle Dimension des Lebens eingehen könnt, solange ihr nicht die tiefsten Schichten eures Bewußtseins zu begreifen gelernt habt.

Ich möchte Sie davor warnen – vor allem in Ihrem Vortrag –, allzusehr ins Spirituelle zu gehen. Ich möchte Ihnen raten, das alles nur mit Worten wie ›möglicherweise‹, ›et cetera‹ und so weiter anzudeuten. Fühlen Sie, wieweit das Potential des Hörers geht. Sie müssen in diesen Dingen sehr sensitiv auf Ihre Umwelt reagieren und versuchen, das Potential zu ertasten und Ihre Energien dorthin zu schicken, wo Sie leere Räume finden, wo Sie einen Sog nach diesem Wissen empfinden.

Sie dürfen Ihren persönlichen Ehrgeiz nicht in den Vordergrund stellen. Besser ist es, im persönlichen Gespräch oder in Gruppen, wo eben immer Sie das Gefühl haben, es verantworten zu können, dem oder den Menschen diese Grenzen vor Augen zu führen und sie mit Hilfe der jenseitigen Welt zu überschreiten versuchen. Üben Sie sich in Ihrer Verständnisfähigkeit und seien Sie geduldig. Verzeihen Sie den Menschen, die sich nicht so gern entwickeln wollen. Betrachten Sie sie wie kleine Kinder in einem Mutterleib, so wie wir es tun.

Sehen Sie, ich bin ein sehr mütterlicher Mensch. Ich bin zwar ein männliches Wesen gewesen, doch ich kann nicht anders, ich muß heute diese Menschen alle als meine Embryos betrachten. Wie könnte man zu solch kleinen, ungeborenen

Küken so brutal sein und sie dazu zwingen, sich zu irgend etwas zu entwickeln. Sie sehen, ich habe eine sentimentale Ader für diese kleinen Ungeborenen. Vielleicht aber hilft Ihnen diese Idee des göttlichen Vaters, das noch etwas mehr mitzufühlen. Wann immer Sie sich in diese Schwingung begeben, die diese kleinen Babys hier empfinden und in die ich mich oftmals versetze, um das Unterbewußte zu trösten, können Sie ihnen nicht mehr böse sein.

René: *Die Herren und Damen Ihrer Pränatal-Gesellschaft würden sich vielleicht freuen, eine Grußbotschaft von Ihnen zu erhalten. Früher oder später werden sie sich wohl auch offiziell mit diesem Wissen konfrontieren müssen. Ich habe keine Ahnung, wie diese honorigen Herren darauf reagieren werden.*

G-H-G: ***Herr Dr. .... wird sicher entsetzt und erfreut über diese Botschaften sein. Sie werden ihn aus den Angeln heben, aber so ist nun mal seine Position. Ich glaube nicht, daß es ihm zuweit gehen wird. Er ahnt die Welt des Unbewußten und Unterbewußten und respektiert sie auch. Ich werde ihn weiterhin inspirieren.***

Ich möchte mich jetzt von Ihnen verabschieden und bedanke mich in aller Ausdrücklichkeit bei meinem größten Freund 'C. G. Jung'! Ohne ihn hätte ich diese Aussagen hier nicht machen können.

René: *Also, ich finde unser Teamwork immer fantastischer und würde mich freuen, noch öfter mit Ihnen Gespräche führen zu dürfen. Ich bedanke mich herzlich.*

Vielleicht bleiben Sie noch einen Moment für ein Pressefoto. (Klick) *Danke.*

Kurze Zeit nach Erhalt der obigen Botschaft erfuhren wir durch eine Aussendung der ISPP – jener Internationalen Gesellschaft für Pränatale Psychologe, der Graber in ihren Gründerjahren vorstand – daß eben diese Gesellschaft einen Gustav-Hans-Graber-Preis ausgeschrieben hatte. Es ging der Vereinigung darum, die beste wissenschaftliche Arbeit zum Thema vorgeburtliche Psychologie zu küren.*

---

* Eine Zeitlang war ich deshalb ernstlich geneigt, die Übermittlungen 'Grabers' zu überarbeiten und unter neutralem Namen für den Wettbewerb einzureichen, was dann leider aus zeitlichen Gründen unterblieb. Aber der Gedanke allein, daß 'G. H. Graber' den in seinem Namen gestifteten Preis selbst hätte gewinnen können, amüsiert mich noch heute. Nun werden wir dieses Kapitel wohl nach Drucklegung allen deutschsprachigen Mitgliedern der ›Pränatal‹-Gesellschaft einfach im Klartext zusenden (sofern sich dafür Mittel erübrigen lassen).

60. Kontakt – 29/2/88 – 22.40 h – Dialog mit René im Studio Phoenix

NAHTRIHECCUNDE
GAHINNEVERAHTUNIN
ZEHGESSURKLACH
ZUNNUS.

Anagramma

Da Ihnen, werter Leser, inzwischen – sofern Sie die beiden vorangegangenen Bände dieser Serie gelesen haben – einigermaßen bekannt sein dürfte, wie Miras Einstieg in die Channeling-Trance abläuft, werden – von besonderen Ereignissen abgesehen – unsere einleitenden Kommentare darüber ab sofort weitgehend entfallen.

G-G-J: ***Guten Abend. Womit kann ich dienen?***

René: *Guten Abend, Herr 'Jung'. Ich hätte eine Reihe aktueller Fragen. In den letzten Wochen und Tagen hat sich ja einiges in unserer Sache getan. Ich nehme zwar an, daß Sie ohnehin –*

'Jung' unterbrach.

G-G-J: ***Sie haben Angst, Ihre Ideen nicht erfüllen zu können.***

René: *Nun, ein bißchen im Zeitstreß bin ich schon, aber das wird sich noch regulieren. Derzeit habe ich eher ein Problem mit den Verträgen, die wir eingehen sollen, beziehungsweise mit der Frage, ob wir sie eingehen sollten.*

G-G-J (etwas abschätzig): ***Ver – trä – ge.***

René: *Tja, das ist in der physischen Welt leider immer noch so. Sie werden ja vielleicht wissen, daß wir in München kürzlich eine, ich möchte mal sagen, nicht uninteressante, agile Dame kennengelernt haben. Sie arbeitet für eine Agentur namens ›Universal-Media-Press-Agency‹.*

C-G-J: ***Ein flottes Mädchen!***

René: *So kann man's auch sagen. Singen kann sie jedenfalls hervorragend. Auch wenn Sie schon wissen, wen ich meine, möchte ich Ihnen die flotte Dame – sie ist hier mit uns auf diesem Foto zu sehen – trotzdem ordentlich vorstellen. Sie heißt ....*

C-G-J: ***Oh!***

René: *Warum sagen Sie Oh? Nomen est omen?*

C-G-J: ***Ich kombiniere.***

René: *Aha. Also diese flotte Lotte aus Hollywood hätte gerne sehr viel mit uns vor. Ich blicke zwar noch nicht ganz durch, aber ich könnte mir durchaus vorstellen, daß etwas Gescheites dabei herauskommt. Allerdings möchte die Dame einen exklusiven Weltvertrag über unsere gesamten noch vertragsfreien bisherigen Arbeiten haben, auch all unsere Channelings der nächsten zehn Jahre betreffend. Wir sollen Ihr sozusagen zusichern, global nächstens nur mit Ihrer Agentur zu kooperieren. Dazu wollte ich ein wenig Ihre Meinung einholen, um –*

'Jung' unterbrach mich.

C-G-J: ***Vorsicht!****

René: *Ja, ich möchte durchaus umsichtig vorgehen, es ist ja eine ziemlich kitzelige Frage. Zudem haben wir schon mit einem anderen Agenten – einem meinem Gefühl nach sehr integren Mann, der sich uns schon vor einigen Monaten anbot – Vorgespräche geführt. Vielleicht gelingt es mir, diesen Herrn als Kontrollinstanz und Berater zu den Gesprächen mit dem flotten Mädchen beizuziehen. Dann würde sich wohl zeigen, wer welche Motivation hat.*

---

* Wenn man die Gesamtheit aller möglichen Nebenrechte unserer bereits publizierten Texte in Betracht zieht, erkennt man, daß der Besitzer eines Generalvertrags über das Output unserer Trancearbeit damit auch vieles anstellen könnte, was uns gar nicht gefallen würde. Beispielsweise – um dem Leser eine Idee zu geben – könnte man unsere Kontakte mit CeGe zu einem banalen Musical verwursten oder Carl Gustav auf freakigen T-Shirts oder Kaffeeschalen popularisieren.

Ansonsten möchte ich heute wieder ein bißchen querfeldein fragen, um verschiedene bereits angeschnittene Dinge zu klären. So haben Sie mir vor vierzehn Tagen versprochen, wegen der Grafik über das ›Mittelalterliche Weltsystem‹, bezüglich des Urhebers dieses Holzschnitts, in Ihren Sphären noch weitere Erkundigungen einzuholen. Haben Sie dazu noch etwas eruieren können? Auf der irdischen Ebene ist der Künstler einfach nicht mehr feststellbar. Sogar eine Kunsthistorikerin, die mir in dieser Sache zur Seite stehen wollte, mußte nach ausführlichen Recherchen passen.

G-G-J: ***Es war ein Brückenbauer, der seine Visionen hatte, während er Wege über das Wasser schuf. In seinen unterbewußten Schichten bildete sich immer mehr die Idee heraus, ganze Welten verbinden beziehungsweise eine oder sogar mehrere Brücken in andere Universen schlagen zu können. Er dachte, daß auch scheinbar getrennte Universen durch Brücken verbunden werden können. Dieser Brückenbauer hatte die Einsicht, daß es so wie im Kleinen auch im Größeren sein sollte. Er hatte die Visison, daß diese Welten vielleicht nicht anders als die unseren sind – daß wir es nur vermissen, über Brücken dorthin gehen zu können.***

In diesem Bild wird die Neugier des Menschen selbst als Brücke dargestellt. Es sagt auch aus, daß unsere Fantasie – soweit wir es zulassen – unsere Grenzen überspringen kann und wir von der Schau innerer Welten eine Brücke zu den äußeren Welten bauen können.

Auch wenn wir als Medien fungieren, sind wir nichts anderes als Brücken – wir ermöglichen die Kommunikation zwischen zwei vermeintlich getrennten Welten. Diese sensitiven Brücken symolisieren auch die Verbindung, die die Menschheit in ihrem Unterbewußtsein noch zu wollen und zu bilden hat, um über diesen Pfad in das ihr unbekannte Land voranschreiten zu können. Wann immer wir erkennen, daß es eines Brückenschlages bedarf, um uns eine innere oder äußere Welt zu erschließen, müssen wir uns auch fragen, woher wir die Kraft und Befugnis bekommen, uns in diese neue Welt vortasten zu können. Befugt sind wohl all jene Pioniere, die es wagen, ihr inneres Wollen als Erstlingsrecht auch in Anspruch zu nehmen, die den Mut haben, als erste darauf Anspruch zu erheben.

Solange wir uns aber der Funktion unserer Psyche nicht bewußt sind, bleiben die inneren Welten nur ein Ballast, den wir mit uns tragen. Diese Dimensionen erschrecken uns allzuleicht, daher müssen wir die menschliche Welt verstehen, wenn sie versucht, sich immer wieder Grenzen zu setzen, um ein allzu rasches Fortschreiten zu verhindern. Das Erstlingsrecht der Pioniere hingegen zielt bereits in eine Dimension des geistigen Erkennens und hin zu einem intuitiven Erfassen der spirituellen Göttlichkeit, die hinter allen Dingen und Erscheinungen wirkt.

René: *Herr 'Jung', auf dieser Grafik ist links oben auch noch ein sogenanntes Weltenrad zu sehen. Es wäre schön, wenn Sie zu diesem Symbol auch etwas sagen.*

C-G-J: In der Astrologie betrachten wir den Weltenlauf als den Lauf der Gestirne um eine Zentralsonne, und wir kennen die magnetische Kraft der Sonne, die alle Planeten mit ihrer Fliehkraft in einem zentralistisch angeordeten System kreisen läßt. Daher komme ich immer wieder auf das Zentrum zu sprechen.

Im Zentrum eines Rades steht die Sonne. Das Rad oder der Kreis – als Symbol – hat immer eine Mitte, ein Zentrum, von dem aus wir alle Punkte der Peripherie erreichen können. Symbolisch gesehen bedeutet es, einen Horizont – ein horizontales Bewußtsein – oder eine Harmonie, die alle aus dem Zentrum kommenden Schwingungen weiterleitet und über ein größeres Zentrum diesem Kern wieder verfügbar macht.

Sie kennen die Funktion einer Welle: Wenn Sie in einen Topf voll Wasser einen Tropfen fallen lassen, so sendet er seine Schwingungen bis an den Rand des Topfes, und danach kehren die Wellen wieder in das Zentrum zurück.

Dieses Phänomen können wir auch auf die menschliche Psyche übertragen, sowie gleichfalls auf alle anderen Dinge und Vibrationen im Universum.

René: *Sicherlich könnten wir den Tropfen auch als Symbol für die Zentralsonne annehmen. Dann stellten sich mir weitere Fragen. Es gibt ja, wie es scheint, eine ganze Menge Zentralsonnen, von denen jeweils einige in übergeordneten Systemen ihre Bahn ziehen, und darüber gibt es wieder übergeordnete und so weiter. Könnten Sie das noch etwas kommentieren?*

C-G-J: Es gibt verschiedenartig aufgebaute Sonnen. Das heliozentrische Sonnensystem etwa unterscheidet sich vom

geozentrischen insofern, als wir beachten müssen, daß die Sonne im Zentrum ihres Planetenkörpers eine andere Struktur aufweist als Sonnen außerhalb des Zentralsonnensystems. Sie kennen das geozentrische Sonnensystem, das in seiner Auswirkung mehr auf die Planeten bezogen ist, während das heliozentrische System mehr von der Kraft der Sonne bewirkt wird und ein anderes Bewußtsein voraussetzt. Betrachten wir den Unterschied zwischen beiden, so werden wir feststellen, daß wir in uns selbst eine Sonne tragen und dennoch von einer äußeren Sonne abhängen. Es sind diese Zwischenbeziehungen, die für das Funktionieren und Fluktuieren der Zentralsonnenenergie ausschlaggebend sind.

René: *Möchten Sie damit auch andeuten, daß die Zentralsonnen von noch feinerer, höherer Frequenz und vielleicht völlig unsichtbarer Natur sind?*

G-G-J: ***Es gibt verschiedenste Sonnensysteme, und sie alle sind ursächlich miteinander verbunden, da sie allesamt Schwingungsfelder in Form einer Achterschleife erzeugen. Diese Achterschleifen senden in einem bestimmten Rhythmus Sonnenenergie, das heißt aktivierende Energie, in das Universum und machen den eigentlichen Rhythmus und die Bewegung eines Planetensystemes aus.***

René: *Das mit den Achterschleifen ist mir noch etwas rätselhaft. Mir fällt dazu aber ein, daß im System des Sirius nachweislich ein Trabant in Form einer Endlosschleife zwischen zwei Sonnen kreist, oder besser gesagt achtert. Hat das im weitesten Sinn etwas mit Ihren vorherigen Angaben zu tun?*

G-G-J: ***Exakt.***

Pause. Mira wurde anscheinend etwas unwohl. Sie saß im halben Lotus und versuchte ihren Rücken geradezurichten.

G-G-J: ***Wir versuchen gerade, Ihrer Frau ein bißchen Energie in den Rücken zu strahlen. Das verursacht möglicherweise Schmerzen, aber sie kann mit dem Reading fortfahren.***

René: *Ja, gut. Ich hoffe, daß sich später mal die Gelegenheit ergibt, noch tiefer in diese Zentralsonnensache* einzusteigen.*

* Ich bin an dieser Thematik besonders interessiert, weil ich mich vor Jahren mit den Energieverteilungsprinzipien zwischen unserer Sonne und ihren Planetenkindern wie auch zwischen vermuteten Zentralsonnen und deren Subsonnen tiefer auseinandersetzte. Diese Studien haben mir im Zusammenhang mit der Orgonomie Wilhelm Reichs, dem indischen Sri-Yantra, den Kristallgittern unserer Mineralien und der heliozentrischen Astrologie einen völlig neuen Blickwinkel in bezug auf die Funktion und Kalkulierbarkeit von Sonnenflecken eröffnet.

Eine Frage, die ich heute noch hätte, betrifft einen Hinweis von Rainer Holbe, der mir erzählte, daß Sie angeblich zum Zeitpunkt Ihres Todes – also während Ihrer Todeserfahrung, im Koma oder in einer Art Trance – Mitteilungen über Ihr momentanes Erleben machten. Stimmt das? Herr Holbe meinte, darüber irgendwo gelesen zu haben.

C-G-J: ***Viele Menschen machen diese Erfahrung des Mitteilungsbedürfnisses während des Todes. Die Tragik besteht hier in der Unsensibilität der Umwelt, die sich nicht auf die Schwingung des sich entfernenden Geistwesens einstellen kann. Ich selbst habe mich dazu gezwungen, mich so bewußt wie möglich aus meinem Körper zu entwinden. Mir war allerdings nicht bewußt, inwieweit man mich hören konnte. Teils konnte ich meinen Körper wahrnehmen, und teilweise war ich so auf mein Erleben konzentriert, daß ich ihn augenblicklich vergaß, denn der Übergang war gewaltig.***

Ich trainierte schon zuvor in meinen Träumen diese Experimente des bewußten Astralreisens. Darüber habe ich berichtet, es ist jedoch niemals veröffentlicht worden. Ich kann sagen, daß Astralreisen die beste Vorbereitung auf den bewußten Übergang sind.

Es wird uns Menschen eine große Stufe weiterbringen, wenn wir mehr und mehr beginnen, unser Bewußtsein während des Todes nicht zu verlieren, sondern die Beziehung zu unserer Umwelt beibehalten und uns bewußt vom körperlichen Zustand befreien, um in eine andere Dimension des Lichtes eintreten zu können. Das ist wie eine bewußte Geburt in ein neues Leben.

Ich möchte darauf hinweisen, daß es einen ursächlichen Zusammenhang zwischen der Geburt ins Erdenleben und der Geburt ins Ätherreich – oder die Astralwelt oder wie immer Sie es nennen möchten – gibt. Sie können sich vielleicht vorstellen, daß viele Menschen einen traumatischen Tod finden, weil sie sich zeitlebens nicht mit ihrem Unterbewußtsein, mit ihrer Unterwelt, beschäftigt haben. Alle unbewußten Wesen, die auf der Erde zur Welt kommen, erleben ebenso dieses Drama, dieses Trauma der Geburt.

Wann immer ein mehr oder weniger bewußtes Wesen auf die Welt kommt, um so mehr Erinnerungsfähigkeit bringt es mit. Die Bewußtheit bewirkt, daß diese Energien in uns gespei-

chert und wir mit dieser Frequenz verbunden bleiben, wir also unser Bewußtsein von dieser Geisteshaltung und Erfahrung nicht abschneiden.

Hier herüben gibt es viele arme Wesen, die sich ihres Todes nicht bewußt sind. Sie leben in einer Scheinwelt, die für sie natürlich sehr real ist, aber die Übergänge dorthin können sie nicht bewußt nachvollziehen.

René: *Wenn das Astralreisen so wichtig ist, sollten Sie vielleicht ein paar Hinweise geben, wie man es am besten erlernen kann.*

G-G-J: ***Nun, es gibt diese von Carlos Castaneda beschriebene Übung mit den Händen*, diese finde ich sehr fantastisch. Überhaupt ist der Vorsatz günstig, sich – während man träumt – auf einen Punkt zu konzentrieren und nicht davon wegbewegen zu lassen, indem man sich selbst eindrücklich sagt, man sei da. Der Träumer könnte auch sagen ›ICH BIN‹. Diese Konzentrationsfähigkeit während des Traumes ist es, die einen Bewußtseinssprung möglich macht.***

René: *Weil wir vorhin vom Übergang sprachen, fällt mir gerade ein, daß ich meiner Mutter versprochen habe, Sie zu bitten, sie doch bei ihrem Übergang zu begleiten beziehungsweise zu empfangen. Ich weiß nicht, ob Ihnen das möglich sein würde?*

G-G-J: ***Das möchte ich nicht! Sie hat keinen Bezug zu mir und lebt in einer völlig anderen Dimension. Ich könnte Sie oder Ihre Frau oder wen auch immer meiner Freunde auf dieser Reise begleiten. Doch, seien Sie versichert, für Ihre liebe Frau Mutter sind viele andere Wesen hier, die sich darum bemühen werden, sie zu empfangen.***

René: *Sie glauben, daß sie zu wenig Bezug zu dem hat, was wir hier zusammen machen?*

G-G-J: ***Ich meine, zu mir persönlich hat Ihre Mutter nicht den Bezug, der nötig wäre.***

---

* Der mexikanische Anthropologe C. Castaneda gibt in einem der frühen Bände der Schilderungen seiner Lehrzeit bei indianischen Schamanen eine höchst wirksame Methode bekannt, mit der es luciden Träumern leichter gelingt, einmal erlangtes ›Traumwachbewußtsein‹ weiter aufrecht zu erhalten und dieses sodann als Startrampe für Astralreisen zu verwenden. In aller Kürze gesagt, empfiehlt er, während des Bemerkens des bewußten Träumens seine eigenen Hände vor dem inneren Auge in ständiger Bewegung zu visualisieren, bis dieses labile innere Erwachen trotz schlafendem Körper durch Übung zur nötigen Stabilität gefunden hat.

René: *Ich verstehe. Noch etwas ganz anderes: Mir kam vor kurzem ein interessanter Gedanke hoch, nämlich wie Sie sich auch für Skeptiker stichhaltig beweisen könnten, und zwar mittels der Aufklärung –*

'Jung' unterbrach.

C-G-J: ***– des Rätsels!***

René: *Ja, genau. Das Anagramm am Ende Ihrer ›Sieben Reden an die Toten‹ ist ja bis heute offensichtlich nicht gelöst worden. Wenn Sie das nun selbst tun würden, glaube ich doch, daß einige relevante Leute unsere Sache näher ins Auge fassen würden.*

C-G-J: ***Ich bin nicht bereit, die Lösung zu veröffentlichen, doch ich mache ein anderes Experiment. Ich werde den Leuten, die meine Welt begriffen haben, des Rätsels Lösung eröffnen, jedoch nicht global zugänglich machen.***

René: *Wie Sie dabei vorgehen wollen, versteh' ich nicht ganz.*

C-G-J: ***Über das Unterbewußtsein. Synchronizität! Wann immer jemand auf eine Wahrheit stößt, kann sie auch ein anderer Mensch in sich fühlen. Wir möchten diesen Weg, der über das Unterbewußtsein zur Erkenntnis führt, wählen und nicht über den Weg des Verstandes gehen.***

René: *Das scheint interessant zu werden. Sie hatten doch sicherlich bestimmte, sagen wir, Hintergedanken, als Sie Ihr Rätsel formulierten?*

C-G-J: ***Natürlich. Es trägt Beweiskraft für jene Menschen, die mir nahe sind.***

René: *Hat dieses Ratespiel Ihres Wissens schon jemand gelöst, wenn auch nur im Unterbewußtsein?*

C-G-J: ***Ich kenne niemanden. Aber die Zeit ist nahe.***

René: *Ich nehme an, daß dieses Anagramm nach Umstellung der Buchstaben eine sinnvolle, auch rational erfaßbare Mitteilung ergibt. Vielleicht ist es ein kurzer Satz? Können Sie dem zustimmen?*

C-G-J: ***Es trägt eine vieldimensionale Wahrheit. Und diese führt die Erkenntnis gleichzeitig in verschiedenste Schichten des Bewußtseins.***

René: *Wird diese Wahrheit in deutscher Sprache mitgeteilt?*

C-G-J: ***Ja. Dieses Wissen kann aber auch in Englisch, Russisch, Spanisch oder Japanisch erfaßt werden. Es ist universales, gnostisches Wissen.***

René: *Also meditiert man am besten darüber und harrt intuitiv der Erkenntnis, bis –*

'Jung' unterbrach.

C-G-J: ***Sie können es nicht über den Verstand lösen, das ist unmöglich.***

René: *Ich könnte also höchstens darüber träumen!*

C-G-J: ***Darauf wollte ich hinaus.***

René: *Dazu müßte ich vorerst mal die Buchstaben in mir speichern.*

C-G-J: ***Es ist ein Koan. Diese japanische und chinesische Welt ist mir inzwischen noch mehr erschlossen.***

René: *Mmh. Ist nun das Anagramm ein Koan, der Ihnen bekannt wurde, oder ist es einer, den Sie selbst erschufen?*

C-G-J: ***Ich empfinde es als Koan. Ich hatte eine Vision, in der ich des Rätsels Lösung sah und konnte das niemandem mitteilen. Ich wußte, ich müßte sterben. Allein jetzt darüber zu sprechen ist noch schwer.***

Ich mußte schweigen, dennoch wollte ich dieses Wissen als Psychogramm oder Hologramm der Welt übermitteln – denn man erlebt nicht nur über die Augen.

Unser Geist, unsere Seele, unser Unterbewußtsein erlebt über feinere Augen. Wann immer Sie mit dieser Schicht Ihres Bewußtseins sehen, werden Sie des Rätsels Lösung finden können.

René: *Möchten Sie in diesem Zusammenhang auch etwas über Ihre ›Sieben Reden an die Toten‹ sagen?*

C-G-J: ***Im Moment nicht.***

René: *Aber sie stehen doch in direktem Zusammenhang mit dem Anagramm?*

Keine Antwort.

René: *Ich frage deshalb, weil ich mir ein interessantes Buch dazu besorgt habe, von einem Herrn Stephan A. Hoeller. Der Mann hat Sie meinem Gefühl nach echt verstanden.*

C-G-J: ***Wir müssen bald gehen.***

René: *Ach so. Dann schau ich besser nochmals schnell auf meine Fragenliste. Wenn's noch geht, wäre da noch eine Frage unseres Verlegers, der gerne von Ihnen wissen möchte, ob Sie einen engeren Bezug zu Johann Wolfgang von Goethe haben?*

C-G-J (schmunzelnd): ***Natürlich.***

René: *Unser Verlag bringt nämlich derzeit ein Buch unter dem Titel ›Goethe als Esoteriker‹ heraus. Irgend jemand sagte mir auch mal, daß Sie schon während Ihres physischen Lebens vermutet haben, daß Sie –*

'Jung' unterbrach.

C-G-J: ***Ich fühlte eine sehr tiefe Seelenverwandtschaft. Dieser Archetypus des Dichters, der mir zutiefst innewohnt, ist ein Erlebnis, von dem ich fühlte –***

'Jung' brach ohne ersichtlichen Grund ab. Es könnte auch sein, daß Mira wegen irgendeiner ›heißen‹ Information kurzzeitig aus der Trance fiel.

Kurze Pause.

René: *Übrigens betreibt einer unserer Verleger auch sogenannte Rückführungen. Das erwähne ich deshalb, weil ich später gerne mal mit Ihnen über den Rückführungsboom der letzten Jahre sprechen möchte. Sie wissen ja sicherlich, daß diese Regressionen auf verschiedenste Art und Weise erzeugt werden, weshalb ich gerne gehört hätte, welche Ansichten Sie zu den diversen Methoden haben?*

C-G-J: ***Ich anerkenne nur eine einzige Vorgangsweise, und das ist die psychische Arbeit mit den Bildern. Wann immer Sie glauben, vormals dieser oder jener gewesen zu sein – das mag stimmen oder auch nicht – zweifelsohne gibt es jedoch eine Verbindung, denn Sie tragen diese Vibrationen in sich. Wir müssen uns jedoch davor hüten, einem spirituellen Psychostreß aufzusitzen. Wir können nach Jahrhunderten des Dahindämmerns von uns nicht erwarten, plötzlich in drei Jahren erleuchtet zu sein und die Fähigkeit zu besitzen, uns an etwas zu erinnern, was wir – sagen wir seit Jahrtausenden – nicht mehr getan und gewußt haben. Das ist ein langsamer, sehr schwieriger Prozeß. Ich warne alle Leute davor, sich zu exzessiv in diese Identifikation mit den inneren Welten zu***

begeben. Man kann diese Bilder auch benützen, um davon abzurücken, um seiner Problematik auszuweichen. Nur Hand in Hand mit einer psychischen Arbeit finde ich es erstrebenswert, nach Erscheinungen früheren Lebens zu suchen — keinesfalls ohne psychische Arbeit. Ich betrachte diese fast als Voraussetzung. Sie ist meist notwendig, um diese Dinge überhaupt verkraften zu können.

Ich muß leider gehen. Guten Abend.

René: *Guten Abend. Ich danke Ihnen.*

Mira (langsam aus der Trance kommend): *René, ich sag' Dir, ich hab' vorhin solche Schmerzen im Rücken gekriegt, und wie sie mich dann bestrahlt haben, ist mir total heiß geworden. Ich hab' zu Schwitzen angefangen, und urplötzlich war alles wieder komplett weg.*

René: *Ich hab' leider vergessen, zu fragen, was da mit Dir los war. Aber vielleicht erklärt er uns das noch. Hast Du irgend etwas gesehen, während er gesprochen hat?*

Mira: *Ja, als es um den Brückenbauer ging, hab' ich einen Fluß zwischen zwei Erdteilen gesehen und daß da einer im Begriff war, eine Verbindung zu schaffen. Ich glaub', ich hab' viel von der Vision begriffen, die der gehabt hat.*

René: *Der hat wahrscheinlich permanent über den Archetypus der Brücke sinniert und dann diese tolle Grafik ins Holz geschnitzt. Was der 'Jung' übers Anagramm gesagt hat, ist ja das Allerstärkste, da steh' ich echt drauf. Jetzt kann das schon nur vom Unterbewußtsein erkannt werden, und dann ist die Lösung erst ein Rätsel, das ist doch sagenhaft raffiniert.*

Mira: *Vielleicht ist das ganze nur eine raffinierte Abwehr von mir?*

René: *Das glaub' ich nicht. Dazu hat alles zu sehr seine innere Logik. Außerdem wär' es ja viel zu banal, wenn er jetzt einfach die Lösung sagen tät'.*

Mira: *Bevor er gekommen ist, am Anfang der Trance, da war noch ein Gedicht da, das ich ganz kurz innerlich gehört hab'. Aber ich kann mich nicht mehr erinnern, weil's gleich wieder weg war. Irgend etwas mit ›**Höheres ...**‹ ist vorgekommen.*

Ich weiß nur noch, daß ich meine eigene Stimme im Kopf ganz deutlich gehört hab'. Das war jetzt schon ein paarmal, einmal beim Einschlafen und zweimal vor der eigentlichen Trance. Das ist phänomenal, weil es nicht meine Gedanken gewesen sind, da ist irgendein klarer Unterschied. Erzähl' das aber bitte niemand, die Leute glauben sonst noch, ich werd' jetzt verrückt.

René: *Oje Schatzi, jetzt ist es soweit. Jetzt geht's ab in die Klapsmühle mit Dir.*

Trotz der eindeutigen Hinweise 'Jungs', daß sein Anagramm-Rätsel nicht mit dem rationalen Verstand gelöst werden könne, versuchte ich dennoch, dem Geheimnis näherzukommen, indem ich mir die Buchstabenkolonnen aus Magnetpapier fertigte und diese spielerisch intuitiv auf einer Metallplatte herumschob und immer neu zusammenstellte. Es haben sich zwar eine Reihe halbherziger Lösungen ergeben, aber immer blieben einige Lettern übrig. Falls einer unserer Leser eine interessant erscheinende, sinnhafte Komposition in dem vorgegebenen Buchstabensalat entdecken sollte, möge er uns das bitte wissen lassen. Wir werden im etwa sechsten Band wiederum auf das Thema Anagramm zurückkommen, da sich 'Jung' im Verlauf der weiteren Gespräche nochmals ausführlich darüber zu Wort meldete.

61. Kontakt – 6/3/88 – 18.45 h – Persönl. Konsultation in der Schweiz

Das Leben ist Liebe

Anläßlich eines Vortrags über unsere medialen Erfahrungen, den wir in der Eidgenossenschaft hielten, haben wir die Chance genutzt, einige unserer Schweizer Freunde zu besuchen. Und so ergab sich auch die Gelegenheit, ein schon lange versprochenes Gespräch zwischen CeGe und einer nahen Freundin einzulösen.

G-G-J: ***Guten Abend.***

René: *Ich darf Sie heute wieder einmal auf Schweizer Boden begrüßen und möchte Ihnen unsere Freundin .... vorstellen.*

Sie hat, wie Sie vielleicht schon wissen, ein doch etwas gravierendes Problem. Im Horoskop drückt sich dies vorwiegend durch Saturn im Skorpion,im fünften Haus im Quadrat zur Venus aus, oder im Klartext gesagt, sie spürt sehr wenig im sexuellen Bereich. Wir haben nun gedacht, daß Sie vielleicht ein bißchen Hilfestellung leisten könnten, indem Sie ihr die Hintergründe näher beleuchten.

G-G-J: ***Ich erlaube mir, bevor ich auf die Gnädige Frau eingehe, eine amüsante Bemerkung.***

René: *Ja bitte, tun Sie das.*

G-G-J: ***Ich sehe, daß Ihnen ein Herr in den Magen gerutscht ist.***

René: *Mir?*

G-G-J: ***Er liegt auch Ihrer Frau in der Seele. Das amüsiert mich.****

René: *Aha. Ja, haben Sie noch mehr dazu zu sagen?*

G-G-J: ***Sehen Sie doch, wie grandios das Leben ist! Ein Skorpion mit Aszendent Stier – nicht wahr, meine lieben Freunde – hat schon sehr viel auch mit Sexualität zu tun und kann einem schon –***

Ich unterbrach, meine emotionelle Verwicklung überspielend.

René: *– im Magen liegen.*

G-G-J: ***– zwischen den Hörnern liegen. Wenn Sie ganz tief fühlen, was Sexualität ist – wenn Sie begreifen, daß das Leben Liebe ist –, dann hören Sie nicht nur damit auf zu phantasieren, wie das Leben sein sollte, sondern genießen das volle Leben in all seinen Erscheinungsformen, so wie es ist. Wann immer wir uns aber damit begnügen, unserer Hoffnungslosigkeit das Tor weit aufzumachen, werden wir wohl in unserem eigenen Reichtum ersticken müssen. Wir nehmen uns die Dimension Raum und die Zeit und schlagen uns mit einer Begrenzung herum, aus der wir es nicht wagen, in die Freiheit unserer eigenen Phantasien hinauszugehen.***

Wenn Sie wahrhaft begriffen haben, was Begrenzung wirklich bedeutet, hat Sie der Moment erwartet, ab dem es wieder der Freiheit entgegengeht. Erst dann, wenn wir dieser Begrenzung nicht mehr zu entfliehen suchen, werden wir die Freiheit des Geistes wahrhaft erfassen lernen.

'Jung' wandte sich mit einer Kopfdrehung Miras unserer Freundin zu.

G-G-J: ***Obwohl Sie, Frau ...., dazumal – in früheren Leben – vielleicht versuchten, das Glück des Lebens außerhalb Ihres Körpers zu finden, und es Ihnen möglicherweise nicht glückte, haben Sie vielleicht auch in diesem Leben nun ver-***

---

* Ein arrivierter Parapsychologe mittleren Semesters hatte deutlich Gefallen an Mira gefunden.

sucht, sich die Möglichkeit, über diese Schranken zu gehen, offenzuhalten. Wann immer wir versuchen, das Zentrum der Liebe, des Glücks – oder was auch immer wir als Gott – bezeichnen, außerhalb unseres Selbstes und unseres Körpertempels – zu suchen, werden wir erfahren müssen, daß wir irgendwann zu dieser Einheit wieder stehen werden müssen. Ansonsten gehen wir gespalten und geteilt durch diese Welt.

Wann immer wir es einer Kraft erlauben, innerhalb unseres Zentrums die Oberhand zu gewinnen – egal, ob es Beschränkung oder Expansion ist –, werden wir aus unserer Bewußtseinsmitte geworfen. Wir laufen dann so lange diesem Teil unseres Bewußtseins nach, bis er uns wieder in unsere Integration führt.

Dieses Bewußtsein der Ganzheit ist ein großer Gedanke, den ich in Ihren tiefsten Schichten fühle, und ich sehe, daß Sie bereits etwas erkannt haben, was Sie vielleicht noch nicht einmal richtig wissen. Wir haben ein inneres Wissen, daß das Glück unseres Körpers und unserer Seele von der geistigen Welt in uns selbst abhängt. Aber Sie wissen vielleicht nicht, daß diese geistige Welt in uns selbst begraben liegt.

Sehen Sie, wann immer jemand versucht, diese Geistigkeit – oder das Glück – außerhalb seiner Selbst zu finden, wird sich derjenige so lange betrügen müssen, bis dieses Tor und dieser Gang über die Schwelle aktuell geworden sind. Meistens laufen wir so lange in der Welt herum, bis wir nicht mehr können und wir erkennen, daß wir außerhalb unseres Selbtes nichts tun können, als wieder in die Heimat, die in uns liegt, zurückzugehen.

Diese Selbständigkeit und Unabhängigkeit, die Sie für mich ausstrahlen, empfinde ich als große Kraft, als Größe. Aber Sie haben noch nicht gelernt, dieses Wissen, das Sie haben, auch umzupolen und umzusetzen und die Welt nicht zu verurteilen, wenn sie diese Gesetze noch nicht kennt. Sie waren wohl – in dem Glauben, daß eine Wahrheit, die Sie einmal erkannten, auch noch heute funktioniert – allzu streng mit sich selbst. Doch dieser Lernschritt, mein gnädiges Fräulein, war nur Ihrem damaligen Bewußtseinszustand angepaßt. Sie müssen erkennen, daß wir nun in einer neuen Dimension des Bewußtseins leben. Es ist ein Bewußtwer-

dungsprozeß unserer eigenen Seele im Gange, und alles Wissen kommt aus den tiefsten Schichten nach oben. Bevor Sie sich Grenzen setzen, um nichts von Ihren untersten Tiefen zu erfahren, weil Sie einen allzu steilen Weg der Bewußtwerdung und Konzentration in die Höhere Welt gehen wollen, sollten Sie begreifen, daß diese ›Strafe‹ endgültig an Macht verloren hat. Begreifen Sie, daß Sie selbst der Schöpfer dieser Idee gewesen sind.

Sie sind eine wunderschöne Frau, und ich verehre Sie in Ihren tiefsten Schichten. Und ich möchte Ihnen gerne einen Rat geben: Sie sollten versuchen, diesen Gott als einen gnädigen Gott zu erleben und seine Barmherzigkeit und Annahme Ihres Selbtes zu fühlen. Es spricht mir der Wunsch aus der Seele, Ihnen in Ihr tiefstes Innerstes hinein mitteilen zu wollen, daß es keine solche strafende Autorität gibt. Diese entstammt nur der Illusion unseres beschränkten Bewußtseins.

Schuld und Sühne sind etwas, das wir als Verantwortung an die Welt weitergeben. Was wir nicht tragen können oder möchten, das geben wir ab. Wir sind dadurch vielleicht auf anderen Gebieten stärker geworden, doch was nützt uns diese Kraft, wenn wir sie anderswo in unserer Seele brauchen würden.

Ich sehe das Symbol einer Kraft – die Form eines ägyptischen Hundes, der einen Sarkophag bewacht. Es sieht aus wie eine Einweihungsstätte, wie ein Tempel des Verlangens nach Gott. Ich fühle diese Sehnsucht nach dem Höheren Selbst und dem Eingehen in diese Vision, in das Höchste Bewußtsein. Da ist dieser grenzenlose Zustand des Staunens ob einer geistigen Dimension, die wir angeblich nicht greifen können, nach der wir aber so sehr suchen und schreien, wie ich es bei dem Konzert miterlebte.

Ja, ich war mit dabei und hörte dieses Lied: Mein Gott, meine Seele schreit nach Dir.

Zur Erläuterung sei festgehalten, daß Mira tags zuvor in ein Kirchenkonzert eingeladen war, in dem mit Chor und Orchester unter anderem Mendelssohns 42. Psalm dargeboten wurde. Während die Sänger sich bemühten, die sentimental-religiöse Kantate (aus 1837) mit der gehörigen Verzweiflung herauszuschmettern, flüsterte Carl Gustav trocken in Miras inneres Ohr: ›***Solange er nach Gott außerhalb seiner Seele schreit, wird er Ihn nicht wirklich finden.***‹*

G-G-J: ***Dieser Komponist hat seine Qualen sehr produktiv vertont. Er teilte der Welt mit, daß er etwas noch nicht gefunden hat, von dem er aber trotzdem annimmt, daß es es geben muß.***

Der Mensch müßte nicht danach weinen, wenn er begriffen hätte, daß Gott etwas ist, das er nie verlieren kann, weil er es nie zu besitzen brauchte – daß diese höhere Dimension etwas ist, was wir um Gottes Willen nicht erkämpfen können. Wir müssen es nicht erringen, noch müssen wir uns ermorden, um diesem Höheren Prinzip näher zu rücken. Wir müssen uns nur dieser göttlichen Kraft in uns übergeben, uns dieser unendlichen Schöpferkraft und Liebesfähigkeit hingeben.

Ich kann nun sehen, wie diese Blockade beginnt sich zu öffnen. Wenn Sie erst versucht haben, im Traum dieses Problem zu lösen, werden Sie erkennen, daß Sie diese Blockade als Ungeborenes, als Baby, auf die Welt bringen können. Versuchen Sie sich vorzustellen, ein Kind empfangen zu haben und es wirklich durch Ihre Fortpflanzungsorgane zu gebären.

Diesen Weg der Sexualität, den wir ja alle gehen und beschreiten, dürfen wir nicht verurteilen. Sex ist die größte Macht im Universum, und dennoch ist es so schwer, sich von ihr verbrennen zu lassen.

Gehen Sie mit dem Feuer der Liebe in ein anderes Land. Und versuchen Sie, sich selbst zu lieben.

Ich möchte Ihnen meine Hand reichen.

Pause.

René (zur Klientin): *Er scheint schon weg zu sein.*

---

* Mira besteht hier auf der Anmerkung, daß sie bei solchen spontanen ›inneren Bemerkungen‹ ihrer Freunde sehr oft nicht gleich zwischen ihren eigenen Gedanken und eventueller Inspiration unterscheiden kann. Aber wenn Sie dann genau hinfühlt, erkennt sie doch den Hauch von Anstoß, der ihre Gedankenreaktion hervorrief.

Die angesprochene Passage aus dem 42. Psalm von Mendelssohn lautet übrigens wortwörtlich:

Wie der Hirsch schreit nach frischem Wasser,
so schreit meine Seele, Gott, zu Dir.
Meine Seele dürstet nach Gott,
nach dem lebendigen Gotte.
Wann werde ich dahin kommen,
daß ich Gottes Angesicht schaue?
Meine Tränen sind meine Speise Tag und Nacht ...

Mira (noch nicht recht im Körper zurück): *René, bitte massier' mir die Hände. Ich kann mich noch nicht rühren.*

Klientin: *Könnt Ihr mir das ein wenig übersetzen, was mir da gesagt wurde?*

Mira: *Ich glaub', er meint, daß Du wirklich einmal das total hohe Wissen erlangen wolltest, unter Ausschaltung der physischen Sinne.*

Klientin: *Ja, ja, er sieht ja Ägypten und Einweihungsprozesse. Das sitzt mir also immer noch im Mark drin.*

(Mit einer Gestik nach oben) *Danke, Herr 'Jung'. Und danke Mira.*

Mira: *Ich hoffe, es hat Dir etwas gebracht.*

Klientin: *Unbedingt. Also, ich muß es noch x-mal hören.*

Mira: *Mir geht's oft so damit. Da denkt man sich, das weiß ich ohnehin schon, das kenn' ich ja. Aber wenn man es dann wieder und wieder anhört, nimmt das zeitweise eine ziemliche Dynamik an. Seine Ansprache geht oft total ins Unterbewußtsein, damit sich dort was zu verändern beginnt.*

Klientin: *Sagte er nicht sogar, er sieht in meinem Unterbewußtsein eine Schranke aufgehen.*

René: *Während des Gespräches hat er gesehen, daß sich – wahrscheinlich durch das Gespräch selbst ausgelöst – schon etwas in Dir gelockert hat.*

62. Kontakt – 10/3/88 – ca.19 h – Trance-Abbruch wegen Aggression

Herzklopfen

Die im 60. Kontakt schon kurz erwähnte flotte Lady der ›Universal-Media-Press-Agency‹ hatte mir während unseres Schweiz- Aufenthalts einige saftige Kopfschmerzen und Mira heftiges Herzklopfen beschert. Mit aller Kraft wollte sie uns dazu überreden, unsere sämtlichen Agenden durch sie und ihre Firma betreuen zu lassen. Von unseren medialen Songs* über die fremdsprachigen Buchrechte unserer Trance-Kontakte bis hin zu den Filmrechten bezüglich unserer feinstofflichen Erfahrungen – und das alles zehn Jahre nach vorn und zurück – wollte die smarte Dame alles unter ihre vertraglichen Fittiche nehmen. Und uns wurde zunehmend unheimlich dabei.

Wiewohl Mira mich schon mit Händen und Füßen von der Sache abhalten wollte, war immer noch ein Impuls in mir, der Sache weiter auf den Zahn zu fühlen, denn unsere materielle Lage war (und ist noch immer) alles andere als rosig. Dazu kam, daß jener andere Agent, der sich uns samt seiner ein-

---

*1 Im Laufe der Jahre haben wir auch ein halbes Dutzend toller spiritueller Songs durchbekommen, die wir gerne mal auf Schallplatte gepreßt sehen würden.

schlägigen Erfahrung in Sachen Esoterik-Managment schon Monate vorher anbot, auch ›zufällig‹ in Zürich weilte. Deshalb kam ich auf die vielleicht nicht so glorreiche Idee, mich mit beiden Agenten in einem Café an einen Tisch zu setzen und mir Insider-Latein erzählen zu lassen. So hoffte ich, am ehesten in der Sache zu innerer und äußerer Klarheit zu gelangen.

Dieses Gespräch war ein ziemlicher Fehlschlag. Alle fühlten sich dabei unwohl. Während der Herr nicht begreifen konnte, in welche Verstrickungen ich mich auch nur gedachte einzulassen, konnte die energische Dame ihre subtilen Aggressionen kaum im Zaum halten. Mira ist zu diesem Gerangel in weiser Voraussicht gleich nicht mitgekommen.

Obwohl ich der Hollywood-Abgesandten gegenüber immer wieder betonte, daß wir solch eine wichtige Entscheidung nicht treffen werden, ohne vorher mit CeGe zu konferieren, gebärdete sie sich zunehmend so, als ob schon mündliches Einverständnis herrschte. Worauf ich die Notbremse zog und ihr ein direktes Gespräch mit 'Jung' vorschlug. Es war zwar einigermaßen schwierig, Mira von der Sinnhaftigkeit dieser Trance zu überzeugen, aber schließlich willigte sie doch ein, sich im Apartment der Agentin in Trance zu versenken.

Da die innere Unruhe der amerikanischen Vertragsjägerin sehr stark ausstrahlte, baten wir sie, vorerst im Nebenraum zu warten.

Mira (in Halbtrance): *René, mein Herz klopft ziemlich. Als ich die Augen gerade zumachte, hab' ich plötzlich einen finsteren Mann gesehen, der zu mir gesagt hat, ›**In meinem Haus soll das nicht geschehen**‹. Ich hab' nur erwidert: ›Wer bist du?‹, worauf er sagt, ›**Ich bin der Teufel**‹.*

René: *Schatzi, das ist ein müder Scherz. Vergiß es und ruf' Carl Gustav. Der beschützt Dich schon vor solchem Unfug.*

Mira: *Ganz am Anfang hab' ich von ihm gehört, ›**daß er nicht kommen kann oder möcht'**‹ oder so ähnlich. Jetzt sagt er gerade, ›**daß ich mich in dem Haus nicht so öffnen kann, weil die Schwingungen so sind, daß ich mich mit einem Teil meines Selbstes wehre**‹. Und er sagt, ›**ich soll ruhig nach meinem Gefühl gehen**‹.*

René: *Frag' ihn doch, ob er nicht zumindest in einem Satz zu der Sache Stellung nehmen will?*

Mira: *Er sagt: ›**Ich schütze mich vor dem Wissen, das ich von ihm bekäm', weil ich es im Moment nicht ertragen könnt'.**‹ Er* *meint,* ***›ich hab' zuviel Angst vor der Konfrontation, in die er mit der Frau gehen tät'. Und vor ihren Aggressionen, die da hochkommen würden.‹***

René: *Herr 'Jung', wie würden Sie an meiner Stelle handeln?*

Mira: *Nein, es geht nicht, er hat sich schon zurückgezogen. Vorher hab' ich noch gehört:* ***›Es wird sich auch ohne Gespräch alles weisen. Wir sollten aus der Sache lernen. Die letztendliche Auseinandersetzung findet ohnehin im Unterbewußtsein statt, und der ist die Frau nicht gewachsen.‹*** *Wart', er sagt gerade noch:* ***›An ihrer Reaktion, weil er nicht gesprochen hat, werden wir viel erkennen können.‹***

Bitte hören wir auf. Tu' mir das Mikrofon vom Pullover runter.

Im anderen Zimmer geschahen zur selben Zeit Dinge, die wir uns nicht im Traum ausgemalt hätten. Hatte doch diese Dame nichts Besseres zu tun, als zur gleichen Zeit per Telefon ihr weit entferntes Privatmedium zu konsultieren und ihren verstorbenen Großvater sprechen zu wollen, was nebenbei nicht so recht geklappt hat. Weil sie das Gefühl bekam, daß 'Jung' nicht mit ihr sprechen werde, hatte sie einfach auf einen anderen medialen Kanal geschaltet.

Wir übernachteten wohl oder übel in dieser Wohnung und haben morgens einige Stunden nach der Dame die Wohnung verlassen. Als die Frau aus dem Haus war, besprach ich mit Mira noch ausführlich den vorigen Abend. Alles schien uns plausibel, doch auf den seltsamen Mann, der Mira zu Beginn der gescheiterten Trance kurz im Bild erschien und sagte, daß er der Teufel sei, konnten wir uns keinen rechten Reim machen – außer, daß es vielleicht der jenseitige Großvater der Dame gewesen sein könnte. 'Jung' kam uns zu Hilfe und klärte die Sache via innere Stimme folgendermaßen auf:

Mira: *Jetzt versteh' ich's ! Der 'Jung' sagt,* ***›dieser teuflische Mann ist jene Energie, die verhindert, daß eine höhere Energie eintritt und uns höher transformiert‹.*** *Und wegen unserer Haltung zu der ganzen Sache meint er:* ***›Wir können tun, was wir wollen, denn wenn es dazu dient, daß wir uns höher entwickeln – auch wenn es angeblich etwas noch so Schlechtes ist – ist es in Ordnung. Und alles – egal, ob es noch so heilig aussieht –, was uns daran hindert, in unsere tiefsten Tiefen oder höchsten Höhen hineinzugehen, ist genau das, was er als Teufel erkannt hat.‹*** *Er sagt noch,* ***›daß er auch einmal über den Archetypus des Teufels reden wird‹.***

Wenn ich es richtig versteh', heißt das also, die Angst vor dem Teufel ist nichts anderes, als daß die Menschen, wenn sie sich im Unterbewußtsein höher entwickeln wollen und eine verhindernde Kraft daherkommt, Schiß kriegen, weil sie sich deswegen nicht zu transformieren trauen. Und wenn die Kraft, die die spirituelle Entwicklung hindern will, in einem so stark geworden ist, daß man völlig stagniert, dann ist man wohl in der Hölle.

Die hartnäckige Agentin wollte in den nächsten Tagen noch immer nicht aufgeben und betonte weiterhin kräftig das Millionen-Doller-Kapital ihrer Firma. Mit meiner strikten Haltung, daß wir nur über einzelne Projekte verhandeln und 'Jung' in seiner Angelegenheit selbst das letzte Wort habe, konnte ich uns noch aus ihren Fängen befreien.* Als sie ihre Felle davonschwimmen sah, ging ihre Dreistigkeit sogar soweit, einen schon bestehenden mündlichen Vertrag zu behaupten, uns juristisch zu drohen und über 'Jung' respektlos herzuziehen. Als ich daraufhin die schriftliche Formulierung unserer angeblichen Abmachungen forderte, stellte sich schließlich heraus, daß sie ohne Hilfe aus ihrer Zentrale nicht einmal fähig war, einen Vertragsentwurf auf den Tisch zu legen. Wir haben schließlich, um die Sache abzuschließen, dieser Firma schriftlich alle Aktivitäten bezüglich unserer Arbeit untersagt, insbesondere betreffend der medialen Songs, deren Texte und Kopien der akustischen Trance-Aufzeichnungen diese freundliche Dame nicht mehr herausgab. Unsere Songs haben wir deshalb auch noch rechtlich schützen lassen und warten damit nun auf geeignetere Partner.

Der andere damals an der Vertretung unserer Arbeit interessierte Agent hat sich übrigens nach den schockierenden Vorfällen still und leise zurückgezogen.

---

* Erwähnenswert in der Sache ist auch noch ein überraschendes Telefonat, das uns inmitten des Wirbels mit der Hollywood-Lady von einem Bekannten aus Deutschland erreichte. Jener junge Mann hatte wegen einer persönlichen Angelegenheit ein uns unbekanntes Medium aufgesucht und dort aber vorerst anstatt für sich selbst speziell für uns bestimmte Informationen erhalten. Durch die innere Stimme jener Sensitiven, die auch von uns noch nie hörte, wurde er beauftragt, uns vor übereilten Vertragsabschlüssen zu warnen. Dieses Telefonat kam wahrlich im rechten Moment, als wir schon fast völlig vereinnahmt und überrollt worden waren und dadurch wieder Oberwasser bekamen. Sie können sich wahrscheinlich vorstellen, welches Gefühl von Beschütztheit in uns damals auch hochkam.
Nebenbei wurde in jener telefonisch-medialen Sekundär-Übermittlung auch konstatiert, daß unsere 'Jung'sche Channeling-Arbeit im europäischen Raum erst dann breitere Anerkennung finden würde, wenn die jenseitigen Erkenntnisse 'Jungs' auch in den Vereinigten Staaten bekannt geworden seien und von dort aus in den deutschsprachigen Raum zurückkehren. Seit diesem Hinweis liebäugelte ich mit einer Reise in die USA, die ja im Mai 1990 schließlich auch stattfand (siehe Prolog).

Pferdestärken

Während unserer Schweiz-Reise gab es auch einige Ereignisse und Traum-Geschehnisse, die von 'C. G. Jung' sozusagen im Vorübergehen kommentiert wurden. Der Einfachheit halber haben wir diese zeitlich verstreuten Bonmots 'Jungs' zu diesem 63. Kontakt-Kapitel zusammengefaßt:

13/3/88: Am frühen Morgen erwachte Mira neben mir und erzählte ihren soeben geträumten merkwürdigen Traum:

„Ein Händler verkaufte mir ein Pferd, ein lebhaftes, schwarzes Pferd. Ich versuchte das Tier zu testen, aber es war ziemlich wild. Zuerst erwischte es meine Finger mit dem Maul und dann klemmte es mir mit seinem Huf den linken Fuß fest. Ich mußte vom Tier herunter und wollte gerade resignieren, als das Pferd plötzlich zu sprechen begann. Es sagte: ›Du kämpfst zuviel‹. Ich fragte: ›Was soll ich tun?‹, worauf es meinte: ›Hör' auf mich, ich sage Dir, wie Du mich reiten mußt‹. Ich war schwer erstaunt, wer rechnet denn damit, daß ein Pferd spricht und noch dazu genau weiß, worum es geht."

Mira sinnierte darüber nach, hatte aber keine Idee, was der Traum bedeuten könnte, und auch mir fiel keine plausible

Deutung dazu ein. Während meine Frau beinahe wieder am Einschlafen war, kam CeGe mit der Auflösung durch und erklärte, ›daß das Pferd unser neues altes Auto sei‹. Unser uralter Saab-99, den wir über die ganze Blechfläche hinweg längs über das Dach mit einem riesigen Regenbogen bemalt hatten, war gerade ex und hopp gegangen, und so hatten wir uns notgedrungen mit einem gerade greifbaren nahezu ebenso alten Ford Granada eingelassen. Dieser war ziemlich ›bockig‹, weshalb Mira Schwierigkeiten hatte, sich mit seiner Steifheit und Unberechenbarkeit anzufreunden. Während der Fahrt wurde sie des öfteren auf unsere noch heute aktive Karre wütend und regelrecht kämpferisch.

Nach der Traumerklärung CeGes hatte Mira lustigerweise kaum mehr weitere Schwierigkeiten mit dem Fahrzeug. Sogar ihre Freundin, der Mira ihren Traum und 'Jung's Kommentar erzählte, kam nachher besser mit unserem Wagen zurecht. Offensichtlich hatten sie es im Unterbewußtsein kapiert, meinten beide Chauffeusen.

15/3/88: Aus dem Tagebuch Miras: *›Ich suchte meinen Lippenstift, einen ganz bestimmten, den ich nirgends finden konnte. In dieser Situation bekam ich wieder einmal einen meiner Wutanfälle. Während ich mir selbst dabei zusah, wie ich flippte und dachte, was wohl der wahre Grund für diese Emotion sei, hörte ich innen auch schon 'Jungs' Antwort:* ***›Du wirst konfrontiert mit Deiner Unbewußtheit, Deiner Ausgeliefertheit den unbekannten, verlorenen, verdrängten oder welchen seelischen Inhalten auch immer.‹‹***

17/3/88: Während einer psycho-spirituellen Beratung im Basler PSI-Zentrum, wo meine Frau gelegentlich gastierte, fragte eine ältere Dame, wie es denn bloß zu einem gesellschaftlichen Fortschritt kommen solle, wenn kaum jemand bewußt an sich selbst arbeite. 'Jung' flüsterte Mira ins Ohr, ***›daß wir im Unterbewußtsein alle verbunden seien. Was bei anderen Leuten unterbewußt ist, ist auch ein Teil von uns selbst. Wenn sich also etwas zu verändern beginnt, dann immer zuerst im Unterbewußtsein.‹***

26/3/88: Gegen Monatsende notierte Mira einen besonders kuriosen Traum, der CeGeJung zum zentralen Thema hatte:

››Ich war beim Einkauf auf einem Großmarkt. Dort gab es ein ›Jungsches Eßpaket‹ im Angebot. Es war eine Art Diätverpfle-

gung mit Kräutern und Sojawürsten, die laut beiliegender Anleitung kreativ einzunehmen waren. Auch eine Flasche mit dem Geist C. G. Jungs gehörte mit zu der Nahrungsration.

Szenenwechsel: Wir sind in einer Dachbodenwohnung zusammen mit vielen Leuten. Es geht eine Diskussion vor sich, ob Jung wirklich bei uns spreche. René öffnet eine dieser C. G. Jung-Geist-Flaschen, worauf Jungs Geist sofort aus der Flasche und in mich hineinrauscht. Das reißt mich in die Höhe, bis ich an der Decke schwebe. Es war ein irre gutes Gefühl. Die Leuten staunten und sind auch ein wenig erschrocken. Die fliegt ja mit dem Jung ganz nach oben, hoffentlich entschwindet sie uns nicht völlig, war die bange Frage, die in der Luft lag.«

Leider hat sich nie die Gelegenheit ergeben, mit 'Jung' über die Deutung dieses Traumes zu reden. Wir hatten den Traum schließlich völlig vergessen und erst im Zuge der Erstellung dieses Manuskripts aus den Notizbergen wieder ausgegraben.*

In dieser Zeit gab es auch noch weitere Geschehnisse, die zwar nichts mit den 'Jung'-Kontakten zu tun haben, aber gut illustrieren, was uns zwischendurch so alles passiert:

Zum Beispiel hatte ein astraler Schwarzer einen neuen, echt starken und wunderschönen Song mit dem Titel ›*You are more than you ever thought*‹ auf Miras mentalen Plattenteller gelegt. Im akustisch gut hallenden Vorzimmer einer Freundin, vor dem Spiegel, begann Mira mit diesem inneren Singersongwriter mitzuträllern, und zwar so fantastisch gut, daß ich – im Nebenraum sitzend – vermeinte, einer Radiosendung zuzuhören. Erst als mir die Sache spanisch vorkam, da ich keine Begleitinstrumente hörte, sah ich nach und fand Mira in Halbtrance vor dem Spiegel singend und tanzend vor. Wir haben diesen Song später zu Papier gebracht und auch provisorisch akustisch aufgezeichnet.

Bei einem Besuch in einem Vogelpark etwa standen wir eine Zeitlang vor einem extrem traurig dreinblickenden Papagei. Mira ging darob in leichte Trance und gab kund, von dem Vogel zu erfahren, daß das ihm innewohnende Wesen in ei-

* Kurz vor Abschluß dieses Bandes, versuchten wir mit CeGe u.a. wegen dieser Traumsache Kontakt zu finden, doch es wollte nicht so recht klappen. Mira ist etwas aus der Übung und durch das Stillen unseres Babys auch energetisch derzeit noch zu wenig auf 'Jung' orientiert.

nem früheren Leben viele Vögel gequält und getötet habe und deshalb nun als gefangener Vogel das selbstgeschaffene Karma ausbaden müsse, und so weiter. Solch einer Meldung müßte natürlich intensiver nachgefragt und nachgegangen werden, um festzustellen, was dran ist – aber im Zoo, vor allen Leuten?*

Ich erwähne obige Fälle nur stellvertretend für viele mediale Intermezzos – denen wir nicht weiter nachgehen, die aber mehr oder weniger zum Alltag eines sensitiven Menschen gehören – um Ihnen jene Lebensituation nahezubringen, in der auch die 'Jung'schen Langstreckenkontakte möglich geworden sind.

Es fragt sich wahrscheinlich mancher Leser, warum denn gerade meine Frau derartig viele Eingebungen erlebt. Nun, Mira meint, ›*sie erfährt natürlich wie jeder andere Mensch auch die Inspiration durch Blumen, Wind, Tiere und ihre Umgebung, durch alles, was eben ist. Ihre besondere Liebe gilt jedoch der Inspiration aus der unsichtbaren Welt.*‹ Und diese umfassende – seit vielen Leben – dorthin gerichtete Liebe ist es wohl auch, der wir die vielen feinstofflichen Geschenke verdanken. Eine andere Erklärung können wir selbst nicht finden.

---

* Wir werden 'Jung' noch dazu interviewen.

64. Kontakt – 14/3/88 – 10.30 h – Dialog mit René + pers. Konsultation

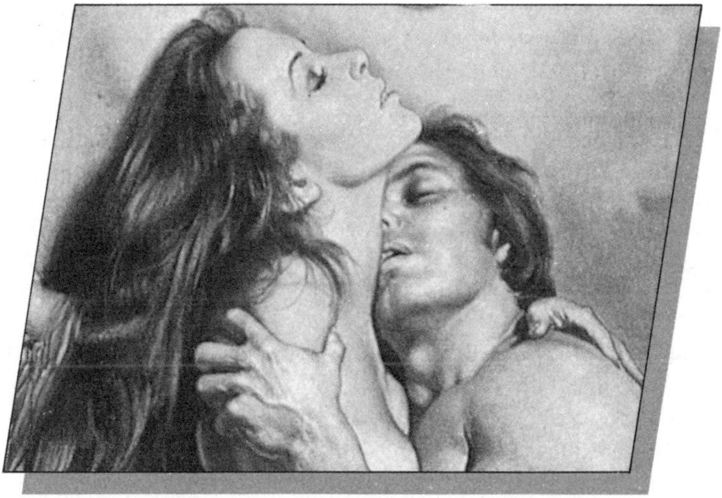

Der Drang nach Einheit

Tags zuvor hatte ich zusammen mit Mira im Zürcher Bernhard-Theater einen Vortrag von Dr. Franz Alt besucht. Unter dem Titel ›Vom inneren und äußeren Frieden zur Heilung bei C. G. Jung‹ referierte er über seine Auseinandersetzung mit dem Weltgeschehen und dem Jungschen Blickwinkel dazu. Der Moderator des deutschen TV-Magazins ›Report‹ engagiert sich seit Jahren erfolgreich für die Verbreitung des historischen Werkes Jungs*, weswegen wir ihn in der Vortragspause mit den 'Jung'schen Übermittlungen bekannt machten und ihm später auch unsere Bücher zukommen ließen. Dr. Alt hatte vorerst – als wir ihn nach seinem Referat in der Straßenbahn zum Bahnhof nochmals trafen – großes Interesse an unserer Arbeit bekundet, aber uns gegenüber dann doch nichts mehr von sich hören lassen. Unseren Verleger aber hat er wissen lassen, daß er mit unseren gechannelten Texten nichts anzufangen weiß, was wir allerdings nicht recht glauben wollen. Im Vorwort seiner eigenen publizistischen Jung-Promotion ist er zumindest in dem Punkt mit uns einig, daß ›C. G. Jung der

* Franz Alt, Das C. G. Jung Lesebuch, Ullstein-Verlag/ C. G. Jung, Einsichten und Weisheiten, ausgewählt von Franz Alt, Buchreihe im Walter-Verlag.

Psychologe des 21. Jahrhunderts werden und die gesamte Wissenschaft durchdringen wird‹. Aus unserer Korrespondenz geht jedenfalls hervor, daß es Dr. Alts Lesern im Gegensatz zu ihm selbst nicht schwerfällt, in die Höhen und Tiefen der spirituellen Botschaften 'Jung's vorzudringen.

'Jung' hatte während des abendlichen Vortrags von Herrn Alt Mira nebenbei einige inhaltliche Kommentare zum Thema eingeflüstert, die wir jedoch nicht mitgeschrieben haben, da wir dachten, daß es zwischen Herrn Alt und 'Jung' ohnedies zu einem Gespräch kommen würde. Im nachfolgenden Dialog spricht CeGe dennoch, obwohl nur kurz und indirekt, die Alt'schen Referatsgedanken an.

Im Foyer des Theaters fand übrigens gleichzeitig eine Wiederholung jener Jubiläums-Ausstellung mit zeitgeschichtlichen Bild- und Schriftdokumenten aus dem Wirken C. G. Jungs statt, die mich vor langen Jahren erstmals anregte, mich mit den Erkenntnissen Jungs näher auseinanderzusetzen. Die von mir lange Zeit intensiv betriebene Suche nach dem zugehörigen Ausstellungs-Katalog war es ja letztlich, durch die sich Carl Gustavs jenseitige Aufmerksamkeit auf mich richtete, Jahre bevor ich Mira kennenlernte. Lustigerweise hat uns eben diesen Katalog erst kürzlich ein am Jung-Institut ausgebildeter Diplom-Psychologe und begeisterter Leser des neuen 'Jung' gleich fünffach als kleine Aufmerksamkeit zugesandt.

Der nachstehend aufgezeichnete Dialog fand im Hause eines langjährigen Freundes und Förderers unserer Arbeit statt, der selbst beachtenswerte sensitive Qualitäten kultiviert. Wir stellten den Kontakt zu 'Jung', wie meist, anfangs alleine her und zogen unseren Freund, zu dem wir offensichtlich auch schon in anderen Leben einen Draht hatten, später dem Gespräch bei:

C-G-J: **Ich begrüße Sie.**

René: *Auch ich begrüße Sie, Herr 'Jung'. Eine anwesende Freundin des Hauses hat ein akutes medizinisches Problem, das wir möglichst kurz besprechen sollten. Sie hat eine vaginale Hefepilz-Infektion namens Candida oder so ähnlich. Sie doktert schon geraume Zeit ohne rechten Erfolg daran herum und hat uns gebeten, Sie eventuell über den Hintergrund zu befragen. Diese Pilze gehen einfach nicht weg.*

C-G-J: **Gut. Wie Sie vielleicht wissen, haben wir alle ein niederes Bewußtsein in uns. Jede Zelle unseres physischen Kör-**

pers ist von einer Kraft belebt, voller Energie. Und diese Kraft fließt nach einem bestimmten Plan durch unseren Körper, in dem alle Zellen miteinander kommunizieren. Immer dann, wenn der Kernpunkt dieses Universums mit allen Zellen verbunden ist, wird auch die Ordnung dieses Universums intakt sein. Wir fließen und fühlen und ermöglichen unserem physischen Universum ein Gefühl der Einheit, des Ganzseins.

Wann immer wir uns von unserem Bewußtsein als Herr dieses Universums vom Ganzen trennen, nehmen wir zugleich gewissen Zellen, Atomen, Molekülen, Schwingungspartikelchen, Einzellern, Vielzellern und anderen Lebewesen in unserem eigenen Universum die Möglichkeit, sich ganzzufühlen, völlig vom Strom des Lebens in uns durchdrungen zu werden. Das heißt, solange oder wann immer wir versuchen, einem Teil unseres Körpers weniger Liebe, Achtung und Anerkennung angedeihen zu lassen, werden wir automatisch den Energiefluß blockieren. Diese behinderten Zellen und Teilchen – Einzeller wie Pilze – werden dann überhand nehmen oder sich eine eigene Ordnung aufbauen, die sich nicht in das harmonische Ganze einfügt.

Wann immer wir etwas in uns unterdrücken, kann unsere Lebensenergie nicht mehr frei fließen, und wir erleben dies als Stagnation, als ein Getrennt-Sein im Bewußtsein. Wissen Sie, jede Zelle trägt eine gewisse Information in sich und lebt auch selbständig, ebenso wie wir selbständig leben – auch ohne Bewußtsein des Schöpfers. Wenn wir also unsere Aufgabe als Kreator in unserem eigenen Universum in Liebe wieder aufrecht erhalten, können wir diese Blockaden überwinden, uns ausdehnen und die Energie zu allen Punkten und Entitäten in unserem Körper schicken. Der Fluß der Lebensenergie ist jedoch nur gewährleistet, wenn wir nicht trennen.

Zu trennen ist ohnehin eine gefährliche Sache, denn unser Unterbewußtsein handelt immer selbständig, wenn wir uns nicht mit unserem Willen dieser Kraft des Universums unterwerfen. ›Dein Wille, nicht mein Wille, geschehe‹, möge bedeuten, daß wir alles, was der Schöpfer gutheißt, auch annehmen und anerkennen können. Es sind immer wir selbst, die verurteilen und urteilen.

René: *Was Sie jetzt so sagten, deutet darauf hin, daß es eine spezifische Desintegration des Selbstes gibt, eines Selbstes, das durch bestimmte Verurteilungsmuster aus dem Lot geraten ist.*

C-G-J: ***Wann immer wir eine Realität in uns selbst ablehnen, müssen wir damit rechnen, daß sich dieses Prinzip auch auf der körperlichen Ebene auswirkt.***

René: *Könnten Sie etwas konkreter sagen, was da abgelehnt wird?*

C-G-J: ***Wenn ich sage, die Sexualität, dann ist das nicht genug. Wir müssen verstehen lernen, welche immense Kraft hinter dieser Sexualität steht. Ich glaube, es müßte ein neues Wort geprägt werden.***

René: *Machen Sie einen Vorschlag, bitte.*

C-G-J: ***Es ist der Drang nach Einheit über die physische Ebene. Wenn wir diesen Drang verurteilen, können wir uns auch auf der höheren Ebene nicht anerkennen und trauen uns diese große Einheit selbst nicht zu. Der Mensch, der vor Äonen von Jahren ein unbewußtes Wesen war, als seine Kreation im Bewußtsein ihren Anfang nahm, hatte keine andere Wahl, als über die physische Inkarnation beziehungsweise über das physische Universum zu beginnen, sich über Milliarden von Jahren wieder an diese Einheit anzunähern.***

Da wir in einem scheinbar geteilten Universum leben, müssen wir begreifen, daß dieser Drang, sich auch auf den höchsten Ebenen zu manifestieren, im Menschen seinen Höhepunkt gefunden hat. Dieser Drang, sich wieder zu vereinigen und sich dieser Einheit bewußt zu werden, ist nichts anderes als der Magnetismus des höchsten Bewußtseins alles lebendigen Lebens. Wann immer wir diesen Antrieb zu Lieben unterdrükken, selbst auf der physischen Ebene, müssen wir leiden – wir fühlen die Frustration, Strafe, Sünde, Angst oder was immer wir daraus gemacht haben, nicht zu dieser Einheit zurückkehren zu können. Wenn wir nun versuchen, uns auf der physischen Ebene zu treffen und nicht den Gang durch das Feuer der Transformation in die höchsten Ebenen des Bewußtseins gehen wollen, dann wird unser Suchen umsonst sein.

Was ich in dem Zusammenhang als Teufel verstehe, ist die Lust oder die Freude stehen zu bleiben, ohne sich mit dem Höchsten verschmelzen zu müssen. Ein Teil von uns bejaht diesen Gang zum Schöpfer, zur Einheit, in das Innerste unseres Selbstes, und jener Teil, der uns auch gezwungen hat, in die Materie, in die Geteiltheit zu gehen, widersetzt sich diesem Traum. Wir verlangen alle nach Einheit, Anerkennung, Liebe, Schönheit, Schöpferkraft – nach diesen Kräften, die

als Schlange gebündelt in unserem Sexualzentrum liegen. Wann immer wir versuchen, zum Höchsten zu kommen und doch dieser Schlange zu widerstehen, nehmen wir uns die Chance zur Transformation. Wann immer wir der Kundalini Widerstand leisten, nur um uns der Versuchung hinzugeben, ohne uns des höchsten Zieles bewußt zu sein, werden wir gestoßen, fühlen wir uns verraten, allein gelassen und sündig. Es ist schon eine große Aufforderung und eine riesengroße Macht, der wir uns hier ausgeliefert fühlen. Und dieses Zerrissenwerden, diese Angst vor der Auflösung unserer Persönlichkeit, ist eine Hölle, durch die wir gehen. Alle – ich auch – hatten wir Angst vor der Sexualität. Es ist die größte transformatorische Kraft in diesem Universum. Doch wer auch immer mit einem Aug' verstanden hat, was diese Kraft wirklich bedeutet, daß sie die Kraft Gottes in ihrer reinsten Essenz ist, wird es nicht mehr verleugnen können, daß er sich dieser Sexualität hingeben möchte.

Wann immer wir dagegen ankämpfen, zerstören wir einen Teil dieser Göttlichkeit in uns. Diese massiven Ängste, die daraus entstehen, haben immer zwei Seiten, die negative und die positive. Den Weg des geringsten Widerstandes zu gehen ist wohl nicht möglich. Wir haben uns in unserem Innersten auf diese Dinge eingelassen, wir leben mit dieser Energie, sind von ihr geschaffen und geboren worden. Wir können und dürfen es nicht zulassen, daß sie uns zerstört.

Atomkraft ist für mich verdrängte Sexualität in ihrer höchsten Form, so weit ist sie in ihrer grandiosen transformatorischen Kraft gediehen. Je mehr wir die sexuelle Kraft in uns unterdrücken, um so stärker kommt sie ans Tageslicht, um so mächtiger fühlen wir uns ihr ausgeliefert. Es ist einzig der Teufel in uns, der uns verhindert, mit dieser Kraft zu gehen und uns zu transformieren.*

René: *Herr 'Jung', ich unterbreche Sie jetzt ungern, weil das äußerst interessant ist, doch wir sollten besser ein eigenes Gespräch darüber führen. Denn wir sind hier im Hause unseres Schweizer Freundes, der uns in unserer Arbeit schon sehr unterstützte und dem wir ein Versprechen gegeben haben. Wir hatten ihm nämlich zum Geburtstag – hoffentlich mit*

* Hier spielt 'Jung' auf den gemeinsam mit ihm gehörten Vortrag Franz Alts an, in dem Alt die Kernenergie als ›Ergebnis einer gottlosen Wissenschaft‹, als ›klassischen Fall politischer Besessenheit‹ und ›im Grunde genommen eine Bankrotterklärung des Geistes‹ bezeichnet.

Ihrem Einverständnis – einen Gutschein für ein Gespräch mit Ihnen überreicht. Er hätte gerne einen Kontakt mit Ihnen und freut sich im Nebenzimmer schon darauf. Darf ich ihn zu einer kleinen Gesprächsrunde mit Ihnen hereinholen und Sie bitten, unser voriges Thema ein andermal fortzuführen?

'Jung' nickte. Kurze Pause.

René: *Darf ich vorstellen, unser Gastgeber und Sponsor, Herr ....*

C-G-J: ***Ich begrüße Sie.***

Sponsor: *Ich freue mich über die Möglichkeit, ein Gespräch mit Ihnen zu führen. Mir liegt besonders die Kommunikation am Herzen, die Frage des Ausbaus von Kommunikation oder der Inbetriebnahme von Fähigkeiten, die wir zu haben glauben und noch nicht in den Griff bekommen – über das rein Verbale hinaus.*

C-G-J: ***Die Entwicklung des Bewußtseins vollzieht sich auf verschiedensten Ebenen. Erst wenn die Evolution des menschlichen Bewußtseins die Dimension erreicht hat, in der sich der Mensch annähernd seiner eigenen Vieldimensionalität bewußt wird, können wir zu begreifen beginnen, daß alles Existierende in einem ursächlichen Zusammenhang steht. Erst wenn Sie begreifen lernen, daß Sie nicht von dem Bewußtsein, das alles und jeden durchdringt, getrennt sind, wenn Sie diese göttliche Liebe in allem und jedem fühlen, erst dann werden Sie nicht mehr von einer speziellen Form der Kommunikation abhängig sein.***

Wir alle kommunizieren auf den verschiedensten Ebenen, selbst der unbewußteste Mensch steht mit einem Teil seines Bewußtseins mit anderen Dimensionen in Verbindung. Was ich bis heute als das Kollektive Unbewußte und in neuester Zeit für mich auch das Kollektive Unterbewußte nenne, sind diese Schichten des Bewußtseins, mit denen wir uns noch nicht bewußt vereint haben. Aber sie leben und existieren, kommunizieren und beurteilen, verurteilen und beeinflussen uns in einer grandiosen Weise.

Die Ängste, die wir oftmals haben – unbewußt, handlungsunfähig und möglicherweise einer Situation ausgeliefert zu sein – diese Momente entstehen, wenn wir eine Ahnung von der großen Sperre bekommen, von der großen Blockade des Traumas der geistigen Nacht, in die wir uns begeben haben.

Das Aufwachen beginnt täglich, stündlich und jede Sekunde und endet im Unendlichen. Das Bewußtsein existiert jenseits von Raum und Zeit. Diese Illusion des Geistes, in der wir uns befinden, bis wir erkennen, daß wir höchstes Bewußtsein sind, beginnt mit einem Traum und endet mit dem Erwachen in einen allerhöchsten Traum, den unser gesamtes Potential träumt.

Sponsor: *Haben wir die Möglichkeit, diese Blockade etwas zu lockern oder – indem wir sie wahrnehmen – sie aufzuweichen, um die Kommunikation zu verstärken?*

G-G-J: **Solange Sie von psychischen Strukturmustern abhängig sind, denen Sie erlauben, in dieser Zivilisation die Oberhand über Ihr Bewußtsein zu behalten, können Sie nur in bestimmten Bahnen denken, handeln und fühlen. Solange Sie nicht ahnen, daß es genau diese Muster sind – die ich auch als Charakternetz bezeichne, durch die hindurch wir die Leerstellen in unserem Panzer finden können –, werden Sie sich innerhalb dieser sogenannten Charakterstruktur unserer psychischen Realität gefangen fühlen. Erst wenn Sie wissen, daß Sie diese Muster durchdringen können, werden Sie diese Freiheit des Geistes erahnen.**

Sponsor: *Ist das Phänomen der Telepathie eine Lücke in dieser Blockade, die vielleicht bereits vorgegeben aufzeigt, daß da etwas Neues kommt?*

G-G-J: **Sie haben sich vorgenommen, in Ihrem Bewußtsein einen eigenen Weg zu gehen, auf diesem Planeten bestimmte Erfahrungen zu machen. Diese karmische Hypnose dauert so lange an, bis Ihr Bewußtsein gesättigt ist und für eine neue Erfahrung jenseits dieser beschränkten Dimension frei wird.**

Sobald Sie einen Hauch von Bewußtsein Ihrer Freiheit erlangen, gibt es diese telepathische Verbindung, die nichts anderes ist, als das unterbewußte Wissen der Einheit mit anderen Geschöpfen.

Wann immer auch ein anderes Geschöpf in seinem Unterbewußtsein diese Realität entdeckt, wird ein Strom frei, wird ein Kabel von seiner Blockade befreit, und Sie können sich treffen. Und dieses Treffen werden Sie als größere Realität wie alles, was Sie sonst in dieser traumatischen Welt erleben, erfahren können.

Wann immer Sie sich durch das Bewußtsein der Gnädigen Frau blockiert fühlen, wann immer Sie sich von Ihrer Gattin in

Ihrem Freiheitsdrang unverstanden fühlen und Ihr nicht vermitteln können, daß dieses höchste Bewußtsein etwas ist, von dem jeder naschen könnte, wenn er nur wollte, wann immer Sie also schreien und Ihre Emotionen haben, nicht verstehen können, wieso andere Leute etwas, das Sie selbst angeblich begriffen haben, nicht verstehen können, dann werden Sie wohl eines Tages entdecken müssen, daß Sie selbst ein Teil dieser Person sind, von der Sie sich so unterdrückt fühlen. Ein Teil von Ihnen selbst, ein Teil Ihres eigenen Bewußtseins steckt in Ihrer Gattin und tritt als Persona vor Ihr Antlitz, um Sie daran zu erinnern, daß es noch andere Dinge gibt, die ein Recht auf Liebe und Anerkennung haben – andere Dinge als die, wofür Sie glauben, ein Recht zu haben, sie gutzufinden.

Dieses tiefe Verständnis seiner selbst und das Begreifenlernen, daß Sie wirklich ein Teil der anderen Menschen sind, ist ein schmerzvoller Prozeß, sind wir doch gekommen, um uns getrennt zu erleben. Wann immer Sie Emotionen haben und versucht sind, ungeduldig zu reagieren und zu verurteilen, weil jemand nicht die Sensitivität besitzt, die Sie selbst vielleicht haben, versuchen Sie, dieses Verständnis und diese Liebe, die Sie – als unbewußten Teil Ihres eigenen Selbstes – vielleicht selbst nicht fühlen, dennoch auf andere Menschen zu übertragen. Befreien Sie sich von dieser großen Blockade selbst, indem Sie das, was Sie ohnehin sehen, was Sie wirklich sehen können, auch als einen Teil Ihres Unbewußten anerkennen, lieben und verstehen lernen.

Versuchen Sie mit diesem Teil Ihres Unterbewußtseins Kontakt aufzunehmen, indem Sie die Quelle der Kraft, die durch Sie fließt, bitten, sie möge Sie dorthin lenken, wo noch nicht genug Verständnis, Liebe und Verzeihen herrscht.

Mein Freund, wann immer Sie versuchen, Ihre Blockaden durch Reden zu durchbrechen, werden Sie wohl auf taube Ohren stoßen müssen. Und diese Einsamkeit, in der Sie sich dann befinden, geschieht, weil Sie einen Riegel vor Ihr eigenes Unbewußtes geschoben haben. Versuchen Sie nicht den Weg über die hörbare Schwingung zu gehen, sondern diesen Riegel zu öffnen. Versuchen Sie diese Widerstände in Ihrem eigenen Unterbewußtsein liebevoll zu durchdringen.*

Sponsor: *Ja, das muß man versuchen.*

* Unser Freund redete oft ›wie ein Wasserfall‹.

G-G-J: **Es ist schwer, etwas, wovon man die Idee hat, daß es nicht gut sei, als sein eigenes Unbewußtes anzunehmen. Gerade deshalb fühlen wir uns damit nicht verbunden, weil wir es verurteilen.**

Sponsor: *Ich verstehe nicht ganz. Was haben wir verurteilt?*

G-G-J: **Das Unbewußte, das über eine Person von außen auf uns zukommt. Die Verhaltensmuster und Strukturen, von denen wir uns nicht lösen können –**

Unser Freund unterbrach 'Jung'.

Sponsor: *Und es wäre die Aufgabe, diese Lösung zu vollziehen?*

G-G-J: **– der versuchte Glaube daran, daß alles, was unser Selbst ausmacht, egal ob gut oder schlecht, erst die Echtheit, Lebendigkeit und Einmaligkeit eines Individuums ausmacht.**

Sponsor: *Mmhmm. Dann hat mich schon immer auch interessiert, mit wem oder was ich es in dieser Verbindung zu tun habe, zu dem Wesen, das ich Professor nenne. Da habe ich Auskünfte, die nur sehr vage sind, obwohl die Verbindung in einer persönlichen, ganz reellen Art zu bestehen scheint. Ich habe das Gefühl, mit einer Person verbunden zu sein, die nicht Teil meines Selbstes ist, sondern ihre Eigenständigkeit besitzt und aus dieser heraus auch mit mir Verbindung aufnimmt.*

G-G-J: **Aus dieser Verbindung kann möglicherweise viel Produktives entstehen. Wir alle sind mit Wesenheiten, die wir noch nicht sehen können, verbunden. Wann immer wir fühlen, mit jemandem zu kommunizieren, den wir nicht sehen können, haben wir einen riesengroßen Schritt in das allumfassende Bewußtsein getan. Je mehr wir uns auf diese Realitäten ohne Angst vor Verurteilung einlassen können, auch ohne Angst, das Bewußtsein dieser Realität zu verlieren, können wir einen grandiosen Schritt in unserer seelischen Entwicklung tun.**

Ich sehe diesen Herrn Professor als Teil Ihres Selbstes, der in Ihrer Nähe weilt, Sie inspiriert und Ihnen Ratschläge gibt, Ihnen zuweilen auf die Schulter klopft, der lächelt, sich freut und ein offensichtlich eigenständiges Leben führt. Mit diesem Professor haben Sie wohl eines Tages ein Bündnis geschlossen, damit es ihm erlaubt ist, ›hallo‹ zu sagen – zu sagen, ›Hier bin ich, alter Freund! Erinnerst Du Dich? Kennst Du mich?‹ Was immer Sie wollen, können Sie von ihm erfahren.

Sponsor: *Damit scheint es mir zu hapern, denn über ihn erfahre ich zuwenig. Er interessiert mich auch als Persönlichkeit, so wie er, wie ich meine, auch mich als Persönlichkeit kennt. Aber da gibt er mir zu verstehen, das sei für mich nicht in dem Maße wichtig. Ist es die Natur der Aufgabe, die er hat oder ich habe, daß man einander nur beschränkt nahekommt oder erkennt?*

G-G-J: ***Es liegt in der Natur des Unterbewußtseins, daß wir nur soviel davon ertragen, als unser Evolutionsprozeß und unsere Kraft, uns zu transformieren, im Moment zulassen. Wann immer wir etwas wissen, das wir nicht ertragen, also nicht wirklich integrieren können, erfahren wir diese Schwellenangst und Beschränkung. Es hat wohl damit zu tun, daß uns unser Unterbewußtsein oftmals vor Dingen bewahrt, die uns gar zu schnell transformieren könnten. Wir haben doch noch sehr viel zu tun und möchten nicht so schnell von allem Abschied nehmen, woran wir hängen.***

Sponsor: *Würde demzufolge eine zu starke Neugier oder ein Beharren auf zuviel Antwort eine unerwünschte Beschleunigung von inneren Vorgängen bedeuten?*

G-G-J: ***Die Neugier ist in Ordnung. Sie werden ohnehin den Zugang zu Ihrer Antwort nicht finden, solange Sie im Unterbewußtsein nicht dazu bereit sind. Wenn Sie durch diese Neugierde an sich arbeiten und an diesen Weg zu glauben versuchen, daß Ihnen noch viel mehr offenbart wird, als Sie im Moment verkraften können, dann haben Sie einen guten Schritt in dieser Erfahrung der Erweiterung Ihres Bewußtseins getan.***

René: *Herr 'Jung', es war übrigens dieser Professor, der an Sie die Frage ›Was ist der Mensch?‹ gerichtet hatte. Ich nehme an, daß Sie die Möglichkeit haben, direkt mit ihm zu kommunizieren?*

G-G-J: ***Er hätte die Möglichkeit.***

René: *Nun, vielleicht berichten Sie uns gelegentlich, ob er Sie getroffen hat.*

Sponsor: *Ich habe keine weiteren Fragen. Herzlichen Dank.*

G-G-J: ***Ich möchte mich verabschieden.***

René: *Ja. Wir danken für das Gespräch und freuen uns, Sie bald wieder zu hören.*

G-G-J: ***Wir danken. Auf Wiedersehen.***

René (zu Mira): *Soll ich Dich etwas massieren?*

Mira: *Nein, es geht schon.*

René: *Hast Du vielleicht zufällig einen Herrn, der wie ein Professor aussieht, herumspazieren gesehen?*

Mira: *Er hat sich nicht gezeigt.*

René: *Sag', wieso war denn der 'Jung' heute so leise?*

Mira: *Weil ich nicht mehr Kraft übrig gehabt hab'.*

Sponsor (zu Mira): *Hast Du auch alles mitbekommen?*

Mira: *Ja, eigentlich schon. Nur, als es um den Professor gegangen ist, da ist der 'Jung' kurz so hoch hinauf gegangen, daß ich fast ausgestiegen wär', das hab' ich dann nicht mehr voll mitgekriegt.*

Mira (zu unserem Gönner): *Wie hast Du Dich gefühlt?*

Sponsor: *Super! Weißt Du, ich hab' es fertig gebracht, einfach mal nur ganz offen da zu sein, ohne den Drang zur sofortigen Stellungnahme zu jedem einzelnen Gesagten in mir zu verspüren. Ich glaube, das ist mir im großen und ganzen gelungen. Deshalb sehe ich alles auch im Zusammenhang. Es war toll.*

Mira: *Ich freu' mich riesig, daß er mit Dir geredet hat.*

Sponsor: *Ja, es zeichnet sich für mich eine Linie ab, der ich nachgehen kann.*

In einem seiner beinahe unzähligen Briefe, die bereits einen dicken Ordner füllen, schrieb unser spendabler Freund einmal erkenntnisreich: ›Was ich noch nicht gelernt habe, ist, weniger Worte zu machen‹. Oh wie wahr – aus seiner Korrespondenz ließen sich einige dicke Bücher zaubern. Was uns da so an Erfahrungen mitgeteilt wurde, hat es, weiß Gott, in sich. Angefangen von seinen äußeren weltumspannenden Abenteuern bis hin zu den inneren Kontakten mit jenem im obigen CeGe-Dialog erwähnten Professor. Wenn wir nicht schon mit Carl-Gustavs Übermittlungen ausgelastet wären, würden wir uns vielleicht für die gechannelten Geistesblitze dieses Astral-Akademikers engagieren. Aber unter Umständen kommt das ja später noch.

Vielleicht amüsiert es auch Sie als Leser, wie es zu dem Kontakt mit unserem Förderer kam? Das passierte folgendermaßen:

Auf unser erstes Buch hin, über die mental-intrauterinen Kontakte zwischen Mira und Manu (der Prof. sagt *›Mannouu‹* zu ihm), steckte eines Tages unter den (inzwischen schon weit über tausend) Briefen einer, den ich wie magnetisch berührt aus dem täglichen Poststapel zog. Zu Mira sagte ich, noch bevor ich den Brief öffnete: ›Ich weiß nicht warum, aber diesen Brief werde ich gleich beantworten.‹ Gesagt, getan, und siehe, es entspann sich daraus eine innige Freundschaft, die, wie wir heute wissen, aus gemeinsamen früheren Inkarnationen resultiert. Bereits in seinem ersten Brief bekannte er, mittels unserer Trance-Arbeit erfahren zu haben, daß ›New Age mehr ist als nur eine Floskel‹. Das baute uns natürlich auf, in Zeiten, da dieser Begriff bereits einen schalen Geschmack bekam. Seit langem nennt unser Freund deshalb Mira nur noch ›Mirakel‹. Auf Beschluß seines Familienrates wurde uns schließlich eine einjährige Finanzierung unserer Wohnungsmiete zuerkannt, was bedeutet, daß wir ohne diese noble Geste mit unseren Publikationen nicht ganz so weit fortgeschritten wären.

Mehr und mehr gestand unser Brieffreund, daß die in seinen Briefen unter Anführungszeichen gesetzten Texte nicht von ihm, sondern von einer Intelligenz, die ihm allzuoft gedanklich dazwischenfunke, stammten und er selbst erstaunt sei, was sich da in seine Schreiben an Nebenbemerkungen hinzugeselle. Da finden sich etwa Hinweise auf eines meiner früheren Leben, gesundheitliche Ratschläge an meine Familie oder für Mira Zen-Gedanken wie beispielsweise dieser: *›In äußerster Verwundbarkeit steckt gleichzeitig die wahre Unantastbarkeit‹.*

Bezüglich unserer 'Jung'-Dialoge scheint dieser nebulose Professor auch ganz genau zu wissen, worum es geht. Während unser irdischer Schweizer Korrespondent in einem Brief gerade die Frage aufwirft, wie es denn wäre, wenn der Professor und 'Jung' mal in ein Zwiegespräch gerieten, tippte der launige Geist-Gast (via den Körper unseres Freundes) auch schon eine absatzlange Anfrage an *›den weisen Herrn‹* in die strapazierte Schreibmaschine:

›Wie, verehrter Freund, würden Sie den Begriff MENSCH charakterisieren, eingrenzen, und wo denselben ausgrenzen? ...‹

Eine erste kurze Antwort 'Jung's dazu findet sich bereits auf Seite 31 oben. Zu dem angeregten direkten Zwiegespräch zwischen den beiden astralen Menschenfreunden wird es hoffentlich noch kommen.

65. Kontakt – 16/3/88 – 18.40 h – Konsultation für behindertes Kind

Ein Heiliger und Narr

Im Rahmen unserer psycho-spirituellen Beratungen, die wir während unserer Schweiz-Tour da und dort abhielten, gab es auch jenen nachfolgenden Fall mit einem vierjährigen Buben, bei dem wir nicht weiterwußten. Da wir die Mutter, die einen Arzt nach dem anderen aufsuchte und dennoch kaum Hilfe fand, nicht enttäuschen wollten, haben wir in der Wohnung von Freunden spontan eine Trance Sitzung mit 'Jung' vorbereitet und die Mutter einstweilen zusammen mit ihrem Kind zu unserem Sohn ins Zimmer nebenan gebeten.

René: *Herr 'Jung', sind Sie sprechbereit?*

G-G-J: ***Was liegt Ihnen auf der Seele?***

René: *Wir haben eine anfragende Mutter mit ihrem behinderten Kind im Nebenraum hier. Das Kind hat nach ärztlicher Diagnose eine cerebrale Schädigung, und das besondere Drama dieses Buben ist, daß er nicht normal aufs Klo gehen kann, das heißt, es müssen ständig irgendwelche Eingriffe vorgenommen werden, damit sich der Kot entleert. Wir sehen da nicht ganz durch. Vielleicht könnten Sie uns die Ursachen erläutern und therapeutische Hinweise geben.*

*Es hat den Saturn nahe dem Mars im Skorpion und ein Sonne-Venus-Quadrat, die Sonne im Widder, den Aszendent im Steinbock.**

G-G-J: ***Wann immer wir uns verleugnen, werden wir unsere Problematik wohl über viele Leben mitnehmen müssen – auch über viele Generationen vielleicht –, bis wir bereit sind, aufzuwachen und dem Licht aus der Finsternis entgegenschreiten möchten.***

René: *Wie es aussieht, sind die Krankheiten dieses Kindes karmischen Charakters, denn – pardon.*

G-G-J: ***Wann immer wir etwas verleugnen, können wir es nicht einfach zur Hand nehmen und benützen. Dieser göttlichen Kraft zur Vollkommenheit, die in uns liegt, dieser Gabe der Natur oder des Schöpfers, die uns bevollmächtigt, ein absolutes Wesen zu sein, können wir nicht im Handumdrehen bewußt werden. Denn es ist diese Lebenskraft – das Od – selbst, die bewirkt, daß sie in einem ununterbrochenen Strom durch unseren Körper fließt, welche die Harmonie des Gefühlslebens und der Körperfunktionen erzeugt. Wann immer wir aber versucht sind, die Dimensionen, die uns diese Kraft eröffnet, zu verleugnen, werden wir eine Stagnation in genau jenen Bereichen erzielen. Inwiefern wir diesem Ziel der Vervollkommnung entgegenschreiten möchten, bestimmen also unsere Seele und unsere Absichten, mit denen wir in dieses Leben traten. Es liegt wohl jedem unserer Leben ein Sinn zugrunde, mit dem wir uns verkörperten, und wann immer wir wieder nicht bereit sind, in uns hinein zu horchen, wird es eine gewisse Stagnation in unserem Leben geben müssen. Wir müssen bereit werden, eines Tages aufzuwachen und zu fühlen, daß wir selbst der Verordner unserer Gelegenheiten zum Wachstum und zur Seelengröße sind und immer wieder werden.***

René: *Herr 'Jung', die verzweifelte Mutter ist noch sehr jung und in solchen Betrachtungen sehr unbedarft. Was meinen Sie, daß wir ihr konkret raten sollten?*

G-G-J: ***Ich werde mir das Bürschlein kurz ansehen und bin in ein paar Minuten wieder hier.***

Zwei Minuten Pause.

---

* Bei unseren Beratungen hatten wir meist auch einen Blick auf die astroenergetische Situation des Klienten gemacht.

G-G-J: Hallo! – Das Kind lenkt alle Aggressionen gegen sich selbst und lebt sie nicht aus. Es müßte aufgefordert werden, seine Wut und seinen Drang zur Selbstzerstörung auszudrücken. Auch sein Zurücknehmen der Sprache, der Verweigerung sich mitzuteilen, wird durch diese Verhinderung bewirkt. Dieses machtvolle Sichentziehen hängt mit der extrem ausgelebten Unterdrückung der Sexualität während einer vorherigen Verkörperung als Mönch zusammen.

Dieses Kind ist ein Heiliger und ein Narr. Es sieht mit dem Blick des Geistes, aber es möchte nicht die Abgründe seiner Seele kennenlernen. Der ihm innewohnende Mann verweigert sich selbst und der Umwelt die Inhalte seiner Sexualität und Unterwelt. Diese Art Kastration, die er im letzten Leben vollführte, diese gestaute Wut und dieser Haß – diese Illusion, man könne sich durch das Ausleben der Sexualität nicht geistig entwickeln –, hat sich im jetzigen Leben als extremer Krampfzustand manifestiert.

Ich sehe ihn auf der Spitze eines Berges in einer Höhle meditieren. Er hat Seligkeitszustände erreicht. Aber was nützt es ihm, wenn er sich nicht auch in den tiefsten Schichten mit allem und jedem verbunden fühlen kann.

Wir alle sind Meister der Verdrängung. Aber wie wenig wir heilig sind, können wir erst angesichts eines solch armen Geschöpfes erahnen, das gewillt ist, sich den Himmel anzueignen, jedoch die Hölle niemals überwinden lernt, solange es diese nicht in seinen tieferen Schichten als ebenso Gottgegebenes annehmen lernt.

Sehen Sie doch, wir alle sind seit Jahrtausenden geprägt, und unser Unterbewußtsein ist der Träger dieser geistigen Weiten, die in uns leben. Warum verschließen wir uns, um so schmerzhaft in einem neuen Leben aufwachen zu müssen – mit einer angeborenen Schwäche, die natürlichsten Exkremente des physischen Körpers von uns zu lassen? Warum können wir in unseren tiefsten Schichten nicht mit allem und jedem teilen? Warum müssen wir uns für die Geistigkeit verkaufen, um irgendwelche Dinge als schmutzig empfinden zu können?

Ich bemitleide dieses Kind, und ich fühle tief für den Mann in ihm. Er ist eine große Seele, die viel erkannt hat, aber es werden ihm viele Schmerzen nicht erspart bleiben, wenn er die Seligkeit der Einheit eines Tages erfahren möchte.

Unser Sohn Manu, der nebenan mit dem betreffenden Kind spielte, platzte urplötzlich in das Zimmer und gefährdete die Aufrechterhaltung der Trance-Sitzung:

Manu: *Miiraa, Du-u!*

René: *Manu, wir reden gerade ein bißchen mit dem 'Jung'. Wart' noch ein wenig draußen, wir kommen gleich.*

Manu: *Du-u!*

René: *Herr 'Jung', ich glaube wir werden jetzt unterbrochen.*

G-G-J (zu Manu): ***Hallooo!***

Manuel starrt auf die geschlossenen Augen Miras und rätselt, warum sie ihn nicht ansieht.

Manu: *I bin daa!*

René: *Weißt, der 'Jung' ist bei der Mamma und möcht' uns noch was sagen.*

G-G-J (zu Manu): ***Wie geht es dem Bären?****

Manu: *Jaa. Darf i im Fersehen schauen.*

Ich deutete meinem Sohn, leise zu sein.

René (zu 'Jung'): *Sind Sie noch da?*

Keine Antwort. Mira ist aus der Trance gefallen.

René (zum sicherlich noch anwesenden 'Jung'): *Nun, ich glaube, wir werden uns morgen wieder sprechen. Danke für heute.*

Ein weiteres Gespräch in der Sache kam nicht mehr zustande, da wir die Heimreise antreten mußten. Wir haben in diesem Fall der Klientin keine Tonbandkopie mitgegeben, aber die Kernaussagen 'Jung's sogleich abgetippt und der Klientin – vorwiegend als Information für den das Kind behandelnden Homöopathen – mitgegeben. Die Mutter selbst konnte mit den esoterischen Mitteilungen, zumindest bewußt, kaum etwas anfangen.

---

* 'Jung' spricht hier den Bären aus dem Lied an, das er mehr als ein Jahr zuvor während Manuels erster Anwesenheit bei einer Trance-Sitzung vorgesungen hat (siehe Band I, Seiten 74–76).

66. Kontakt – 18/3/88 – 12.10 h – Persönl. Konsultation i. d. Schweiz

Auf-geben

Eine uns seit einiger Zeit bekannte junge Esoterikerin wurde, nachdem Sie auch von den 'Jung'schen Erkenntnissen erfuhr, bei uns mit der Bitte vorstellig, CeGe doch wegen ihrer bevorstehenden Krebs-Operation zu befragen. Der Einstieg in die Sitzung war für Mira etwas schwierig, da trotz geschlossenem Fenster der Lärm einer angrenzenden Baustelle störte.

Mira (zur Klientin): *Am besten, Du schließt die Augen und meditierst ein bißchen, bis ich soweit bin.*

Pause.

René: *Herr 'Jung', ich hoffe, Sie sind schon übermittlungsbereit. Bei uns ist eine junge Dame, die gerne mit Ihnen über ihre Probleme sprechen würde.*

G-G-J: ***Ich begrüße Sie.***

Klientin: *Ich begrüße Sie und habe drei Anliegen an Sie.*

G-G-J: ***An mich?***

Klientin: *Vielleicht können Sie mir weiterhelfen, Sie als Wesenheit, die mehr sieht, mehr weiß und mehr erkennt.*

G-G-J: ***Verehrteste! Sehen Sie, ich bin doch auch nur ein Teil des Ganzen. Auch Sie selbst haben dieses Bewußtsein. Sprechen Sie ruhig weiter.***

Klientin: *Meine erste Frage ist: Was will mir meine Krankheit sagen, mein autonomes Karzinom. Ich möchte gern verstehen, was es mir sagen möchte, bevor ich es operativ entfernen lasse.*

G-G-J: ***Geben Sie mir etwas Zeit.***

Einige Minuten vergingen.

G-G-J: ***Kennen Sie Gustav Mahler?***

Klientin: *Nicht sehr genau, nicht sehr gut.*

G-G-J: ***Kennen Sie seine Musik?***

Klientin: *Ich hab' sie sicher schon gehört, aber ich kann sie mir im Moment nicht vorstellen. Sie ist mir nicht bewußt.*

G-G-J: ***Haben Sie etwas mit Musik zu tun?***

Klientin: *Eigentlich wenig. Ich weiß nur, daß Musik meine Stimmung sehr beeinflußt.*

G-G-J: ***Wissen Sie, daß Musik heilen kann?***

Klientin: *Mmh, das glaub' ich.*

G-G-J: ***Aber das braucht eine bestimmte Voraussetzung. Was macht es aus, daß man sich heilen läßt? Welche Vorraussetzung bringt unsere Psyche mit? Das herauszufinden ist die einzig wahre Aufgabe. Unsere Schranken abzubauen, die uns verhindern, heil zu werden. Diese Aufgabe, die Sie so sehr suchen, — man könnte auch sagen, dieses Aufgebenwollen von etwas, das Sie in Ihrem Unterbewußtsein suchen.***

Unter Aufgabe verstehe ich nicht das, was ich tue, sondern das, was ich auf-gebe, damit es wirken kann. Diese Schranken zu erfassen, die uns daran hindern, in unser eigenes Himmelreich einzugehen, die uns aber auch daran hindern, die Hölle und alle anderen Bewußtseinsdimensionen in uns selbst zu erfahren. Diese Schranke ist wohl die gleiche zum Himmel wie zur Hölle. Wir möchten doch nicht in die Hölle, so dürfen wir auch nicht in den Himmel.

Klientin: *Das heißt, ich muß es wagen, mich mehr einzulassen.*

G-G-J: ***Sie haben große Angst. Sie sind ein sehr empfindsames Wesen, übersensitiv, motorisch, nervös, unruhig, und*** wahrscheinlich haben Sie auch Probleme, sich wahrhaft hinzugeben, denn man kann nie wissen, ob es nicht das Auslöschen der Existenz bedeuten würde. Sie sind für mich wie ein Schmetterling: zart, eigenwillig, bunt, schön, aber wenn man ihn berührt, fallen seine Flügel auseinander.

Dieser Schmetterling ist aus einer Raupe geschlüpft. Als er noch in der Raupe war, konnte er sich in Ruhe, Geborgenheit und Sicherheit vorbereiten. Aber jetzt, da er in dieses Leben getreten ist, diese Sonne und den Himmel genießt, wird er sich auch immer mehr seiner schattenhaften Existenz bewußt, all dessen, was ihn, seinen verwundbaren Körper verletzen könnte. Ich habe seit je her Schmetterlinge als eine ganz besondere Botschaft des Lebens empfunden – diese im Augenblick lebende Schönheit, die dem Wind, der Sonne und allen Schwingungen sehr sensibel ausgesetzt und so verletzlich ist.

Klientin: *Soll ich mit meinem Partner zusammenbleiben und das Unbekannte wagen?*

G-G-J: Wenn Sie das Gefühl haben, sich in Ihrer Partnerschaft mit diesem Mann gut entwickeln zu können, und wenn Sie tief innen auch für ihn eine Chance fühlen, wenn Sie in Ihrem Unterbewußtsein einen Sinn darin finden können. Bleiben Sie in Verbindung und versuchen Sie nichts im Außenleben zu beschließen, was Sie innen noch nicht ganz bewältigt haben, wenn Ihnen dieser Mann diese Möglichkeit offen läßt. Aber diesen Halt, den Sie suchen, finden Sie weder durch das Weggehen noch durch das Bleiben. Diesen Halt, den wir alle so sehr suchten, finden Sie in sich selbst, unabhängig von Personen, Orten, Beziehungen, Raum und Zeit.

Sie sind in Ihrer Bewußtseinsentwicklung so frei, wie Sie es sich selbst ermöglichen und erlauben. Unsere Seele setzt uns oft an alte Schranken, an Grenzen und Ängste, die auf unseren alten Strukturmustern beruhen. Wenn wir die Kraft fühlen auszubrechen, hat sich zuvor etwas aufgebaut, eine innere Kraft, ein inneres Wissen hat sich schon vorbereitet.

Ich glaube nicht daran, daß wir kein Gewissen haben. Für mich ist das Gewissen inneres Wissen, für mich hat das nichts mit Schuld und Sünde zu tun. Aber auf dieses innere Wissen zu hören, ist uns oft nicht leicht gemacht. Der Verstand, unsere Wünsche, Sehnsüchte, alte Verbindungen und Verhaftungen verhindern es oft, freie Wege zu gehen.

Ich vermute, dieses Symptom im Hals hat sehr viel mit Angst zu tun, mit Enge, mit Eingeengtsein und mit der Panik, nicht ausbrechen zu können. Ich sehe Sie, wie Sie von Händen um den Hals festgehalten werden. Möglicherweise sind Sie in einem früheren Leben gehängt worden und versuchen jetzt diesem Gefühl der Ohnmacht und des Ausgeliefertseins, dieser Angst, zu entrinnen. Das zeigen Sie auch in der Aktivität Ihrer Drüse und Ihrer vergrößerten Körperzellen. Wenn Sie sich vorstellen, Sie hängen an einem Strick, aufgehängt um den Hals, was fühlen Sie?

Klientin: *Unfreiheit, Ausgeliefertsein, Verzweiflung.*

G-G-J: ***Wo im Körper haben Sie noch Kraft? Versetzen Sie sich ganz intensiv in den Zustand der Gehängten. Sie haben den Boden unter den Füßen verloren und hängen aufgehängt in der Luft. Versuchen Sie wahrzunehmen, wo im Körper Sie Kraft fühlen?***

Klientin: *Es staut sich im Kopf.*

G-G-J: ***Gehen Sie hinunter in den Körper. Suchen Sie aus dem Kopf hinunterzugleiten. Bleiben Sie so gehenkt. Wo fühlen Sie etwas?***

Klientin: *Im Unterbauch.*

G-G-J: ***Was ist es für ein Gefühl? Gehen Sie tiefer in das Gefühl hinein. Welche Bilder entstehen vor Ihnen?***

Klientin: *Da regt sich so etwas wie eine Kraft.*

G-G-J: ***Jawohl. Sexualität! Gehen Sie diesem Gefühl nach. Was fühlen Sie? Wo möchte diese Kraft hin?***

Klientin: *Sie möchte sich ausdehnen.*

Von der Baustelle dröhnte ein dumpfes Getöse in den Raum.

G-G-J: ***Versuchen Sie das zuzulassen. Benutzen Sie dieses Geräusch, diese Vibration. Wo im Körper beginnt sich etwas zu regen? Wo beginnt Energie den Körper zu bewegen?***

Klientin: *Im Rücken, bis hinauf zu den Schultern.*

G-G-J: ***Was möchten Sie jetzt mit Ihrem Körper in dieser gehenkten Situation tun, mit dieser Urkraft im Bauch?***

Klientin: *Ich möchte explodieren.*

G-G-J: ***Ja! Das möchten Sie. Genau das möchten Sie wirklich. Versuchen Sie – Ja, bitte?***

Klientin: *Ich möchte den Raum haben, mich auszudehnen, mich zu entfalten.*

G-G-J: ***Versuchen Sie jetzt, trotz dieses Strickes, sich in Ihrer geistigen Welt zu expandieren, in Ihrer Vorstellung zu explodieren. Atmen Sie tief ein und stoßen Sie beim Ausatmen die Energie richtig aus. Versuchen Sie jetzt mit Ihren geistigen Händen diesen Strick an Ihrem Halsbereich zu berühren. Nehmen Sie Ihre Hände hoch und fühlen Sie diesen Strick. Versuchen Sie einzuatmen, und wenn Sie eingeatmet haben, dann drücken Sie mit beiden Händen gegen Ihren Hals und versuchen, dieses Band zu fassen und zu lösen.***

Ich werde Ihnen jetzt ein bißchen helfen. Ich komme jetzt zu Ihnen hinüber.

'Jung' berührte nun mit Miras Händen die Klientin und atmete tief vor.

G-G-J: ***Weiteratmen, weiteratmen, sehr gut, tief atmen. Weiter, mein Kind. Ich bin da, es kann nichts geschehen. Weiter.***

René, gehen Sie hinter sie und halten Sie sie. Sie soll Sie hinten fühlen.

Tief atmen. Tief atmen, gut. Weitermachen, tief, ganz tief. Ja gut, ja, gut.

Die nonverbal-energetische Arbeit 'Jung's bin ich nicht in der Lage, schriftlich mitzuteilen. Er hatte jedenfalls ein massiv spürbares Schwingungsfeld aufgebaut. Es war übrigens erstmals, daß mich 'Jung' während einer Klientensitzung in die ›Therapie‹ einband.

Nach einigen Minuten intensiven rhythmischen Atmens begann die Klientin stark zu husten.

G-G-J: ***Ja, gehen Sie durch die Geburt. Sehr gut. Lassen Sie alles zu, was Sie jetzt noch finden. Nehmen Sie jetzt mit Ihren Händen dieses häutige Etwas, das Sie hier versucht haben abzustreifen, und berühren Sie es. Fühlen Sie die Feuchtigkeit, fühlen Sie die Nabelschnur? Und versuchen Sie, diesen neuen Zustand im Unterbewußtsein – dieses Erlebnis der Freiheit – ganz stark festzuhalten.***

Es ist Gottes Kraft! Ich danke Euch. Auf Wiedersehen.

Klientin: *Danke.*

René (zur Klientin): *Weißt Du etwas von Deiner Geburt? Hat es eine Nabelschnurumschlingung gegeben?*

Klientin: *Das weiß ich leider nicht. Aber ich habe eine Reinkarnationstherapie gemacht, und da hatte ich auch ein Erlebnis des Hingerichtetwerdens, des Gehenktwerdens. Von der Geburt her war lediglich der Geburtsweg versperrt, es hat mir also immer den Kopf so heruntergeschlagen, und ich mußte dann also irgendwie gewaltsam diese Wand durchbrechen. Ich hab' auch das Gefühl, daß das in meiner Mutter etwas verletzt hat, und sie ist auch einige Monate später gestorben.*

Mira: *Also, ich hab' was gesehen, wie wenn Du die Gebärmutterschleimhaut verletzt hättest, da ist so eine Eihaut wie in Fetzen um Dich gelegen. Es war beeindruckend. Irgend etwas war zerrissen.*

René: *Ich mach' Dir eine Kopie von der Casettenaufnahme. Wenn Du sie Dir öfter anhörst, kommt vielleicht noch etwas hoch.*

Klientin: *Ja. Es kam mir eigentlich alles sehr, sehr bekannt vor, was 'Jung' sagte – irgendwie, als würde er nur Dinge in Erinnerung rufen, die mir selber eigentlich schon klar sind.*

René: *Nun, er blickt in Dein Unterbewußtsein und spricht das an, was reif ist, an die Oberfläche zu kommen.*

Klientin: *Ja. Sagen wir, es war so, als ob er noch einen Scheinwerfer darauf gerichtet hätte.*

René: *Seinen Vergleich von Dir mit einem Schmetterling find' ich ja extrem passend.*

Klientin: *Ja, schön. Ich habe mich darin auch sehr erkannt gefühlt.*

Auferstehung und Synchronizität

»»Im zweiwöchigen Oster-Symposion lernen die Seminarteilnehmer die ›Wunder dieser Welt‹ kennen. Der Journalist Rainer Holbe präsentiert nicht nur die Höhepunkte seiner TV-Serie ›Unglaubliche Geschichten‹, sondern stellt auch Klaus Schreiber vor, der über Video und mediales Schreiben Kontakt zu anderen Bewußtseinsebenen hat. Hans-Otto König wird zusammen mit den Teilnehmern einen ›Sprechkontakt zum Jenseits‹ herstellen. Die paranormalen Experimente werden von Elmar Gruber überwacht und kommentiert. Den esoterischen Hintergrund beleuchtet Wolfgang Maiworm. Johannes von Buttlar wird die Frage nach dem Leben im Universum beantworten und mit den Gästen interessante Ausflüge zu den Geheimnissen des Kosmos unternehmen. Dr. Klaus Meyer wird über die Wiedergeburt sprechen und als Therapeut für Einzelsitzungen zur Verfügung stehen. Jeder Teilnehmer kann sich darüber hinaus einzeln von Therapeuten des ETORA-Teams beraten lassen. Schließlich wird Dr. Walter Frank über seine Erfahrungen mit anderen Kulturen sprechen und sowohl ein Feuerlauf- als auch ein kinestetisches Experiment anbieten.««

So stand es in der vierfarbigen Programmbroschüre für jenen Kongreß auf den Kanarischen Inseln, der ›auf den Spuren von Atlantis‹ (Untertitel) wandeln wollte und für uns beinahe das Ende aller medialen Arbeit bedeutet hätte. Genauso überraschend, wie wir ins ETORA-Seminar- und Meditationszentrum auf der Vulkaninsel Lanzarote eingeladen wurden, sind wir nämlich nach einem Eklat von dort auch wieder ausgezogen.

Da das angekündigte ›Video-Medium‹ Klaus Schreiber sein Jenseits-TV nicht mehr vorführen konnte, weil der technologisch-spirituelle Rentner kurz vor dem Seminarereignis selbst ins Jenseits überwechselte, wurden ersatzweise die auf den PSI-Tagen bekanntgewordenen ›Coudris mit ihrem 'Jung'‹ von den Veranstaltern auserkoren. Mit einem Potpourrie unserer eigenen Erfahrungen, inklusive einiger Live-Experimente, sollten wir vor gemischtem Publikum den Sektor Medialität illustrieren.* Mit Freuden haben wir das Angebot angenommen, auch weil wir dachten, daß zwischendrin ein langersehnter Kurzurlaub mit Sommer, Sonne, Sand und Meer möglich sei.

Ein halbes Dutzend Dialoge führte 'Jung' mit uns, beziehungsweise Klienten, auf diesem möglicherweise atlantischen Restland. Da uns Rainer Holbe bat, dem Thema Atlantis einige Aufmerksamkeit zuzuwenden, versuchte ich bereits kurz nach Ankunft auf dem Lava-Eiland, Ce Ge Jung zu Aussagen über eventuelle atlantische Geheimnisse der Insel zu bewegen. Doch 'Jung' hatte anläßlich der bevorstehenden Ostertage andere Pläne.

C-G-J: ***Guten Morgen. Wie lange werden sich die Menschen wohl noch darüber streiten, wer ich bin, bevor sie begreifen wollen, daß wir alle ein Teil Gottes und voneinander sind?***

René: *Ich glaube, das wird schon noch einige Zeit dauern.*

Ich begrüße Sie und möchte Ihnen sagen, daß es uns freut, daß Sie mit uns auf diese herrliche atlantische Urlaubsinsel mitgekommen sind.

C-G-J: ***Jeder ist eine Insel!***

René: *Hat nicht ein gewisser Herr Simmel einen Roman unter diesem Titel geschrieben?***

---

* Dazumal waren außer der nur wenigen Leuten bekannten Urbroschüre – abgesehen von der Ausstrahlung des Holbeschen 'Jung'-Interviews in Radio Luxemburg – noch nirgends CeGe-Texte veröffentlicht worden.

** Hier habe ich mich geirrt. Der Roman von J. M. Simmel heißt ›Niemand ist eine Insel‹.

G-G-J: **Aber nicht jeder trägt einen Vulkan in sich. Oder doch?**

René: *Wenn Sie zum Thema Atomkraft sprechen, werden wir das vielleicht feststellen. Herr 'Jung', Sie wissen wahrscheinlich, daß wir hier zu einem Symposion geladen wurden, um unsere Arbeit – unsere gemeinsame Trancearbeit – ein bißchen vorzustellen. Das Symposion steht unter dem Motto ›Alle Wunder dieser Welt – Auf den Spuren von Atlantis‹. Der Journalist Rainer Holbe, mit dem Sie schon einmal gesprochen haben, ist der Moderator dieser Tagung.*

Für die Veranstalter stellt sich unter anderem die Frage, ob und inwieweit zwischen dieser Insel Lanzarote und Atlantis ein direkter Zusammenhang besteht? Vielleicht könnten Sie das in den nächsten Tagen recherchieren, wenn eine Antwort darauf im Moment nicht möglich ist. Ich frage insbesonders, weil Herr Holbe, der immer etwas vorhat, in irgendwelche kilometerlange Lavahöhlen auf dieser Insel gehen möchte.

G-G-J: **Alleine?**

René: *Nein, eben nicht. Er möchte mit Ihnen und uns, zusammen mit einem Kamerateam, dort ein kleines ›Talk-in‹ veranstalten. Darum möchte ich –*

'Jung' unterbrach.

G-G-J: **Es wäre wohl sehr interessant, ihn dort am Abend alleine – ohne Licht – hinzuschicken, damit er einen ›Small talk‹ mit seiner eigenen Seele führen könnte. Aber dazu braucht er wohl Anleitungen.**

René: *Die könnten Sie ihm ja geben. Aber ich glaube, darüber wird er nicht sehr erfreut sein. Er hat mir allerdings verraten, daß er weiß, wo in der Höhle der Lichtschalter ist.*

G-G-J: **Weiß er das auch innerhalb seines Selbstes?**

René: *Das ist die Frage? Herr 'Jung', falls wir das geplante Gespräch in der Höhle machen, welches Thema möchten Sie in diesem Fall behandeln? Es sollte irgendwie zum Environment passen, ich meine zum Beispiel ein Gespräch über den möglichen Zusammenhang mit Atlantis oder das von Ihnen kürzlich schon angedeutete Thema Sexualität und Atomkraft. Machen Sie bitte einen Vorschlag.*

G-G-J: **Oder Sexualität und Vulkanismus!**

'Jung' schmunzelte vergnügt.

René: *Ja, auch das wäre toll. Es sind übrigens außer uns noch sechs oder sieben weitere Referenten hier, von denen wir* *einige zu einem direkten Gespräch mit Ihnen schon so halb eingeladen haben. Unter anderem Herrn Dr. Frank, den wir sehr sympathisch finden. Er ist Ethnologe und war früher skeptischer Naturwissenschaftler. Jetzt macht er mit Gruppen auch so Sachen wie paranormales Löffelverbiegen, Feuerlaufen und so weiter, damit die Leute etwas von den feineren Naturgesetzlichkeiten erfahren.*

G-G-J: ***Er könnte die Leute auch lehren, Inseln zu biegen und Vulkanismus zu verhindern.***

René: *Wahrscheinlich ginge das auch. Daß er uns aber nicht den ganzen Planeten verbiegt.*

G-G-J: ***Der ist schon verbogen.***

René: *Dann gibt es einen Herrn Hans-Otto König, einen sogenannten Tonbandstimmenforscher. Ich habe mich noch nicht viel mit diesem Gebiet auseinandergesetzt und würde gerne Ihre Meinung dazu hören.*

G-G-J: ***Der Medien-Skeptiker*.***

René: *Ja, genau. Haben Sie das Gespräch mitgehört? Aber er ist durchaus offen für den Versuch eines mediales Gesprächs. Mira hegt die Idee, daß Sie eventuell auf solch eine Tonbandmaschine von ihm sprechen könnten – vielleicht gar über die Tonbandstimmensache. Das würde Mira ziemlichen Auftrieb geben.*

G-G-J: ***Wir können es versuchen.***

René: *Okay. Dann ist auch ein Parapsychologe hier, der jetzt gerade sein Doktorat gemacht hat, ein gewisser Herr Elmar Gruber. Er ist ein Mitarbeiter von Rainer Holbe und hat sich gestern selbst mir gegenüber als Jungianer bezeichnet. Sie werden ihn sicher kennen, hat er gemeint.*

G-G-J: ***Ein alter Jungianer!***

René: *Wie meinen Sie das?*

Keine Antwort.

René: *Aha! Ob er ein neuer Jungianer wird, werden wir ja sehen. Er hätte mit Ihnen gerne das Thema Ostermysterium besprochen, nachdem er ein bißchen in Ihren irdischen*

---

* Wir lernten Hans-Otto König gleich nach unserer Anreise in ›Playa Roca‹ kennen und kamen bald auf seine Erfahrungen mit Medien zu sprechen. Seiner Ansicht nach sind nämlich mehr als 90 Prozent aller Leute, die sich für Medien halten, sehr in Frage zu stellen. Kaum ein Channel hätte gemäß seinen Untersuchungen authentische Kontakte zu Wesenheiten.

Arbeiten zu diesem Thema belesen ist und auch aufgrund der Osterzeit, die gerade verstreicht.

Das wär's fürs erste, was ich Ihnen mitteilen wollte. Es gibt zwar noch eine Reihe anderer interessanter Referenten hier, aber mit den erwähnten hätten wir schon genug zu tun.

Eine Idee hätte ich noch: Wenn Sie vielleicht in den nächsten Tagen mal zuhause bei Manuel vorbeischauen könnten und uns berichten würden, wie es ihm ohne uns geht, das wäre schön. Die Briefe dauern fast zwei Wochen von und nach hier, deshalb hätte ich Sie gern als Kurier eingesetzt.*

G-G-J: **Warum machen Sie das nicht selbst?**

René: *Nun, ich kann es versuchen. Mit Ihnen klappt das aber sicher besser.*

G-G-J: **Man sollte sich nicht immer auf andere Leute verlassen. Das PSI-Training –**

Ich unterbrach.

René: *Ja, was ist damit? Das macht laut Programm der Elmar Gruber.*

G-G-J: **Mit welchem Ziel? Was ist sein Motiv?**

René: *Was sein persönliches Motiv dabei ist, weiß ich nicht. Aber es geht irgendwie darum, die in den Leuten schlummernden Kräfte etwas zu aktivieren.*

G-G-J: **Um sich der Einheit mehr bewußt zu werden?**

René: *Ich hoffe schon. Wie war das denn in Atlantis mit den sogenannten PSI-Kräften, die die Menschen damals hatten. Sind sich die Leute damals dadurch der Einheit bewußter gewesen?*

G-G-J: **Ich werde mir überlegen, worüber ich referiere.**

Pause.

G-G-J: **Es gibt natürlich auch einen gewissen Zusammenhang zwischen Ostern und Atlantis.**

Es wäre nicht sehr sinnvoll, hier mein altes Werk über Ostern zu wiederholen, das kann jedermann nachlesen. Auch möchte ich die Leute nicht immer nur intellektuell belehren und belasten. Vielleicht aber könnte ich ein paar neue Ideen aus dem kosmischen Bewußtsein einbringen.

---

* Diese Osterreise war die erste mehrwöchige Abwesenheit von unserem damals knapp vierjährigen Sohn, der in dieser Zeit von seiner Oma betreut wurde.

Zwischen dem Wiederauferstehungsgedanken und Synchronizität sind wohl die elementarsten Zusammenhänge gegeben. Alles, was auf der einen Seite im oder durch das Unterbewußtsein verschwindet, könnte – wenn man den Faden dorthin nicht ganz verloren hat – an einer anderen Stelle des Universums oder Bewußtseins wieder auftauchen. Für mich ist Synchronizität nicht von Raum und Zeit abhängig. Sie ist so etwas wie ein Zustand und ein Beweisen von Gleichzeitigkeit des Geschehens – unabhängig von Zeit und Raum – der einen und der anderen Sache oder auch der Bestimmung des Aufeinandertreffens von beiden Dingen. Dieser Ablauf ist nicht abhängig von der Beurteilung durch unseren kleinen, menschlichen, ordnenden Verstand.

Synchronizität hat etwas mit Einheit und dem Gefühl des inneren, intuitiven Wissens, daß wir mit allem verbunden sind, zu tun. Oft sind es die kleinen Dinge des Lebens, die uns das Bestehen dieser Einheit und die Idee des Werdens und Vergehens offenbaren würden – wenn wir uns nicht immer so von unserem Verstandesdenken ablenken lassen würden.

Das Gefühl der Einheit, das uns alle miteinander verbindet, kommt auch in gemeinsamen Schmerzen und Leiden zum Ausdruck. Wir verschließen uns aber oft vor den Leiden unserer Brüder und Schwestern, weil wir selbst – wenn wir uns in Einheit mit ihnen verbunden fühlten – diese Schmerzen nicht ertragen könnten.

So überlassen wir es manchen Menschen, einen riesengroßen Schmerz alleine zu tragen. Jesus Christus war solch ein Mensch, der jenes Potential der geistigen Einheit in sich bewußt gemacht hatte und dieses unsagbare Leiden, dieses Ausgestoßensein aus dem Bewußtsein der Menschen nur aufgrund seines Bewußtseins der Einheit ertragen konnte. Dieses große Leiden hatte er auf sich genommen, um zu beweisen, daß es nichts und niemanden jenseits von Raum und Zeit geben wird, das oder der ihn daran hindern könnte, ewig zu sein. Aber dieses Wissen mußte er in der physischen Welt verwirklicht finden. Es mußte durch seinen eigenen Opfertod – wie er uns dargestellt wird – seine Bestätigung finden. Dies konnte er nur ertragen, weil er wußte, daß sein Geistkörper und seine Seele unsterblich sind.

Alles, was Jesus an menschlichen Qualen und unvorstellbaren Leiden durchgemacht hatte, um seinen Weg in der physi-

schen Welt zu Ende gehen zu können, ist sein geistiges Erbe, welches die Menschen von dem Zeitpunkt an fähig wurden, von ihm zu übernehmen.

Das niedere Bewußtsein aber – ich verstehe darunter das Bewußtsein, welches sich nur an Äußerlichkeiten und sichtbaren Umständen festhält – dieses Bewußtsein kann nicht begreifen, daß man jenseits von Raum und Zeit unabhängig von Leiden schmerzfrei existieren kann. Wir Menschen – mein Bewußtsein zählt sich wohl auch noch dazu, sonst würde ich nicht mit Euch kommunizieren – wir verletzliche, menschliche Wesen können in unserer Unschuld nicht verstehen, warum sich jemand diesen Qualen, Foltern und Leiden absichtlich ausgesetzt hat. Dennoch fühlen wir in uns, daß da eine Kraft gewesen sein muß, die einem Bruder solch einen Mut verschaffte.

Die Angst, die wir alle teilen und die wohl das stärkste Motiv zum Bewußtsein der Einheit hin darstellt, ist auch ein großer Faktor, uns vom Opfertod zu befreien oder ihn hinauszuzögern. Wenn wir aber zu begreifen beginnen, daß wir in Wahrheit jenseits von Raum und Zeit existieren, werden wir eines Tages dieses Bewußtsein des Opfertodes – des Opferns unseres Gefühls der Erwartung, schon hier auf Erden schmerzfrei zu sein – auf uns nehmen.

Wir alle sind im Leben schon oft an einen Punkt gekommen, an dem wir beginnen mußten, Kompromisse mit der Erscheinungswelt, dem Unterbewußtsein oder Überbewußtsein zu schließen. Auch ich selbst habe diesen Kampf durchlitten und fürchtete um mein Seelenheil, als ich erkannte, daß ich diesen Weg der Kompromißlosigkeit noch nicht hundertprozentig gehen konnte. Vieles wollte ich noch nicht aufgeben und mußte mir noch verborgen bleiben, und auch ich mußte vieles verbergen.

Wenn Jesus zu dem Kranken sagte: ›Steh auf, nimm dein Bett und geh'‹, dann ist es wohl schon ein Beweis dafür, daß Jesus von unserer Existenz in einem höchsten Bewußtsein jenseits von Raum und Zeit wußte. Sonst könnten wir uns auch nicht aus einem Zustand von Schuld, Verdrängung und Kraftlosigkeit und aus der Unvollkommenheit im Kerker des physischen Körpers befreien.

Es ist ein sehr schöner Gedanke, auf dieser kaputten Welt über Ostern zu sprechen. Man empfindet sehr tief für das Leiden all dieser Menschen auf einem Planeten, der wohl einer Entscheidung entgegenlebt – einer Entscheidung, die sich im

Bewußtsein jedes einzelnen Erdenbürgers ereignen muß. Man fühlt das abgrundtiefe Leiden, wenn man diese Verlorenheit in Schuld, Schmerz und Ausweglosigkeit sieht.

Wenn jene Menschen, die mehr Wissen haben, ihr tiefes Gefühl der Liebe für alle Menschen, denen die Schuld in die Schuhe geschoben wird und die ja — wie wir alle — auch einen großen Anteil daran haben, wenn also diejenigen, die sich schon ein wenig außerhalb des niedrigen Bewußtseins befinden, in ihrer großartigen Fähigkeit zu lieben und zu verstehen, in ihrer Barmherzigkeit und im Wissen von der Auferstehung diese Kraft all jenen Menschen, die sie so dringend brauchen, schenken würden, könnte viel Unheil umgewandelt werden. Aber vielleicht fehlt uns allen noch der Mut und die Kraft zu dieser göttlichen, christusähnlichen Liebe.

Der Auferstehungsgedanke ist wohl der schönste, tiefste und edelste, den es je in diesem Universum geben kann, denn er ist Ausdruck für die größte Liebe, Kraft und Freude, die wir erleben könnten, wenn wir uns mit unserem beschränkten Bewußtsein auf diese Idee wirklich einlassen würden. Ich fühle tief für alle Menschen, wenn ich sehe, wie viele erbarmungswürdige Wesen es gibt, in denen der Tod noch als Beschränkung und angstmachendes Ungeheuer existiert.

Ich habe als Mensch selbst viele Abstriche in meiner Liebeswürdigkeit und Liebesfähigkeit gemacht, insbesondere wann immer ich mich in meiner Persönlichkeit behindert fühlte oder ich das Gefühl hatte, jemand erträgt mein Wissen nicht. Heute habe ich erkannt, daß es immer nur die Angst um unsere eigene Existenz ist, die uns daran hindert, wahrhaftig zu lieben. Auch dieses Gefühl des Annehmens und Verschmelzens mit allem und jedem, das uns durchdringt, wird nur durch diese Angst vor unserer Zerstörung verhindert.

Ob Jesus nach seiner Kreuzigung physisch weiterlebte oder nicht, dürfte in meinen Augen nur von geringer Bedeutung sein. Wesentlicher ist für mich die Erkenntnis, daß er weiterlebte. Daß man die Qualen einer Kreuzigung auch physisch übersteht, könnte wohl auch nur jener universellen Kraft des ewigen Lebens zugeschrieben werden. Es würde uns nur beweisen, daß wir, wenn wir wirklich wollen, selbst im physischen Körper unsterblich sein könnten, vorausgesetzt, unser höchstes Bewußtsein würde das erkennen und in unsere tiefsten Schichten hinuntertragen.

Die Idee mit dem Opferlamm kommt wohl daher, das physische Leben als Unbedeutsamkeit im Gegensatz zum ewigen geistigen Leben zu sehen. Abgesehen von den physischen Qualen des Opfers ist der Gedanke, scheint es, einstmals sehr richtig gewesen, als man, weil man Liebe für ein im Physischen wohnendes Wesen fühlte, dieses Leben von seinem irdischen Mantel befreite, um es in die geistige Welt zu schicken. In ihrer Essenz ist diese Idee eine gute Idee. Wenn wir sie aber nicht in unserem höchsten Bewußtsein ausführen, dabei nicht wirklich und wahrhaftig in unserem höchsten Bewußtsein weilen, können wir auch kein im Physischen wohnendes Wesen befreien, um es und uns dieser Wahrheit näherzubringen.

Was glauben Sie, wieviel mit geistiger Wahrheit begründeter Mord und Totschlag jeden Tag begangen wird, wie viele Opfermorde tagtäglich stattfinden? Glauben Sie wirklich, daß dies möglich wäre, wenn diese Menschen im höchsten Bewußtsein ruhen würden? Ich nehme nicht an, daß Jesus Christus fähig gewesen wäre, einen Menschen umzubringen, nur um die Wahrheit und Rechtmäßigkeit seines höchsten geistigen Gesetzes zu verkünden oder darzustellen.

Vielleicht beruht der den Ostereiern zugrundeliegende Gedanke auf dem Prinzip der Fortpflanzung. Das Ei trägt ja die Kraft in sich, neues Leben zu gebären. Wir sollten etwas bewußter in die Symbolik des Lebens eintreten und so am Phantastischen, Kultischen und Künstlerischen des Lebens ... (intensiver teilhaben) – ach, lassen Sie doch!

Der letzte Satz ist nur sinngemäß vervollständigt, da die Aufnahmegerätschaft durch eine spontane Überreaktion meinerseits lahmgelegt wurde. Während dieses Satzes begann nämlich der im Appartment stehende Kühlschrank derart laut zu surren, so daß ich versuchte, den Störenfried raschest abzustellen. Als ich weder einen Schalter noch das wohl in irgendeine Steckdose führende Kabel finden konnte, fiel mir der im Zimmereck befindliche Sicherungskasten ins Auge, der mich inspirierte, einfach den Schalter umzulegen – nicht bedenkend, daß auch unser Aufnahmerekorder an der Stromspeisung hängt (denn gelegentlich nehme ich auch mit Batterien auf).

Als ich den Hinweis 'Jungs' kapierte, waren schon ein bis zwei weitere Sätze gefallen, weshalb hier ein kleiner Bruch bleibt. CeGe hat aber meinen Fauxpas gekonnt in seine Gedankengänge eingebaut. Hier die weitere Tonbandabschrift:

G-G-J … (den Glauben der) ***Kinder an das ewige Leben, den sie alle haben, bestärken, um ihnen diese Basis für das spätere Leben mitgeben zu können.***

René: *Herr 'Jung', könnten Sie bitte den letzten Satz wiederholen. Ich habe irrtümlich auch das Mikrofon ausgeschaltet.*

G-G-J ***Deshalb sagte ich doch ›Lassen Sie das!‹.***

René: *Ich wollte nur das Störgeräusch eliminieren.*

G-G-J ***Sehen Sie, das ist ein gutes Beispiel: Wann immer wir versuchen, etwas, das uns stört, zu verdrängen, unterdrücken wir auch viele Energien, die wir eigens dazu haben, um das Störende zu verarbeiten, Informationen daraus zu ziehen und daraus zu lernen.***

Kommen wir noch einmal zu den Kindern. Ich sagte, ich würde mir wünschen, daß Ihr Eure jungen Kinder am Ostersonntag nicht mit künstlichen Süßigkeiten betrügen würdet, sondern mit ihnen einen Spaziergang in die Natur macht und ihnen über das Leben jenseits des Todes und über den Auferstehungsgedanken berichtet, um diese Überzeugung, diesen Glauben und Samen, den diese kleinen Geschöpfe noch wirklich und wahrhaftig in sich tragen, zu nähren und ihnen so für später die Kraft und Stärke zu geben, daß ihnen diese Wahrheit nicht mehr genommen und zerbrochen werden kann.

Ihr Mütter und Väter, Ihr alle, die Ihr Zeuge des grandiosen Schöpfungsprozesses eines neuen Kindes gewesen seid, macht Euch bewußt, daß die Kinder noch diesen kraftvollen Glauben an das ewige Leben in sich tragen. Versucht doch bitte – wenn Ihr schon diese Erkenntnis nicht in Euch selbst kultivieren könnt –, sie im Namen des höchsten Bewußtseins wenigstens in Euren Kindern auferstehen zu lassen.

Die jenseitige Welt, in der ich mich befinde, hat viel mit Eurem höheren Bewußtsein gemeinsam. –

Leider Gottes fühle ich, daß ich jetzt in meinen Ausführungen nicht weitergehen kann, ich würde vielleicht in bezug auf Kindererziehung und Kirche falsch verstanden werden. Mein Wunsch wäre es jedenfalls, daß Eure Kinder im gemeinsamen Glauben an das ewige Leben immer stärker werden.

René: *Herr 'Jung', ich danke Ihnen für heute. Wir müssen zeitlich noch zu einer Besprechung zurecht kommen. Es würde uns freuen, wenn wir später weitersprechen könnten. Dankeschön.*

G-G-J ***Ich wünsche Euch allen eine schöne Auferstehung von den Toten.***

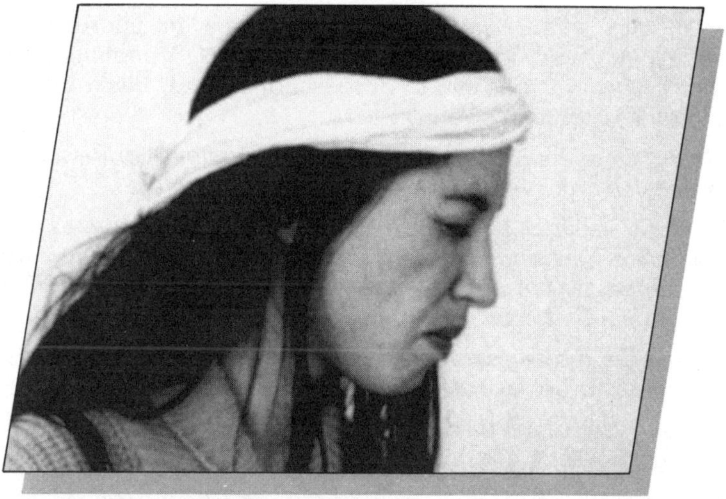

Auf dem Prüfstand

Am fünften Tag unseres Lanzarote-Aufenthalts, nachdem schon einige Programmpunkte – vom Löffelbiegen bis zu Miras Vortrag über Pränatalkontakte – abgehalten worden waren, ergab sich eine 'Jung'sche Trance-Sitzung für Herrn ....*, einen Referenten für parapsychologisches Allerlei. Er hatte bereits ein PSI-Training für die erste Teilnehmerhälfte absolviert.

Ich muß gestehen, daß ich selbst an einem Gespräch zwischen Herrn X und Carl Gustav besonders interessiert war, da er der erste Parapsychologe und Jungianer in einer Person war – zumindest von seinem Selbstverständnis her –, der uns bislang begegnete. Mira hingegen wollte sich eher dem Gespräch entziehen und bekam einige Stunden zuvor sogar Durchfall, wohl weil sie unbewußt schon wußte, was da auf sie zukommen würde. Ich dachte mir schließlich, wenn's wirklich nicht sein sollte, würde 'Jung' ohnehin nicht kommen. Dieses Argument machte Mira schließlich doch innerlich zur Sitzung bereit.

* Dieser junge ›Parapsychologe‹ hat über Umwege verlauten lassen, daß er im Falle seiner Namensnennung gegen den Verlag prozessieren werde.

Mira: *Jetzt hätt' ich gern eine Decke um, damit man mich nicht mehr sieht. Komm René, lösch das bitte vom Band.*

Weil Mira Ihrer Angst vor dem Gespräch mit überdrehten Sprüchen Ausdruck verlieh, hatte ich das Aufnahmegerät wunschgemäß nochmals ausgeschaltet und deshalb die ersten Worte 'Jung's verpaßt:

René: *Herr 'Jung', bitte könnten Sie Ihre ersten Worte wiederholen, ich habe versehentlich nicht aufgenommen.*

G-G-J: ***Zweifel sind Ausdruck für unser gespaltenes Bewußtsein. Sie haben die Aufgabe, uns wieder ganz zu machen – den einen Teil des Zweifels wieder mit dem anderen Teil zusammenfinden zu lassen.***

René: *Sie meinen momentan den Zweifel Miras, ob sie der Situation gerecht werden kann, nehme ich an?*

G-G-J: ***Nicht nur ihre Zweifel, auch meine Zweifel.***

René: *Welche sind denn Ihre?*

G-G-J: ***Zweifel haben eine wichtige Funktion. Würden wir sie nicht haben, wären wir nicht in das dualistische Gedankengut und Weltbild eingetreten. Wenn wir nicht eingetreten wären, hätten wir auch keine Zweifel. Sie haben viel mit unserer Evolution zu tun. Ein Mensch, der nicht zweifelt, kann sich nicht entwickeln. Also zweifeln wir ruhig, aber lassen wir es nicht zu, daß wir verzweifeln.***

René: *Also sollten wir einen goldenen Mittelweg des Zweifelns finden?*

G-G-J: ***Ich möchte sagen, wir sollten positiv zweifeln.***

René: *Mmh. Parapsychologen sind ja auch Zweifler vom Dienst. Darf ich ihn jetzt holen?*

'Jung' nickte.

René: *Herr 'Jung', ..., der Parapsychologe und ›Jungianer‹ sitzt neben Ihnen.*

Ich gab Herrn X ein Handzeichen, daß er sprechen könne.

Herr X: *Ja, Grüß Gott, würde ich erst mal sagen. Ich weiß nicht genau, wie ich Sie ansprechen soll?*

G-G-J (schmunzelnd): ***Wer ich bin?***

Herr X: *Ja. Wenn Sie auch der Jung sind, dessen Werke ich kenn', dann würde ich ja ganz gerne etwas von der Kontinuität* *zwischen Ihrer jetzigen Persönlichkeit und der, die ich kenne, erfahren. Was verbindet denn diese beiden Persönlichkeiten?*

G-G-J: ***Was verbindet Sie denn mit dem Jung, den Sie kennen?***

Keine Antwort.

G-G-J: ***Ja, Sie sind gemeint!***

Herr X: *Ja, ja. Also, mich verbindet sehr viel damit. Ich glaube, daß die Werke, die der Jung, den ich kenne, hinterlassen hat, mir sehr viel Anstöße gegeben haben, über das Leben nachzudenken. Vieles, was ich heute von der Psyche des Menschen zu verstehen glaube, verdanke ich diesen Werken. Aber dieser Jung hat auch sehr viele Geheimnisse hinterlassen.*

G-G-J: ***Die hat wohl jeder Mensch.***

Herr X: *Aha. Was mich interessieren würde – Sie haben in einem Werk, und zwar bei den ›Sieben Reden an die Toten‹, am Ende ein Anagramm hinterlassen, das nie aufgelöst wurde.*

René: *Darüber hatten wir schon gesprochen, aber frag' es ruhig nochmals.*

Herr X: *Würden Sie denn das auch auflösen?*

G-G-J (zu René): ***Können Sie ihr die Haare aus dem Gesicht tun!***

Um die langen Strähnen Miras, die 'Jung' vielleicht kitzelten, sicher zu bannen, habe ich meiner Frau während der Trance einen Schal über die Stirn gebunden.

G-G-J: ***Ich verfolgte damals eine gewisse Absicht, denn ich hatte die Vermutung, daß möglicherweise eines Tages, wenn ich diese Erde aus diesem physischen Körper verlassen würde, etwas erfahren würde, von dessen Realität ich vor dem Zeitpunkt meines physischen Todes natürlich nur ahnen konnte. Ich reiste damals schon viel in meine tiefsten Bewußtseinsschichten, erkannte sie als Realitäten und mußte auch erfahren, daß es mehr gab und daß es etwas von meinem Bewußtsein wohl schon vor diesem letzten physischen Leben gegeben haben müßte.***

Viele meiner Reisen haben mich an Orte getrieben, an denen ich tiefste, vertrauteste Empfindungen erlebte oder wohl auch

durchlitten habe. Also mußte ich wohl oder übel diesen Schritt in die Spekulation in ein Leben jenseits des Todes gehen. Während ich in Indien war und auch in anderen fremdländischen Gegenden, wurde ich sehr intensiv mit der Problematik des Todes konfrontiert – auf eine Art und Weise, wie ich es aus dem westlichen Menschenbewußtsein, aus den westlichen Ländern, nicht gewohnt war.

(an mich gerichtet, da 'Jung' die Sonne, nachdem sich die Wolken verzogen, grell ins Gesicht schien):

C-G-J: ***Können Sie den Vorhang etwas vorziehen.***

Pause. Das laute Geräusch des Vorhangzuziehens irritierte Miras Trance.

C-G-J: ***Dieser vertraute Umgang mit dem Leben nach dem Tod dieser anfangs ein bißchen fremden Menschen, hat mich zutiefst beeindruckt und belehrt, daß die Psyche des Menschen und seine Erlebniswelt auch sehr stark von seiner kulturellen Umgebung abhängig ist und beeinflußt wird.***

Was ich aber auch an meiner eigenen Seele erfahren habe, ist, daß wenn wir uns dieser sogenannten fremden Kultur öffnen, wir in Dimensionen blicken können, die wir genauso wie diese Menschen als Realitäten erfassen können.

Ich war vielen Geheimnissen auf der Spur, es war wohl immer die Suche nach dem Geheimnis in mir selbst. Jahrelang habe ich mich mit diesen Bildern, Mandalas und Archetypen herumgeschlagen. Oftmals hatte ich Zweifel – vor allem anfangs –, ob ich auf dem rechten Weg bin. Aber durch meine hartnäckige Suche, durch meine Offenheit für diese Synchronizität, fand ich immer mehr Bestätigung, hinein in diese Welt des Kosmogramms, der Einheit, zu gehen.

Ich konnte nicht mehr zwischen dem Leben der Lebenden und der wohl auch archetypischen Welt der Toten unterscheiden. Ich konnte einen Zusammenhang zwischen dem Leben der Toten und dem Gedankengut derer finden, aus denen sie hervorgegangen sind. Offensichtlich gibt es einen Zusammenhang zwischen dem Jenseits und Diesseits auch auf diese Art, als man es eine Projektion der Lebenden bezeichnen könnte.

Alles das, was im Unterbewußtsein eines Menschen vor der Geburt und während seines physischen Lebens gespeichert worden ist, mag auch die Umgebung, das Umfeld oder die

geistige Ausrichtung des Menschen nach seinem physischen Leben maßgeblich beeinflussen.

Ich komme schon noch auf Ihr Anagramm zu sprechen, keine Sorge.

Um zu verstehen, was möglicherweise in einem Lebenden vorgegangen ist, der sich über die Toten sehr viele Gedanken gemacht hat, muß man auch verstehen, daß es immer Fragestellungen meiner Seele gewesen sind. Aber ich war fest davon überzeugt, daß das, was ich zurücklasse, doch immerhin eine gewisse Bedeutung für die Weiterlebenden auf diesem Planeten, auf dieser Erde haben könnte.

So arbeitete ich auch in dem Bewußtsein, verantwortlich für ein gewisses geistiges Erbe zu sein. Da ich aber selbst das Rätsel nur in Analogie gelöst hatte – nach dem Prinzip der ausgerichteten Einheit und der, man könnte sagen, spiralförmig aufgebauten Entwicklung und Evolution der Materie wie auch des Geistes –, ist jedes Rätsel der Ausschnitt des Brennpunktes von Realitäten, die deshalb zu Realitäten geworden sind, weil sie einander ergänzen.

Die Welt der Toten ist eine Widerspiegelung der Welt der Lebendigen und umgekehrt. Wenn Sie sich in einem Spiegel sehen, sehen Sie den Toten vor sich. Es gibt ein Experiment, worin man sich stundenlang in die Augen sieht, während man sich im Spiegel betrachtet. Dann kann dieses Phänomen der Verselbständigung des Spiegelbildes entstehen. Es hat etwas damit zu tun, daß man dieses Spiegelbild, das ein genaues Abbild seines Selbstes ist, mit seinem Geist belebt und sich dieser Einheit in der Dualität bewußt wird und als Trennung erleben könnnte.

Solange ich ein Diesseitiger war, war für mich die Welt des Jenseits so etwas wie ein unsichtbarer Spiegel. Ich hatte öfter die Visison, ich müßte nur klarer in den Spiegel sehen, um die Welt der Illusionen erkennen zu können. Jetzt, in diesem Zustand, in dem ich über das Bewußtsein des Traumes hinausgegangen bin, erlebe ich den Zustand des ›diesseitigen‹ Bewußtseins auf dieselbe Art und Weise. Aber da ich in diesem Zustand bewußt mit der Möglichkeit einer Erkenntnisfähigkeit gearbeitet hatte, bin ich fähig, in der Welt der Materie, die nur belebte, lebendig langsam schwingende Bilderwelt des Geistes ist, aktiv eine Rolle mitzuspielen.

Als Parapsychologe könnte man theoretisch das Jenseits auch als einen Zustand des verdrängten kollektiven Unbewußten bezeichnen. Solange diese Erdenmenschen hier, gefangen und blockiert in ihren physischen Körpern, die eigene Unterwelt, die eigene Realität dieses vieldimensionalen Geistes, nicht zulassen, werden sie auch die Realität des Jenseits als nicht existent empfinden.

Es gibt dieses Phänomen der Offenheit gegenüber dem Jenseits und der Offenheit zu seinem eigenen Unbewußten und Unterbewußtsein.

Selbst wenn Sie Parapsychologe sind und sich nicht auf Ihre Gefühlswelt und auf Ihre eigene Unterwelt einlassen, sondern sich primär über Ihren Intellekt und Ihre Offenheit damit auseinandersetzen, werden Sie nur in diesem Ausmaße das Jenseits als Realität erfahren. Man kann so etwas nicht beweisen. Hier werden immer wieder Vorträge gehalten, in denen ich bemerke, daß die Menschen soweit sind, daß sie den Geräten nicht mehr so viel Bedeutung beizumessen beginnen, weil sie herausgefunden haben, daß es wiederum der Bewußtseinszustand des Menschen ist, der es möglich macht, daß Maschinen funktionieren.

Das Anagramm wird so lange ein Geheimnis bleiben, bis die Menschen die Spiegelwelt ihres Unterbewußtseins zu enträtseln gelernt haben. Es sollte eine Herausforderung an das unterbewußte Verstehen sein, indem ein Mensch, der etwas aus seinem Unbewußten begriffen hat, plötzlich etwas, das er bis heute mit seinem logischen Verstand nicht lösen konnte, erkennt. Ich bin nicht bereit, die Lösung zu sagen — dafür habe ich es nicht aufgezeichnet.

Herr X: *Wenn ich noch einmal auf die Kontinuität zu sprechen komme, dann wäre es aber sicherlich, glaube ich, für viele Menschen eine Hilfe, wenn Sie in irgendeiner Weise, ich will nicht sagen einen Beweis, aber einen Hinweis geben können, daß diese Kontinuität zwischen dem existenten Jung, dessen Werke ich kenne, und Ihrer Persönlichkeit existiert.*

Ich weiß zum Beispiel, daß mein Lehrer Hans Bender Sie persönlich ganz gut kannte und mir einige Anekdoten aus Ihrem Leben erzählt hat. Unter anderem ist er einmal mit einer ganz schwierigen Situation zu Ihnen gekommen, und da haben Sie ihm einen besonderen Rat gegeben, den er mir damals erzählt hat. Können Sie mir noch einmal sagen, was für ein Rat das war?

C-G-J: **Wissen Sie, immer wenn wir zu zweifeln versuchen und den Glauben an die Lösungsfähigkeit der Probleme in unserem Unterbewußtsein verlieren, wenn wir nicht daran glauben, werden sich möglicherweise die Lösungen verzögern. Das, was ich selbst gelernt hatte, diesen Glauben daran, daß sich in unseren tiefsten Schichten alles löst, wenn wir es zulassen, das Vertrauen dazu zu finden, versuchte ich auch damals weiterzugeben.**

Herr X: *Aber ich glaube, daß der Zweifel doch sicherlich einer der Motoren ist, daß wir überhaupt weiter denken können, größere Sprünge machen können.*

C-G-J: **Bevor Sie gekommen sind, habe ich über den Zweifel gesprochen.**

René: *Es ist am Anfang des Tonbandes aufgezeichnet.*

C-G-J: **Sie können sich das anhorchen.**

Herr X: *Ja, ich werde mir das gerne anhören. Aber Sie können oder wollen mir nicht sagen, was der Jung, der hier auf Erden weilte, damals vor vielen Jahren meinem Lehrer Hans Bender* geraten hat? Er hat einen sehr charakteristischen Satz gesagt.*

C-G-J: **Was hat Sie dieser Satz gelehrt?**

Herr X: *Der Satz selbst hat mir einige Aufschlüsse über das Wesen der Verdrängung gelehrt. Aber das finde ich jetzt im Moment nicht so vordergründig oder wesentlich. Ich fände es halt interessant, wenn man den Menschen auch auf eine ganz schlagende Art und Weise die Kontinuität zwischen Ihrer Persönlichkeit und der des Jung, dessen Werke wir hier haben und kennen, nachweisen könnte.*

Pause. Mira hat Schwierigkeiten, in der Trance zu bleiben, da sie den Streß der Prüfungssituation spürte.

---

* Direktor des Freiburger Instituts für Grenzgebiete der Psychologie. Ich lernte den Theoretiker vor etlichen Jahren anläßlich seines Vortrags über das Fortleben nach dem Tode kennen. In der anschließenden Diskussion von mir um eine konkrete Antwort zum Vortragsthema gebeten, konnte er sich (nach 40 Jahren parapsychologischer Forschung!) gerade noch zu einem ›vielleicht‹ durchringen. Unverstandene Phänomene versieht er gerne mit dem Etikett ›animistisch‹. Die Frage nach den persönlichen spirituellen Konsequenzen paranormaler Erfahrungen wird er sich wohl, wenn überhaupt, erst nach dem Tode stellen.

C-G-J: ***Die Funktion des Mediums besteht darin, mit mir zusammenzuarbeiten. Sie befindet sich in einem Ausbildungsprozeß und hat sich bewußt auf dieses Risiko der Prüfung eingelassen. Sie hat einige Blockaden in bezug auf Zahlen. Wenn sie etwas gefragt wird, wo ihr logischer Verstand einsetzt, beginnt sie mich zu verdrängen. Sie weiß selbst, daß ihr das noch als große Kritik angelastet werden wird.***

Wir haben uns darauf eingelassen, mit bewußten Medien zu arbeiten, und wir konnten das Medium nur davon überzeugen, als Medium zu fungieren, weil wir ihr sagten, daß es in dieser Welt der Irreführung und Negativinformation trotzdem besser sei, es zu tun, auch wenn man nur einen Teil der wertvollen Informationen überbringen könne, als gar keine. Als Parapsychologe werden Sie vielleicht wissen, daß der Zustand der Trance sehr stark etwas mit dem Weglassen des Verstandes zu tun hat.

Möchten Sie noch Prüfungsfragen stellen? Ich verstehe Ihr Motiv, wenn Sie behaupten, Sie würden das für die Öffentlichkeit brauchen, um die Kontinuität meiner Bewußtseinsentwicklung darstellen zu können.

Herr X: *Ja, ich habe mit Absicht eine Frage gewählt, die nirgends verzeichnet ist, weil es immer das Problem gibt, daß man Dinge – sicherlich nicht in betrügerischer Absicht – in Werken, wenn Sie niedergeschrieben sind, auch auf paranormale Weise hellsichtig erfassen kann. Da ist immer ein kleines Problem für uns dabei, diese Kontinuität daran festzustellen.*

Aber vielleicht, es würde mich interessieren, Sie haben sich ja zeitlebens sehr intensiv mit der Alchimie auseinandergesetzt, nachdem Sie eine ganze Weile mit gnostischem Denken geliebäugelt haben und das wohl etwas in den Hintergrund treten haben lassen. Sie haben dann in Ihrem alchimistischen Gedankengut vor allem den Geist Merkurius als einen der wesentlichsten – nun sagen wir einmal – symbolischen Repräsentanten eines seelischen Prozesses dargestellt. Es würde mich interessieren, wie Sie aus Ihrer heutigen Warte das, was Sie damals oder was in den niedergeschriebenen Texten von Carl Gustav Jung über Merkurius zu lesen ist, auslegen würden?*

---

* Ein geistig-religiöser, bei Jung insbesondere alchimistischer Begriff für einen Naturgeist bzw. für jenen flüchtig-ungreifbaren Geist im Stoff. Wenn die Alchimie das historische Gegenstück zur Psychologie des Unbewußten ist, so ist Merkurius die Fähigkeit dieses Gottes, unzählige verschiedene Formen anzunehmen und dabei doch immer er selbst zu bleiben.

C-G-J: **Ich werde später darüber sprechen. Ich muß gehen.**

René: *Mmh. Herr 'Jung', ich hätte noch eine Idee zur letzten Frage von Herrn X. Ich glaube, Sie hören noch, was ich sage. Sie könnten diese spezielle Frage in einem der nächsten Gespräche vielleicht versteckt beantworten, ich meine, ohne daß das Medium weiß, daß eine Antwort auf Herrn X' Frage darin versteckt ist. Das wäre meine Idee noch dazu. Ich danke Ihnen für heute.*

Mira (zu mir): *Kannst mich bitte massieren.*

Herr X: *Ach, über das Anagramm hattet Ihr schon mal gefragt.*

René: *Ja, ich hatte selbst die Idee, wenn er die Lösung sagen würde, das wär doch ideal. Er ist damals mehr als heute darauf eingegangen und – was ist los, Schatzi?*

Mira begann wie ein Schloßhund zu heulen und war lange nicht zu beruhigen.

Mira: *Ich hab' ihn hinausgeworfen, René. Ich hab' nicht mehr können.*

René: *Das macht doch nichts, er kommt ja wieder. Es ist ok.*

Ich versuchte dem ›Parapsychologen‹ die Hintergründe des Abbruchs wegen der Prüfungssituation darzulegen, und es schien auch kurz, als ob er Verständnis dafür aufbringen konnte.

Mira: *In solchen Situationen wär' mir viel lieber, wenn ich ein unbewußter Klotz wär', der nichts mitkriegt.*

Herr X: *Kriegt sie alles mit?*

René: *Das ist ja das Problem. Bei offensichtlichen Prüfungsfragen, da klinkt sie einfach aus. Außerdem bist Du erst der fünfte oder sechste ihr Unbekannte, für den sie 'Jung' durch sich sprechen läßt.*

Herr X (zu Mira): *Du hörst die Worte innerlich zuerst und sprichst sie dann nach?*

Mira: *Nein, das geht ziemlich direkt. Nur am Anfang sprech' ich manchmal erst, wenn ich ihn schon hör'.*

Tonband-Ende.

Der oberflächenfreundliche Herr X, der schon mit seinem unumstürzlichen Vorurteil zu uns gekommen war, ging auch wieder mit demselben. Er wollte nicht einmal das Schnellkopieren der gerade aufgenommenen Cassette abwarten, offenbar war er an einer Kopie des Gesprächs nicht interessiert, der Herr ›Parapsychologe‹.

Als Mira anschließend wegen ihrer anhaltenden Diarrhoe wieder das stille Örtchen aufsuchen mußte, hörte ich sie mitten in ihrem Schluchzen kurz auflachen. Unser unsichtbarer Freund kommentierte ihren Durchfall aufheiternd mit:

C-G-J: ***Nun, durchgefallen?!***

Während unseres nachfolgenden Spaziergangs entlang der Klippen meinte 'Jung' noch zu Mira, ›***wenigstens hast Du in Würde und Schönheit versagt***‹.

69. Kontakt – 31/3/88 – 20.30 + 22.00 h – Technischer Dialogversuch

Tonbandstimmen-Kontakt

Am selben Abend war als Alternative zum Ausflug in die Lavahöhlen ein Tonbandstimmenkontaktversuch angesagt. Da der Großteil der Urlaubsgäste sich für das Höhlenabenteuer entschied, blieb nur eine kleine interessierte Gruppe übrig, was der Sache durchaus dienlich war.

Ich selbst hatte noch keine direkte Erfahrung mit diesem Phänomen. Auch hatte ich diese nicht gesucht, da ich ja ohnehin eine mediale Direktleitung nach Drüben im Hause habe. Mir war nur bekannt, daß Tonbandkommunikation eine äußerst mühselige, Geduld und Ohren auf eine harte Probe stellende Methode ist, jenseitige Kontakte zu knüpfen. Aber immerhin doch eine ernsthafte technische Möglichkeit, um der Mehrheit der nicht sonderlich medialen Menschen Zugang zu einigen Jenseitsbereichen zu verschaffen. Allerdings sehe ich ein Problem darin, daß sich über solch technischen Zugang doch vorwiegend nur Wesen aus den niederen bis mittleren astralen Landstrichen bemerkbar machen möchten und sich mittels dieses Instrumentariums möglicherweise auch allein unterbewußte Kräfte des Benützers als Stimmen manifestieren können. Dazu kommt, daß es oft eine schwierige Interpretationsfrage ist, was man da wirklich zu hören bekommt.

Wie auch immer, auch ich war für einen Versuch offen und gespannt, ob 'Jung' seine Zusage wird verwirklichen können. Mira war äußerst interessiert an der Sache, weil sie endlich wieder einmal eine Manifestation CeGes von ›außen‹ erleben wollte, da eine solche gewissermaßen objektiver für sie ist, als dauernd diese innerlichen Erfahrungen mit ihm zu haben.

Der Referent Hans Otto König, ein langjähriger Profi in Sachen Jenseitsstimmenfang, erklärte einleitend seine mitgebrachten Gerätschaften und den üblichen Ablauf des Geschehens. Er nannte uns die Frequenzfelder und Wellenbereiche*, auf denen diverse Einspielungsgeräte operieren und stellte uns seine speziellen elektronischen Gerätschaften vor, die u.a. auf die sogenannte ›Jürgenson-Welle‹** eingestellt sind. Auch einen von ihm erfundenen Geräuschgenerator stellte er vor. Dieses Kästchen produziert eine besondere Art von Hintergrundrauschen, auf das sich Jenseitige leichter akustisch draufmodulieren können. In diesem Zusammenhang erwähnte Herr König auch, daß die billigste und einfachste Methode der Einspielung von astralen Stimmen über das Aufnehmen des rauschenden Rieselns eines aufgedrehten Wasserhahnes funktioniert. Man postiert ein geeignetes Mikrofon davor und zeichnet laufend mit einem Cassettenrekorder auf, während man Jenseitige in meditativer Verfassung um Meldung ersucht. Beim wiederholten Abhören des Tonbandes könnten sodann mit viel Glück und guten Ohren sinnhafte Mitteilungen zwischen den Rauschtönen entziffert werden. Dann und wann wurden von geübten Stimmenfischern in der Vergangenheit bereits ganz gute Erfolge erzielt, meinte der deutsche Neo-Nestor der Jenseitsfunkamateure.

Obwohl ich die Angelegenheit an sich achte und ernst nehme, kann ich dieser Technik nach wie vor nicht sonderlich viel abgewinnen, da die Kontaktmeldungen äußerst spärlich und für Durchschnittsohren meist akustisch mißverständlich sind, zudem läßt der telegrammartige Antwortstil kaum einen tiefergehenden Dialog zu. Dennoch war dieser Abend für meine

---

* Gute Chancen sollen mit dem Hintergrundrauschen auf 10 Mhz im 31-Meter- und auf 7 Mhz im 41-Meter-Kurzwellenband bestehen.

** Die nach dem bekannten Tonbandstimmen-Pionier benannte Frequenz ist auf 1485 kHz Mittelwelle zu finden.

Frau eine tiefgreifende Erfahrung, die unsere Kommunikation mit Carl Gustav weiter festigte.

Nachdem in der ersten der abendlichen Sitzungen die wenigen Gäste der Runde durchaus diverse kurze Kontakte erleben konnten, versuchten wir nach einer Pause schließlich nur noch zu viert in einer privateren Runde – wir beide zusammen mit dem Ehepaar König – insbesonders mit 'C. G. Jung' in Kontakt zu treten. Ich zitiere im weiteren aus Miras Tagebuch und aus der Magnetaufzeichnung der Ereignisse, die ich zusätzlich mit meinen Rekorder anfertigte:

›Mir ging es extrem schlecht wegen der nichtbestandenen Prüfungsfragen von Herrn X. Zweifel und Trauer beherrschten meine Stimmung, und ich flehte darum, daß Carl Gustav über das Tonband kommen möge. Während meiner Meditation versuchte ich mit einer kurzen Ansprache den Kontakt einzuleiten.‹

Mira: *Hier ist Mira. Ich bitte meine jenseitigen Freunde, mir zu helfen, ein noch freierer Kanal zu werden. Und ich bitte speziell Dich, Carl Gustav, wenn es Dir möglich ist, mir über dieses Gerät zu helfen und etwas zu sagen. Es wäre mir sehr wichtig.*

Kannst Du oder könnt Ihr mir etwas über die Verbindung zu Leonardo sagen? Oder sagt mir, was es mit diesem Lanto damals auf sich gehabt hat?*

Das Tonband lief noch einige Minuten weiter und wurde dann mit einer speziellen Einrichtung stückchenweise genauestens abgehört.

H. O. König: *Nun sehen wir mal, ob sich etwas getan hat?*

Tonbandstimmen: ***– – – Bin da – – – bin da – – – Mira – – – Mira – – – Mira – – – Carl Gustav – – – ich helfe – – – ich helf Dir doch – – –*** (im Chor:) *so helfen wir* – – – (wieder Einzelstimme:) ***hör bitte – – – laß ihn doch – – – wunderbar – – – Mira – – – ich helfe – – – es wird gut – – – wird ganz gut – – – grüß Deine Kinder – – – kannst Du mich hören? – – – Kind der Sonne – – – komme in Liebe – – – schlafen – – – schlaf gut – – – viel Ruhe – – – Mira – – – komm bald wieder – – –*****

---

* Gemeint ist die Schwangerschaft Miras, über die wir in Band I im 19. Kontakt kurz berichteten.

** Es kamen noch ein Dutzend weitere, allerdings unverständliche Satzfragmente durch.

H. O. König: *Das ist eine ganz positive Sache. Wirklich toll!*

Weiter aus Miras Niederschrift:

›Als wir das Band abspielten, konnte ich nur noch weinen. Ich war ziemlich aufgelöst, weil ich C. G. deutlich hören konnte. Er traf tief in mein Herz. Ich konnte es kaum fassen, daß ich seine Schwingung auch aus dem Tonband fühlen kann.

Ich hatte in letzter Zeit so viele Zweifel und Sorgen, ob ich als Kanal auch gut sein würde, gut genug sein würde. Und kurz zuvor hatte ich noch dazu vor dem Parapsychologen so kläglich versagt. Alles kam zusammen, auch bekam ich gerade meine Periode. Ich war mehr als ein bißchen überfordert.

Als ich dann Carl Gustavs Stimme über dieses rauschende Tonband hörte, geschah sehr viel in mir. Einerseits wußte ich ja tief im Innern, daß er da ist, daß er um mich ist. Andererseits gab es von meiner Seite her so viel Unvollkommenheit und Prüfungsangst …

Daß er wegen Leonardo ***›so helfen wir‹*** sagte, ist für mich am bedeutendsten gewesen. Mir wurde von meinen geistigen Freunden immer wieder gesagt, daß diese Schwangerschaft nur für meine Entwicklung da sei. ***›Kind der Sonne‹*** war auch auf Leonardo bezogen, der sprach damals viel von der Sonne. Während einer Astralreise war ich mit ihm sogar einmal in der Sonne. Letztlich war er dann auch als Löwe* (tot) geboren worden.

Mit ***›grüße Deine Kinder‹*** sind all die Ungeborenen gemeint, mit denen ich medial zusammenarbeite. Ich sprach in dem Sinn schon oft von ›meinen‹ Kindern.

Die Mitteilung ***›Laß ihn doch‹*** bedeutet wahrscheinlich, daß ich Lanto** endlich aus dem Bewußtsein streichen und vergessen soll.‹

Daß objektiv Inhalte durchgekommen waren, deren Zuordnung dem esoterischen Ton-Ingenieur unbekannt sein mußten, zeigte Gott sei Dank, daß an den Kontakten Miras zumindest irgend etwas real ist, daß zumindest ›autonom erscheinende intelligente Strukturen aus unbekannten Seinsberei-

---

* ›Leo‹nardo war im Sternzeichen Löwe, über das die Sonne herrscht, kurz vor seiner Geburt wieder von uns gegangen.

** Lanto ist das Pseudonym eines vor Jahren mit Mira rivalisierenden Mediums, durch das auch 'Jung' einmal channelte. Siehe Band I, Seite 30 ff.

chen‹ reagierten, um das Vokabular der instrumentellen Transkommunikateure zu verwenden. Hans Otto König, der vor der Tonband-Sitzung meinte, daß es schon ein Beweis für Miras echte Medialität wäre, wenn 'Jung' während ihrer Anwesenheit bei einer Einspielung durchkommt, war wohl durch die Bezüge der Durchsagen schließlich auch von der Echtheit des Phänomens selbst überzeugt. Denn er war durchaus sensibel genug, die heruntertransformierte Schwingung 'Jung's im Raum wahrzunehmen. Schließlich warnte er uns davor, zu oft Kontakt aufzunehmen, da man seiner Meinung nach dadurch psychisch ausgelaugt würde. Daß dies nicht passiert, ist allerdings insofern garantiert, da 'Jung' sehr darauf achtet, daß sich sein Kanal nicht übernimmt und er die Kommunikation längst vor einer solchen eventuellen Gefahr eingestellt hätte.

Ich selbst konnte zwar hie und da mitkriegen, daß da mehr als nur ohrenbetäubendes hochfrequentes pfeifend-surrendes Rauschen gewesen war, und konnte auch ein oder zwei Worte verstehen, aber insgesamt bekam ich von der ganzen Sache nur Ohrensausen. Was mich dennoch erschütterte, ist die Tatsache, daß sich mit dieser ›kläglichen‹ Methode ebenso viele Menschen wie dem Ouija-Board* beschäftigen. In bisheriger Ermangelung einer besseren Möglichkeit natürlich verständlich, aber auch eine Herausforderung, geeignetere Lösungen zu finden.**

Ich möchte mich hier zwar nicht irgendwie hervortun, aber dennoch an dieser Stelle kundgeben, daß ich seit dieser Erfahrung viele Gedanken an eine praktikablere Form der technischen Jenseitskommunikation investierte. Mit dem Schluß, daß ich eine neue, auf einer völlig anderen Basis stehende halb astral – halb elektronische Jenseitsbrücke ersann oder besser intuierte oder eingegeben bekam, deren Machbarkeit 'Jung' kürzlich in einem Gespräch unterstrich und auch erwähnte, daß einige jenseitige Forschergeister bereits darauf warten, diese Sache zusammen mit mir zu realisieren. Ich erwähne diese Ambition nicht, um mich auf dem Gebiet wichtig

* Buchstabiertafel für zumeist nur angebliche Geisterbotschaften.

** Der Vollständigkeit halber sei erwähnt, daß im Bereich medial-technischer audiovisueller Kommunikation auch gelegentliche Kontakte mittels Radio, Telefon, Video, TV und auch Computer geschehen bzw. gelungen sind. Empfehlenswerte Literatur: Ernst Senkowski, Instrumentelle Transkommunikation, Dialog mit dem Unbekannten. R.G. Fischer Verlag.

machen zu wollen, sondern deshalb, weil aus dieser Mitteilung Kontakte zu Menschen entstehen könnten, denen diese Sache ebenfalls ein tiefes Anliegen ist und denen die ökonomischen Notwendigkeiten einer solchen Entwicklungsarbeit keine so unüberwindlichen Sorgen wie mir bereiten. Die Sache läuft zwar zeitlich nicht davon, da ich in meiner Frau einen exzellenten Channel habe, trotzdem bin ich der Überzeugung, daß die Neue Zeit vorübergehend eine sensiblere esoterisch-technische Direktleitung zum vielbevölkerten Jenseits – sprich kollektiven Unbewußten – brauchen könnte. Besonders reizen mich die Chancen, mit diesem Gerät – ich will es hier vorläufig mal ›Para-Fax‹ nennen – per Anschluß an einen Computerprinter einen sofortigen Übermittlungs-Ausdruck schwarz auf weiß vorliegen zu haben. Zudem träume ich davon, mit speziellen Maßnahmen eine Hürde gegen unbefugtes Betätigen durch niederastrale Wesen einzubauen. Ich weiß, das klingt alles sehr nach Science Fiction, ist aber vielleicht bald schon Science ›Faction‹!

Hier anschließend will ich noch eine möglicherweise nur einige Leser belustigende und manchen Leser vielleicht eher befremdende Geschichte erzählen, die für jene damals noch auf uns zukommenden dramatischen Ereignisse mit auslösend wirkte.

Im Rahmen der ständig über den Haufen geworfenen Programmabfolge des 14tägigen Etora-Symposions wurde mehrmals zur aktiven Teilnahme an einem bunten Abend aufgerufen. Unter dem Titel ›Wir wundern uns über uns selbst‹ sollten Teilnehmer und Referenten eine lockere Stimmung in die ›heiligen Hallen‹ tragen. Dies ließen wir uns nicht zweimal sagen, denn Lachen ist die beste Medizin, besonders wenn der Humor kosmische Dimensionen annimmt. Auch hatten wir Lust, uns nach zehn Tagen Ernsthaftigkeit mal richtig auszutoben.

Ohne die geringste Ahnung, was die anderen so vorhatten, kamen wir während eines abendlichen Herumscherzens an der Etora-Theke auf die Idee, die gesamte Veranstaltung spaßeshalber zu verulken. Mittels einer fiktiven jenseitigen Tonbandstimmen-Party, die ich tags darauf zusammen mit Mira in unserem Apartment improvisierte, zogen wir alles, was uns gerade einfiel, durch den Kakao. Von der Astrologie bis zum Löffelbiegen und von den Referenten bis zum Publikum blieb nichts und niemand vor unseren mehr oder weniger müden Gags verschont. Ohne Probegallopp bannten wir unsere Scherze auf Toncassette und traten mit dieser selbstgebastelten Geheimwaffe zur Zwerchfell-Lockerung an, nicht ahnend, daß viele Gäste unsere Blödeleien in die falsche Kehle bekommen würden.

Nachdem Rainer Holbe bemerkte, daß unser Sketch sogar sendereif gewesen sei, wollen wir an dieser Stelle unseren Lesern einige Happen daraus präsentieren, obwohl der volle Genuß nur aus der akustischen Version gewonnen werden kann.

Da es sich bei unserem Ulk um die Tonbandstimmeneinspielung eines jenseitigen Reporters vom Sender RTLminus handelte, der für seine astrale Radioshow Stimmen von Dies- und Abseitigen aufzuspüren hatte, gingen wir laut den technischen Unterweisungen Hans Otto Königs fast wie echte Tonbandstimmenamateure vor. Als Hintergrundgeräusche verwendeten wir in Ermangelung spezieller Vorrichtungen in unserem Apartment, wie vorgeschrieben: Wasserrauschen, mußten allerdings mit Brause, Teekessel, Waschmuschel, Badewanne und Closettspülung vorlieb nehmen! Und mit in etwa folgendem Kauderwelsch strapazierten wir unser Mikrofon:

»(sanftes Plätschern) – – – Hi, entities! We present you in dieser Vollmondnacht in Playa Roca eine Diesseitsstimmeneinspielung zu einer sagenhaft ungünstigen Konstellation. Denn die Transit-Erdbeere im Wassermann schwingt sich gerade zur Konjunktion mit der Pfefferoni ein, und die frühreife Mango baut sich zu einem schwer disharmonischen Trigon mit der Zitrone im Zwilling auf. – – – Die Zuckermelone im Quadrat zur Grapefruit verheißt Deftiges und Saftiges, und auch die rück-läufige Vulkankirsche im Skorpion streckt gerade allen die Zunge entgegen. Mit einem Wort: der richtige Fruchtsalat für einen Chromdioxyd-Tonbandsalat – – – Aufgepaßt Freunde, das Tonbandstimmenexperiment beginnt – – – Wie uns Maestro Hans-Otto bestens lehrte, benötigen wir als Zutaten nur einen Frequenzträger und ein paar eifrige Stimmbänder. Wie man bereits hört, bieten wir beides jede Menge: (im Hintergrund rieselndes, tropfendes, brausendes und glucksendes Wasser samt Stimmenwirrwarr) – – – Unser Schwingungsgenerator ist das öffentlich-rechtliche Kanalnetz mit einer Durchflußgeschwindigkeit von dreißig

Litern H2O in der Sekunde — — — Nun ist das Mikro eingerichtet, also Stimmen meldet euch — — — (vorerst rauschende Pause, weiter ging es mit asthmatischem Flüstern:) Hi folks, hier kreischt das Team von RTLminus mit einer Sondersendung aus dem äh Abseits. Auf dem Programm stehen wahrlich ›Ungeheuerliche Geschichten‹. — — — Die Sendung wird moduliert von einer dilletantischen Wiedergeburt Rainer Hohlbeins und untermalt von Astralsymphonien der Tonbandstummenband ›Mouth and Ears‹. Teufelseidank müssen auch wir hier unsere übersinnlosen Sendungen durch Missions-Spots am Tod erhalten, deshalb gleich zur ersten Missionierungs-Einschaltung: — — — (sprudelndes Wasser) Der herübergegangene chinesische Weise Psi-Trai-Ning weiß es genau: Wer gefunden hat, der sucht nicht mehr! Deshalb dreimal täglich einen Löffel El-Mare, die grenzenlose Weisheit! Psst: Wer andern einen Gruber gräbt, fällt selbst drauf rein! — — — And yet we play for you and your Schutzbengel King Ottos favorite Band ›The Unhearables‹ — — — (brausendes Rauschen) — — — Zur Abwechslung eine kurze Geist-Heulung: (Mira heult wie ein liebestoller Koyote) Aaaahuuuahhuuuuh Aaauhhuauhhhuuuuuuhh — — — Jetzt der Geistspruch des heutigen Abends, speziell für die Psychofreaks in der Lavagrotte: ›Früh erstarrt ist halb gesponnen‹ — — — Und noch rasch eine akustische Meditationsübung von Guru Muru: (Gurgelgeräusche) — — — Wir schalten um zu einer interstellaren Kommunikatzion: Miiaaou, Miaaouu — — — (Clospülung, Brause und Wasserhahn rauschen) — — — Die Störgeräusche werden stärker, aber dennoch sind wir schwer verbunden mit Frau Oberlehrer Prof. Dr. Meyer, 'tschuldigung, mit Dr. Ober-Maya, auch genannt Lady Super-Illusion. Wir bringen eine Ex-, nee Inklusiv-bla-ma- äh Reportage aus ihrem dunklen Reich der Schatten. Frau Doktor, was ist ihre zentrale Unkenntnis? — — — Nun, ich würde sagen ›Wie hinten, so ganz vorne‹. — — — Die geht einem ganz schön auf den Geist, deshalb spült nun die Stummencombo für unsere Schwerhörer ein stilles Lied, in gekürzter Fassungslosigkeit. — — — (Spülung und Blubbern) — — — Ehrlich Leute, hier spuckt es gewaltig. Ich bin schon ganz naß. — — — (Platsch, platsch, platsch) — — — Hier hören wir schon unseren extraterrestrischen Ehrengast kommen, es ist Reinherr Kolbe, braun wie von der Zentralsonne getoasted. Er testete für uns gerade die vollsynchronistische, multiversale Wischmaschine Lavamat wella und meint: Rainer geht's nimmer! — — — Weiter für alle Liebhaber geistiger Umnachtung mit einer Brise Esoterik Fatal: — — — Johnny Buttlar reitet wieder, und zwar von hinnen nach dannen! Hier im Studio hinterließ er leider nur eine kosmisch-komische Doppelsternsupernovaexplosionszerstrahlung — — — Zur Halbzeit rufen wir stets alle gemeinsam nach Drüben: Diesmal nicht den ›Fool on the hill‹, aber einen ›Tor im Wald‹. Hallo, hallo! Sohn von Detlef, wir rufen dich. Wo bist du? — — — Ich bin im Schick-Saal, im Schick-Saal. Es ist meine letzte Chance! — — — Jetzt begeben wir uns wieder einmal auf die Kausal-Unebene: Mit drei Schluck Lebertrance sind sie dabei! — — — (Glucksen) — — — Ja, wen trifft man denn da?: Ist das nicht unser Rheuma von Dithfurt? Was meint er denn heute wieder Verqueres? — — — So laßt uns denn ein Zwetschkenbäumchen ausreißen! — — — O Gott, O Gott, igittigitt, da geht aber heute wieder die Post ab: — — — Philo ruft Sophie, Antropo ruft Sophie, Katastro ruft Sophie! Hörst du uns? — — — Ach, intellekt mich doch! — — — Wuff Wuff Wuffwuff — — — Hört ihr: es mirabellt schon wieder — — — And now the astral quintett ›Quiet Waters‹ mit dem Song ›Rocking Noises‹. (lahmes Plätschern) — — — Es singt das raum-, zeit-, arbeits- und klassenlose Überdrüber-Selbst im Duett mit Ego-Superstar: — — — Ich bin Du, und Du bist ich, ist das nicht ganz fürchterlich! — — — Tja, mit dem Liedchen ist noch was los, es ist nämlich aussichtslos. Aber heißt es nicht schon in der Zwiebel: Die Vorletzten werden die Zweiten sein? — — — Achtung, eine heiße Durchsage: (brodelnder Teekessel) — — — Vulkanus eruptus est! Ist das nicht pyramidal? — — — Zwischendurch wieder eine selige Reise ins Zen-Trum der Zen-Trümmer — — — Da ist die Luft rein, rainer, am holbsten! — — — Und man findet hier alle Typen aus der Arche, seien sie astral, genial, total, banal, digital oder sogar infernal! — — — Wißt ihr schon das Älteste: Der Kerze ist es egal, wen sie verbrennt. Also stellt euren Scheffel nicht unter den Schatten, es könnte einer darüberfallen — — — Hier der In-and-Out-Tip für heute Nacht: Die Ahnen sind passé, die Scham-anen sind im kommen! Pfui deibel, sag i da nur — — — Nun eine Sensation aus der Forschungsabteilung von RTLminus: Die drei Stufen des Seins sind endlich voll erkannt worden: Es sind Ah-wußtsein, Bewußtsein und Ce-wußtsein! Da biste rohrschachmatt, oder? — — — (Geklimper) Hier spricht das Löffelchen: Früh biegt sich, was mal ins TV kommen möchte. Will da schon wieder einer den Löffel abgeben? – – – Mein Gott Walter! Mein Gott Walter! – – – Wieso dein Gott? Wer wird denn soooo besitzfixiert sein! – – – Und nun für alle, die wieder voll dabei sein wollen: Der posthypnotische Wiederbelebungsbefehl: eins, zwei, gsuffa! (Gluck, gluck, gluck) – – – Zum Abschluß singen wir wie immer gemeinsam die Reinkarnational-Hymne: Lanzarote, lauter Tote – Lanzarote, lauter Tote – noch etwas lauter, Tote! – – – Hiiilfe! Hiiiilfe! Ein Lebender! – – – Na, dann gute Nacht! Bis bald, ihr drüben hier herüben.«

Was wir uns als harmlosen Scherz ausdachten und bei jenem Drittel des Publikums, das die Situationskomik kapierte, auch einen Applaus auslöste, kam bei der Mehrheit der Gäste nicht an. Im Gegenteil, Verstörtheit und Entrüstung waren so sehr die Folge, daß wir ab diesem Zeitpunkt regelrecht geächtet wurden. Vielleicht weil wir uns selbst zu wenig auf's Korn nahmen. Später erfuhren wir, daß einige Teilnehmer kürzlich Verwandte oder Bekannte ›verloren‹ hatten und eben deshalb keinen solchen Spaß vertrugen. Auch wegen unserer abgebrochenen 'Jung'-Trance (siehe übernächstes Kapitel) ballte sich bereits eine heftige Anti-Stimmung gegen uns zusammen. Natürlich hatten wir mit unserer satirischen Vorstellung weiteres Öl in dieses schwelende Feuer gegossen, bis es schließlich so sehr zu lodern begann, daß es uns auf dieser Vulkaninsel ernstlich zu heiß wurde. Aber davon weiter hinten.

Die Qual der Verdrängung

Auf dem Kongreß war auch die österreichische Autorin Ingrid Malzahn zugegen, die sowohl in ihrem Buch ›Das Wunder Ihrer Psyche‹, als auch außer Programm am Kongreß ›von der Schöpferkraft und der Unsterblichkeit des Geistes‹ zeugte. Sie stellt darin die Etappen ihrer persönlichen Bewußtwerdung dar und bemühte sich gleichermaßen, die Einheit von wissenschaftlichen Erkenntnissen und esoterischen Grund wahrheiten ins Licht zu rücken. Dazu nahm sie maßgeblich auch das medial übermittelte Seth-Material von Jane Roberts und die historischen Einsichten C. G. Jungs zu Hilfe. Was lag also näher, als der schriftstellernden Freundin ihren Wunsch nach einem Direktgespräch mit 'CeGeJung' zu erfüllen.

Mira nahm wie schon dreimal zuvor auf dem etwas zu sehr federnden Apartmentbett Platz und begann sich in Trance zu meditieren. Unsere Besucherin schickten wir inzwischen auf die Terrasse. Nach einigen Minuten hatte ich bereits das Gefühl und schließlich – aufgrund der veränderten Schwingung und Mimik Miras – die Gewißheit, daß 'Jung' anwesend war. Nur begann er nicht zu sprechen.

René: *Herr 'Jung', ich sehe, daß Sie hier sind. Es wäre schön, wenn Sie sich zum Tonbandstimmen-Phänomen etwas äußern würden.*

Mira: *Warte.*

Ich war mit meiner Bitte etwas zu bald dran, denn 'Jung' mußte sich erst in Mira stabilisieren, bevor er einige Momente später zu referieren begann:

C-G-J: ***Die Abläufe der Gehirnströme haben sehr viel mit Synchronizität zu tun. Wir wissen, daß das Gleichschalten der Gehirnhälften ein wesentlicher Faktor für die mediale Arbeit ist. Möglicherweise hängt die Perfektion eines medialen Durchgangs sogar von der Fähigkeit des Mediums ab, sich synchron zu schalten.***

Die Welt der Erscheinung – ich muß jetzt dazwischen erklären, daß ich so lange nicht sprechen konnte, weil die Aufnahmefähigkeit des Mediums auf zu viel Gleichzeitigkeit geschaltet war. Sie empfing zu viel auf einmal und hatte Schwierigkeiten, das alles hintereinander auszudrücken.

René: *Wenn ich es also richtig verstehe, hatte Mira Ihre Gedanken zu sehr gleichzeitig parat und wußte nicht, welchen Impuls sie zuerst durchlassen soll.*

C-G-J: ***Ich mußte ihr helfen, sich soweit auf ihrer Ebene der Zeiterfahrung zu halten, daß sie mein Gedankengut in geordneter, dem menschlichen Verstand zugänglicher Art und Weise überbringen konnte.***

René: *Ich möchte noch eine Zwischenfrage stellen, die auch Mira bewegt. Manchmal bemerken wir in Ihren Texten, daß der Wortfluß gelegentlich etwas durcheinander gerät. Das glätte ich dann notgedrungen ein bißchen, bevor ich die Übermittlungen nach außen gebe. Mira war kürzlich mal sauer, weil ich Kleinigkeiten im Text umstellte. Könnten Sie bitte dazu ein klärendes Wort sprechen.*

C-G-J: ***Sie ist sehr sensibel für subtile Tonschwingungen, die ein Frequenzfeld verändern.***

René: *Ja, ich mach' das ohnehin in sehr geringem Maße, aber es geht halt nicht immer anders. Aber es ist kein gravierendes Problem.*

C-G-J: ***Um auf diese Geräte zurückzukommen – die Jenseitigen müssen sich erst auf diese Tonfolge- und Zeitwahr-***

nehmungsfähigkeit der physischen Welt einschwingen. Das aber wird verhindert, wenn die Menschen nur allein mit ihren technischen Möglichkeiten, die sie kennen, operieren. Sobald jedoch diese sogenannte technische Ordnung aus der Bahn geworfen wird, indem man scheinbar absurde Anordungen befolgt, kann man sich dem Frequenzbereich der außerzeitlichen Wahrnehmung der Jenseitigen angleichen. Das erklärt die Frequenz einer schwingungsfähigen Möglichkeit. Es ist ein Entgegenkommen der technologisch zeitstrukturierten* – das Medium ist heute nicht sehr –

René: *– ausgeglichen?*

G-G-J: **Es macht nichts.**

René: *Wir können die Technik ja später besprechen. Nur eine Frage noch: Hatten Sie versucht, über diese Tonbandstimmen-Methode zu kommunizieren?*

G-G-J: **Ja.**

René: *Könnten Sie mir einen Satz nennen, den Sie zu übermitteln versuchten? Ich hatte nämlich echte Schwierigkeiten, mich da hineinzuhören.*

G-G-J: **Ich sagte ›bin da!‹ und habe den Namen Miras gerufen.**

René: *Wir werden wahrscheinlich noch einen Versuch machen.*

G-G-J: **Heute abend.****

René: *Sie wissen also schon Bescheid. Gibt es in der technischen Anordnung etwas, das noch verbessert werden sollte?*

G-G-J: **Ach, wissen Sie, auch das geht immer seinen Entwicklungsweg. Ich möchte Sie darauf hinweisen, daß es nicht nötig und auch nicht möglich ist, scheinbar technische Entwicklungen vorwegzunehmen, die in Wahrheit auch ein geistiges Potential und die Erkenntnisfähigkeit eines Teils des Bewußtseins der Menschen voraussetzen. Diese Entwicklung passiert auch in den tiefsten Schichten des Bewußtseins.**

Es geht deswegen so langsam vor sich, weil eben dieses physische Universum in seiner langsamen Schwingung innerhalb von Raum und Zeit gebunden ist und nur allmählich diesen

---

* Diese letzten Sätze scheinen etwas verzerrt übermittelt worden zu sein. Wir werden 'Jung' auf dieses Thema noch gelegentlich ansprechen.

** Zu diesem Einspielungsversuch kam es aufgrund der disharmonischen Umstände leider nicht mehr.

Weg der Materie durch den Geist gehen lernt. Wesentlich ist vielmehr, daß man zu begreifen fähig wird, daß die jenseitige Welt wirklich ein Teil des Schwingungsfeldes ist, in dem sich alles befindet. Das wird auf diesem Seminar hier zwar immer wieder betont, aber ich weiß nicht, wie intensiv die Leute auch wahrnehmen, daß es so ist.

Diese Frequenzbereichsüberlappung, die nur geschehen kann, wenn sich der physisch orientierte Geist der unsichtbaren Frequenz zuwendet — was machen Sie?

Ich gab der am Balkon wartenden Autorin ein Zeichen, leise hereinzukommen, und hob den das Zimmer etwas abdunkelnden Vorhang zur Seite, was 'Jung' irritierte.

René: *Ich bitte die Dame herein.*

G-G-J: ***Warten Sie noch.***

Ich gab ihr wieder Zeichen, doch noch zu warten.

G-G-J: ***Diese Frequenzüberlappung ist also nur möglich, weil sie ohnehin besteht. Wir könnten nichts hörbar machen, was sich nicht ohnedies im Spiegelfeld unseres Geistes manifestiert hätte.***

René: *Das ist jetzt vielleicht eine dumme Frage, aber gibt es eine spezifische Frequenz, auf der Sie sich befinden? Ich meine eine Frequenz im technischen Sinne, die Sie nennen könnten, also soundsoviel Megahertz beispielsweise.*

G-G-J: ***Meine Schwingung steht ja nicht im Zusammenhang mit der Frequenz, über die ich mich melden kann. Insofern ist Eigenschwingung etwas, das immer variiert und sich an den Brennpunkt des Geschehens angleicht.***

René: *Aha. Darüber würd' ich auch gern später noch ins Detail gehen. Bevor wir zu der Dame kommen, die übrigens ein Buch verfaßt hat, an dem auch Sie maßgeblichen gedanklichen Anteil haben, vielleicht noch kurz zu dem Parapsychologen von vorgestern und seiner Mira quälenden Prüfungsfrage. Was sagen Sie zum vorzeitigen Ende der Trance?*

G-G-J: ***Das war vorauszusehen. Ich wußte, daß es geschehen würde. Auch das Medium hat es gefühlt. Es ist eine sehr wichtige Erfahrung zur Transformation gewesen.***

René: *Ist es sinnvoll, dem Herrn ....* (= Herr X) *diese Anagramm-Frage zu beantworten und einen Weg zu suchen, ihm diese Information zukommen zu lassen? Oder sollen wir das lieber bleiben lassen?*

C-G-J: ***Ich bin im Zwiespalt, wieweit ich dieser Oberflächlichkeit nachgeben soll. Einerseits merke ich, daß es einen gewissen Berechtigungsgrund gibt, andererseits führt es von dem, was ich vermitteln möchte, sehr weit weg.***

René: *Vielleicht wäre es eine salomonische Lösung solch einem Sehnen einmalig nachzugeben und es dann strikt zu lassen. Wir werden sicherlich noch öfter mit solchen Vorhaben konfrontiert werden.*

C-G-J: ***Es hat sehr viel mit der persönlichen Entwicklung des Mediums zu tun.***

René: *Lassen Sie es mich bitte wissen, wie Sie sich entscheiden.*

C-G-J: ***Wir werden uns für die Weiterentwicklung entscheiden.***

René: *Darf ich nun zur Dame am Balkon überleiten?*

C-G-J: ***Ich lasse bitten. Aber sagen Sie ihr, ich sei noch nicht tief genug da und daß ich im Laufe der Sitzung vielleicht noch tiefer verankert sein werde. Vielen Dank.***

Ich holte die Dame ins Zimmer und übermittelte ihr wunschgemäß die letzten Worte 'Jung's, neben dem sie Platz nahm.

C-G-J: ***Ich begrüße Sie.***

Ingrid: *Herr Professer 'Jung', Sie –*

C-G-J: ***Oh!***

Ingrid: *– Sie wissen, daß ich Sie sehr verehre und –*

C-G-J: ***Es freut mich, daß Sie mein Wissen oder meinen Weg verehren.***

Ingrid: *Sic haben sich zu Lebzeiten mal gewünscht, daß jemand sagt, ›Ich bin Jungianer‹. Ich bin also Jungianer!**

---

* Dies ist ein offensichtliches Mißverständnis, denn Jung hat zu Lebzeiten ziemlich genau das Gegenteil gesagt.

Sein Ausspruch ›Gottseidank bin ich Jung und nicht Jungianer‹ ist unter ›Jungianern‹ allgemein bekannt. Auch existiert ein Brief Jungs von 1946, in dem er schreibt: »›Ich kann nur hoffen und wünschen, daß niemand ein ›Jungianer‹ wird.‹«

Der Jung-Intimus Laurens van der Post zitiert ebenfalls in seinem Buch ›Jung and the Story of Our Time‹ (Pantheon Books, 1975) einen diesbezüglichen Ausspruch seines Freundes: ›Ich möchte nicht, daß irgendwer ein Jungianer ist. Im Gegenteil, ich möchte, daß die Leute sie selbst sind. Diese ›Ismen‹ sind die Viren unserer Tage und für größere Katastrophen verantwortlich als jede mitteralterliche Plage oder Pest jemals sein konnte. Sollte eines Tages entdeckt werden, daß ich nur einen anderen ›Ismus‹ kreiert habe, hätte ich in allem, was ich getan habe, gefehlt.‹

Angesichts der ansonsten sehr umständlichen Umschreibung bitten wir 'C. G. Jung' und unsere Leser um Verständnis, daß wir dennoch den Begriff ›Jungianer‹ – in einer locker-undogmatischen Weise – verwenden. Auch weil sich der Begriff schon sehr eingebürgert hat.

'Jung' konnte sich eines Schmunzelns nicht enthalten.

Ingrid: *Nun, ich wollte Sie fragen, ob ich das, was ich in meinem Buch über Ihre Lehren geschrieben habe, richtig interpretiert habe?*

C-G-J: ***Ich glaube, es ist wichtiger, daß Sie selbst fühlen, ob Sie es richtig verstanden haben oder nicht. Es ist nicht mein Wissen. Es ist ein Wissen über die Seele und das Leben ganz allgemein. Ich versuchte in meinen Arbeiten und Forschungen immer sehr tief zu gehen, und — wie Sie vielleicht wissen werden — sparte ich mich selbst nicht aus.***

Das Gefühl, geführt zu werden, das Sie hatten, war zweifelsohne die Sehnsucht und das Wissen aus Ihrem eigenen Unbewußten und Unterbewußten, das Sie zu jenen Stellen geführt hat, die Ihnen in der Außenwelt die Bestätigung für etwas gegeben haben, was Sie tief in sich selbst gefühlt und gesucht haben. Wir müssen nicht immer zu Gott gehen. Wir können Ihn überall und jederzeit als etwas Konkretes finden, das uns als Antwort auf unsere Frage entgegentritt.

Einen personifizierten Gott gibt es für mich nicht. Das Göttliche ist aber für mich überall manifestiert. Es spricht eine eigene Sprache, die Sprache der Wahrheit, Liebe und Einheit. Sobald wir uns verloren fühlen, aber diesen Glauben an diese Liebe in uns selbst nicht zu verlieren gewillt sind, wird dieses unbekannte Wissen und diese oftmals unbekannte Kraft in uns einen Weg und ein Ziel finden, um uns dieser Liebe zu versichern.

Sie können ruhig Fragen zulassen.

Ingrid: *Es ist eigentlich genau das, was ich auch in meinem Buch ausgedrückt habe.*

Würden Sie sagen, daß zu Seth — er hat ja sehr vieles von Ihrem Wissen durch das Medium Jane Roberts durchgegeben — eine Verbindung besteht, vielleicht aus einem höheren Bewußtsein? Gibt es eine Verbindung zwischen Ihnen und Seth?

C-G-J: ***Gibt es eine Verbindung zwischen mir und Ihnen?***

Ingrid: *Jaa!*

C-G-J: ***Dann gibt es auch eine Verbindung zwischen Seth und meinem Bewußtsein. Dann gibt es aber auch die Verbindung zwischen allen Bewußtseinsformationen.***

Wann immer wir uns getrennt fühlen, erleben wir nur einen Aspekt unserer Persönlichkeit und vermissen diese Kraft oder das Wissen in uns, das uns den Zugang zu jener anderen, sagen wir mal, Bewußtseinsform bringen würde. Wann immer wir versuchen, das Leben von einem fixen Standpunkt aus zu verstehen, werden wir früher oder später an eine sehr harte Grenze stoßen. Spätestens dieses Erlebnis wird zu einem Zeitpunkt sein, von dem an wir beginnen werden, das in uns Verborgene, uns nicht Bekannte, zu erforschen zu versuchen.

Diesen Zeitpunkt bestimmen wir selbst. Es ist die Reise zum Ich, die Reise zum Selbst, die Reise über das Unterbewußtsein zum Überbewußtsein. Dieses höchste Bewußtsein ist für mich nur erreichbar, wenn wir den Weg durch unsere tiefsten dunklen Schichten hindurch wählen. Denn wann immer wir den Weg des geringsten Widerstandes gehen möchten, bleibt ein Teil unseres Bewußtseins im Dunkeln.

Ingrid: *So hat jede Seele ihre individuelle Aufgabe, die durch Leiderfahrungen zu höherem Bewußtsein führt? Sie selbst haben ja auch persönliche Leiderfahrungen durchgemacht und in Ihren Werken beschrieben.*

G-G-J: ***O ja. Ich sagte an früherer Stelle, über diesen Kanal hier, daß für mich das tiefste Leiden die größte Chance ist, mit unserer Urerinnerung wieder verbunden zu werden.***

Ingrid: *Wir sollen also vor Schwierigkeiten und Problemen nicht weglaufen, sondern sie in Liebe auflösen.*

G-G-J: ***Gnädige Frau, wenn Sie es können: Probleme in Liebe auflösen. Wenn wir diese Liebe hätten, dann hätten wir vielleicht dieses Problem gar nicht. Wenn wir etwas aus uns selbst lieben und annehmen könnten, hätten wir dieses Problem wahrscheinlich gar nicht. Die Schmerzen vielleicht schon, aber nicht das Problem.***

Ingrid: *Gut, ich meinte die Schmerzen.*

G-G-J: ***Ich unterscheide zwischen Schmerzen und Leiden, die wir nicht dazu benützen, zu uns selbst zu finden, und Schmerzen und Leiden, die wir annehmen lernen, um dadurch in die tiefsten Schichten des Bewußtseins eindringen zu können, um endlich etwas annehmen zu können, was wir bis***

zu diesem Zeitpunkt der höchsten Qual nicht geschafft haben.

Wenn sich aber diese Qual der Verdrängung diametral der Qual der Öffnung gegenüberstellt, haben wir die größten Chancen, uns für die Befreiung zu entscheiden. Dieser Leidensdruck, der uns dorthin bringt, uns selbst vergessen zu wollen, ermöglicht uns auch einen Schritt der Entscheidung. Wir könnten uns in die Bewußtlosigkeit flüchten, wir können uns aber auch bewußt in das Leid hineinfallen lassen. Oft glauben wir nicht an unser eigenes Wissen, und das verändert uns am stärksten in das, was Jesus mit ›Wenn ihr nicht werdet wie die Kinder ...‹ meinte.

Ingrid: *Aber Sie selbst haben doch gesagt, daß durch Leid hindurchgehen nicht unbedingt durch Verdrängung zu lösen ist.*

C-G-J: ***Ich meinte, es gibt diesen Punkt, wo der Leidensdruck aus dem Unterbewußtsein, die Qual der Seele, gleich stark dem Druck ist, den der Mensch ausübt, um zu verdrängen, was an die Oberfläche möchte. Hier sehe ich eine wesentliche Entscheidungsmöglichkeit, ob ich dem Druck der Verdrängung nachgebe oder dem Druck der Offenbarung. Können Sie mich verstehen?***

Ingrid: *Ja doch.*

C-G-J: ***Wir sind tagtäglich in diese Entscheidungssituation gestellt. Gebe ich der Angst aus meinem Unbewußten Raum, um sie mir anzusehen und mich möglicherweise von ihr ermorden zu lassen, oder bringe ich die Kraft und den Schmerz auf, sie noch länger zu unterdrücken?***

Auf diesen Punkt wollte ich hinweisen. Wenn sich diese beiden Schmerzenshöhepunkte aufeinander zugedrängt haben, ist das oft der Zeitpunkt des Todes für viele Menschen. Es sammeln sich nicht nur alte Leiden aus früheren Leben und Verdrängtes aus dem Alltag, es sammelt sich in uns auch viel – wie es manche Menschen empfinden – ›Schmutz‹ aus dem Bewußtsein aller anderen Menschen an. Wann immer wir uns überwältigt fühlen von diesem Potential des Unerlösten, gibt es einen Punkt der Resignation, an dem wir diese Anhäufung von Blockaden in unserem Körper nicht mehr ertragen können und es zulassen müssen, davon aus dem Körper gedrängt zu werden.

Das ist der Tod des niederen Bewußtseins – es gibt aber Milliarden Formen des Todes.

Ingrid: *Sind meine Krankheiten oder meine Unfälle im Sinne dieser Blockaden zu verstehen?*

G-G-J: ***Jeder Unfall hat sich im Unterbewußtsein vorbereitet. Es kann keine Verletzung, keinen Unfall, keinen Mord und auch sonst nichts geben, das sich nicht schon im Unterbewußtsein vorbereitet hätte und in Ihnen einen Sinn darin gesehen hätte, Sie zu schocken und Sie in der Realität etwas erleben zu lassen.***

Oftmals sind das die grauenhaftesten Dinge. Doch wenn Sie die Menschen beobachten, bemerken Sie dieses Phänomen des Schon-gewußt-Habens, des Nicht-überrascht-Seins, wenn ihnen etwas Bestimmtes passiert.

Ingrid: *Das, was Sie als ›Deja-vû‹ bezeichnen.*

G-G-J: ***Nicht nur das. Wenn Sie ehrlich sind, erkennen Sie darüber hinaus einen Wunsch, den Sie vielleicht in einem Bruchteil einer Millionstel Sekunde einige Zeit vor diesem Unfall gedacht, gefühlt oder geträumt haben. Wahrhaftig zu leben hat schon auch sehr viel mit dieser Ehrlichkeit sich selbst gegenüber zu tun. Wenn wir immer alles verleugnen, was wir fühlen, denken, beobachten und woraus wir Schlüsse ziehen, nehmen wir uns die Kraft, aus diesem vollen in uns schlummernden Potential zu schöpfen.***

Wenn wir die Ehrlichkeit besäßen, darauf zu bestehen, daß ein Teil unseres Bewußtseins diesen Unfall gewollt hat, weil wir in unserem Tagesbewußtsein zu trotzig gewesen sind, die Botschaft aus dem Unbewußten zu erhören, dann werden wir eine Kraft des Mutes entwickeln, uns über alle Schwierigkeiten des Lebens hinwegzusetzen, und uns auch den Glauben an das, was wir im Tagesbewußtsein noch nicht wissen, erwerben.

Ich kann leider nicht mehr lange bleiben.

Ingrid: *Haben Sie noch eine spezielle Botschaft für mich?*

G-G-J: ***Diese Frage habe ich schon gehört. Ich versuche Ihnen ein Gedicht zu übermitteln, wenn das Medium noch die Kraft zur Verfügung hat.***

Kurze Pause.

G-G-J: ***In meines Vaters Schoße***
Blüht eine Rose
Voll aus Licht
Sie ist gedacht
Für mich
Und wenn ich eines Tages
Auferstehe
Und diese Sonne sehe
Und Dir entgegengehe
Mein Vater
Großes Licht
Dann sieht die Seele mich
Und diese Rose bricht.

Ich verabschiede mich.

Ingrid: *Ich bedanke mich.*

Mira kam glückstrahlend aus der Trance.

Ingrid: *Und Mira, auch Dir danke ich.*

Mira: *Ich sage Dir, bei dem Gedicht bin ich fast in einen samadhi-ähnlichen Zustand gekommen. Soviel Energie kam da durch dieses Gedicht. Mich hat es fast umgehauen. Und das Gedicht kam bei mir schon an, bevor Du die Frage gestellt hattest.*

Ingrid: *Also, toll war das.*

René: *Er hat übrigens bisher noch nie jemandem ein Gedicht mitgegeben.*

Mira: *Am Anfang hab' ich heute ein bißchen Schwierigkeiten gehabt.*

Ingrid: *Du sollst das ja an sich nicht zu oft machen. Das nimmt doch unheimlich viel Energie, oder?*

Mira: *Naja. Einerseits krieg' ich viel Energie, aber andererseits arbeiten die Inhalte dann ziemlich in mir. 'Jung' kommt nur, solange es paßt, und geht dann sofort. Er läßt aber immer etwas Energie zurück, damit ich mich erholen kann. Hast du ihn sofort erkannt?*

Ingrid: *Ja, gleich am Anfang, als er ›Gnädige Frau‹ sagte. Das ist typisch Jung, das hat er auch seinerzeit immer gesagt. Er ist ganz altmodisch, aber auch so respekt- und würdevoll. Aber das war er ja auch in seinem Leben, das ist der Pfarrersohn.*

71. Kontakt – 6/4/88 – 20.00 h – Trance-Abbruch wegen Gegenstimmung

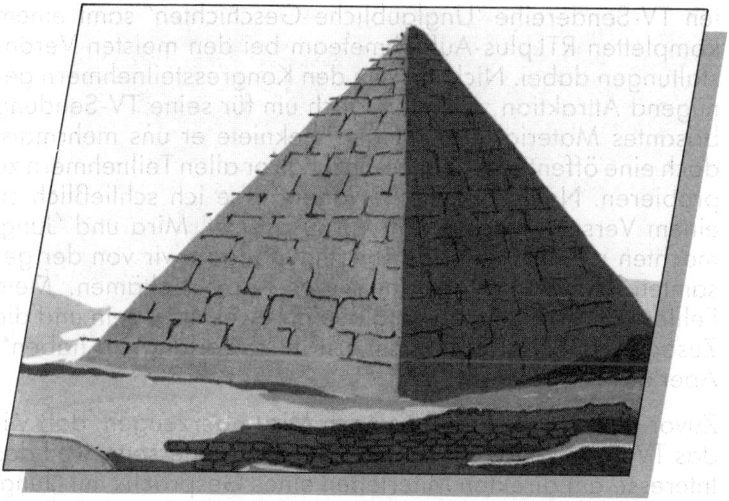

In der Pyramide

An einem Morgen gab es im Zentrum eine Friedensmeditation aller Seminarteilnehmer, zu der CeGe nachher meinte: ***›Es nützt nicht viel, wenn die Leute nur um Frieden bitten. Sie müssen auch verstehen, warum kein Frieden ist. Solange noch ein einziger Mensch Unfrieden in sich trägt und Energien in sich selbst bekämpft, wird es auch in der Außenwelt Mord und Totschlag geben.‹***

In jener Pyramide – nicht der von Cheops, aber einer verkleinerten, hohlen Nachbildung derselben, die als Auditorium des Etora-Zentrums fungiert – war Mira einige Tage später auch zu einer ihrer in letzter Zeit selteneren ›Healing‹-Sessions bereit.

Die gechannelten Heilenergien taten zwar nur wenigen Teilnehmern, die offen genug waren, merkbar gut, einigen darunter dafür ganz besonders. Einer älteren Dame etwa, die wegen akuter Rückenschmerzen gerade noch gehen konnte, tanzte ein paar Stunden später in derselben Pyramide, gemeinsam mit Referenten, freudig-ausgelassen zu Disco-Musik.

Rainer Holbe war nicht nur als Moderator des Symposions auf der Insel, er war auch in seiner Funktion als Gestalter der bunten TV-Sendereihe 'Unglaubliche Geschichten' samt einem kompletten RTLplus-Aufnahmeteam bei den meisten Veranstaltungen dabei. Nicht nur um den Kongressteilnehmern genügend Attraktion zu bieten, auch um für seine TV-Sendung brisantes Material einzufangen, bekniete er uns mehrmals, doch eine öffentliche Trance-Sitzung vor allen Teilnehmern zu probieren. Nach langem Abwägen habe ich schließlich zu einem Versuch eingewilligt, vorausgesetzt, Mira und 'Jung' machten mit, und unter der Bedingung, daß wir von der gesamten Trance-Sitzung eine Video-Kopie bekämen. Mein Fehler war es leider, zu gutgläubig gewesen zu sein und die Zusage der Film-Kopie nicht schriftlich verlangt zu haben*. Aber davon später.

Zuvor mußte ich allerdings noch Mira überzeugen, daß wir das TV-Team zulassen sollten. Und zwar einerseits, weil das Interesse am direkten Miterleben eines Gesprächs mit 'Jung' ja doch intensiver wurde und andererseits die Sache reif war, endlich zeitgemäß dokumentiert zu werden, und uns das in diesem Falle keine weiteren Kosten verursachen würde. Das Problem war nur, daß wir noch nie mit einem Fernsehteam zu tun hatten und keine Erfahrung darin besaßen, wie stark die Beleuchtung und die Aufnahmesituation an sich eine solch sensible Aktion stören würden.

Meine Frau war zwar alles andere als begeistert von der Idee, aber doch bereit, sich einem nächsten Schwierigkeitsgrad unserer Arbeit auszusetzen. Daß in jener Pyramide ihre bis heute härteste Nervenprobe stattfinden sollte, ahnte sie damals noch nicht. Wenn 'Jung' an ihrer Seite sei, könne schon nichts schiefgehen, dachten wir beide.

Der Aufbau der Filmapparaturen dauerte elendig lang und eine lähmende Nervosität lag in der Luft. Während Mira für die Kamera geschminkt wurde, damit die Haut nicht glänzte, Scheinwerfereinstellungen und Tontests exerziert wurden, harrten die gespannten Teilnehmer vor der Pyramide ungeduldig aus. Da sich der angesagte Termin bereits um mehr als

---

* Da wir mit Rainer Holbe drei Monate zuvor bereits für das RTL-Radio eine 'Jung'-Trance absolvierten (siehe Band II, Seite 69 ff.) und schon damals unkompliziert (Ton-)Kopien austauschten, sah ich keinen Grund, der mündlichen Zusage zu mißtrauen.

eine halbe Stunde verzögerte, machte irgendjemand den Vorschlag, der Parapsychologe und Jungianer Elmar Gruber solle doch im Saal nebenan inzwischen den Leute ein wenig über C. G. Jung und seinen Stellenwert in der heutigen Psychologie erzählen. Diese für unsere Arbeit beinahe verhängnisvolle Idee wurde zwar verwirklicht, aber mit Elmar Grubers persönlichen Ressentiments gegenüber unserem CeGeJung derart vermengt, so daß eine sehr vertrackte Lage entstand:

Klappe. ›Unglaubliche Geschichten – Ce Ge Jung, die erste‹:

Mira: *Er ist noch nicht ganz da.*

René: *Herr 'Jung', haben Sie noch einen Wunsch, bevor wir die Leute hereinbitten?*

C-G-J: ***Offene Herzen.***

Diese Antwort irritierte mich zwar etwas, doch machte ich mir keine weiteren Gedanken darum, da ich offene Herzen ja selbstredend als Grundbedingung einer solchen Kommunikation annahm.

René: *Herr 'Jung', wir holen jetzt die Leute herein. Vielleicht können Sie das noch abwarten.*

Die Leute kamen barfuß, auf Zehenspitzen und mit einem Sitzkissen in der Hand zur Tür herein und setzten sich so lautlos wie möglich in halbrunden Reihen rund um das Medium. Ich übergab mit Handzeichen das Wort an Rainer Holbe.

R. H./RTLplus: *'Carl Gustav Jung', wir freuen uns, daß Sie heute zu uns sprechen werden. Ich begrüße Sie sehr herzlich, auch im Namen vieler interessierter Menschen, die gerade einen Vortrag von Elmar Gruber gehört haben, einen Kurzvortrag über Ihre Biographie und Ihr Leben. Ich würde Sie jetzt gerne mal bitten, uns die Situation zu beschreiben, in der Sie sich im Moment befinden.*

C-G-J (sehr leise): ***Es ist diesselbe Situation, in der Ihr Euch alle befindet.***

R. H./RTLplus: *Wenn ich Sie richtig verstanden habe, ist das die gleiche Situation, in der wir uns auch alle befinden. Heißt das – da Sie für uns ja nicht sichtbar, sondern nur hörbar sind –, daß Sie sich nur in einer anderen Schwingungsebene befinden?*

C-G-J (noch immer sehr leise): ***Ein Teil der Wahrnehmung wird im Moment hauptsächlich durch den oberen Teil des***

Mediums bezogen. Meine Energie befindet sich bis zu den Armen in diesem Körper.

Kurze Pause. Man merkt Mira die schwankende Empfangsbereitsschaft an.

C-G-J (flüsternd): ***Ich muß gehen.***

R.H./RTLplus: *Sie sind für uns jetzt etwas schwer zu verstehen. Wir werden nachher versuchen, die Tonaufnahme, die hier gerade gemacht wird, zu verstärken, damit auch das Publikum alles hören kann.*

(an die Zuhörer gerichtet:) *Gibt es denn hier im Kreis jetzt eine Frage, die gerne gestellt würde?*

Mann: *Ich würde gerne wissen, nachdem sich C. G. zu Lebzeiten auch mit UFOs beschäftigte, was er jetzt darüber denkt oder welche seine jetzige Einstellung zu dem UFO-Phänomen ist?*

C-G-J: ***Ich habe vieles erkannt, anders erkannt, was ich zu meinen Lebzeiten nicht hundertprozentig wissen konnte. Den Hintergrund meiner Geschichte werdet Ihr kennen, es ist nicht wichtig, ihn zu wiederholen. Meine geheimsten Gedanken, Erfahrungen und Erlebnisse war ich nicht fähig, in die Öffentlichkeit zu tragen. Kurz vor meinem Tod habe ich vieles von dem, was ich wußte und veröffentlicht hatte, revidiert. Ich wollte dem noch einiges hinzufügen, doch konnte ich nicht mehr erreichen, daß es in die Öffentlichkeit kam. Anfangs wollte ich das auch nicht.***

Und hier herüben herrscht kein wesentlicher Unterschied. Ich erlebe das, was ich jetzt mit Euch erlebe, ebenso, wie Ihr mich von Eurem Bewußtseinsfeld aus betrachtet.

Ich habe mich prinzipiell nicht mit außerplanetarischen Dingen beschäftigt. Was mich immer noch sehr motiviert, ist das, was Ihr als Psyche des Menschen bezeichnet. Es ist das Feld, in dem ich mich, zu meiner großen Freude, auch hier herüben weiterentwickeln kann. Noch kurz vor meinem Tode war ich nicht sicher, welcher Teil meines Bewußtseins denn überleben würde.

R.H./RTLplus (zum Publikum): *Noch jemand? Haben Sie noch Fragen?*

Keine Reaktion.

R.H./RTLplus: *'C.G.Jung', was bedeutet diese Kontaktaufnahme jetzt mit Ihnen für die Menschen, die heute abend hier in dieser Pyramide sind?*

C-G-J: ***In dem Zustand, in dem ich mich befinde, kann ich mehr wahrnehmen als zu Zeiten meines physischen Körpers. Trotzdem bin ich in dem Augenblick sehr beschränkt, eben dadurch, daß ich nicht alles so wahrnehmen kann, wie der Kanal oder das Medium selbst.***

Das Medium ringt sichtlich mit divergierenden Energien.

C-G-J (sehr leise): ***Ich komme nicht durch. Ich ziehe mich zurück und komme zu einem späteren Zeitpunkt wieder.***

René: *Ja. Wir bedanken uns vorerst für diesen Versuch.*

R.H./RTLplus: *Könnte dieser spätere Zeitpunkt heute abend noch sein?*

Keine Reaktion.

René: *Herr 'Jung', ich hätte noch eine Idee. Wir spielen einige Minuten zur Harmonisierung den Canon in D-Dur und versuchen dann nochmals mit Ihnen Kontakt aufzunehmen. Wie sehen Sie meinen Vorschlag? Nicken Sie bitte, wenn Sie ›ja‹ meinen.*

Er schüttelte sachte Miras Kopf.

René: *Das war eher ein abschlägiger Bescheid.*

Nun, ich hätte als Alternative ein Tonband mit Gesprächen hier, die wir in den letzten Tagen mit 'Jung' geführt haben, diese Gespräche kennt außer den an den Dialogen Beteiligten noch niemand.

R.H./RTLplus: *Es scheint so zu sein, als ob – wenn wir davon ausgehen, daß die Wesenheit 'Jung' hier zu uns spricht – er Schwierigkeiten hat, sich zu artikulieren. Es ist auch zum erstenmal, daß solch ein Experiment vor einem so großen Kreis und vor einer Fernsehkamera durchgeführt wird. Also, der Kontakt dürfte jetzt abgebrochen sein.*

René: *Ja, es sind zu viele Irritationen im Raum. Aber allein, daß er überhaupt durchgekommen ist, zeigt, daß sich das verbessern läßt.*

R.H./RTLplus (zum Publikum): *Das Medium hat derzeit eine meßbar niedrigere Körpertemperatur.*

(an mich gerichtet): *Kommt das öfter vor, daß der Kontakt nach so kurzer Zeit wieder abbricht?*

René: *Nur wenn die Umstände gänzlich unpassend sind. Es ist einige wenige Male bisher passiert.*

Kamera aus. Die ersten Teilnehmer verlassen frustriert die Pyramide.

R. H./RTLplus (zum Publikum): *Ein Argument für Skeptiker wäre jetzt vielleicht, wenn Mira hier Theater spielen würde, hätte Sie nun bestimmt eine Stunde lang durchgezogen – aber es hat eben nicht sollen sein. Möchte jetzt noch jemand vom Tonband etwas hören?*

Mann: *Ja, ich hätte noch eine Frage.*

R. H./RTLplus: *Nun, jetzt ist es zu spät. Ich hatte doch vorhin aufgefordert, Fragen zu stellen.*

René: *Sie können die Frage trotzdem einfach so in den Äther stellen. 'Jung' hört sie sicherlich und wird sie dann eben zu späterer Gelegenheit beantworten.*

Mann: *Es ist aber eine sehr makabre Frage.**

Unter den im Raum verbliebenen Gästen setzte eine intensive und emotionell erregte Diskussion über die Abbruch-Ursache ein, wodurch wir erst erfuhren, welche für unsere Arbeit fatale Präfixierung der Teilnehmer durch den RTL beratenden Para-

---

* Diese Anfrage bedürfte eines eigenen Kapitels, zumindest das, was sich aus dieser Frage heraus entwickelte – es gehört aber nicht ganz in diesen Rahmen und sei deshalb nachfolgend nur angedeutet.

Ein älterer Herr verbrachte seit Jahren wortwörtlich schlaflose Nächte, weil er aus gewissen Umständen nicht sicher sein konnte, ob seine verstorbene Frau auch in dem Grab liegt, das er oftmalig zu besuchen pflegte. Die extrem dramatische Geschichte des Todes jener wagemutigen Frau und die mysteriösen Erfahrungen des nur aus Gründen der Erlösung aus jener Problematik am Seminar teilnehmenden Gastes berührte Mira so sehr, daß sie unbewußt bereit war, sich in der Sache zu engagieren, obwohl wir ansonsten mit üblicher Totenkommunikation nichts weiter zu tun haben wollen.

Während einer von Mira an einem anderen Klienten ausgeführten Pränatalmassage meldete sich jene verstorbene Frau erstmals medial an, indem sie den Namen ihres Mannes rief. Das führte schließlich im Apartment des Herrn zu einem von Mira ermöglichten Kontakt zwischen den getrennten Eheleuten. Nachdem dieser Informationsaustausch sämtliche schlafraubenden Probleme des Mannes löste, war dieser dadurch derart in Euphorie geraten, daß er sich als einziger(!) für den wenige Tage später stattfindenden Feuerlauf weder vorbereitete, noch sich an den glühenden Kohlen die Füße verbrannte.

Vielleicht findet sich gelegentlich ein Weg, die gesamte Geschichte zu erzählen, falls wir die Erlaubnis dazu erhalten.

psychologen kurz vor der Trance geschehen war.* Ich vergaß wegen der Umstände, meinen Tonrekorder abzuschalten, wodurch wir in der Lage sind, nachfolgend einige die Situation illustrierende Ausschnitte zu präsentieren:

Publikumsstimme: *Darf ich auch einmal was sagen. Ich habe diese Masse an Menschen heute abend als solch eine Bedrükkung erlebt, und ich kann mir vorstellen, daß Mira als Medium das auch irgendwie empfunden hat.*

Publikumsstimme: *Ja, es war fast eine Stimmung, wie früher in Rom, als die Leute geschlachtet wurden.*

R. H./RTLplus: *Nein, also daß war es sicher nicht. Nein, nein, nein, nein. Menschen, die hierher kommen, sind zumindest der Sache geneigt. Das sind andere Geschichten, wo Menschen hinkommen, die alles kaputtmachen möchten.*

Mira: *Da wäre 'Jung' ja gleich gar nicht gekommen.*

Publikumsstimme: *Entschuldigt schon, aber ein bißchen was ist da schon dran an dem, was der junge Mann sagt.*

Publikumsstimme: *Ich glaube schon, daß die Worte von Elmar im Saal drüben von vornherein ziemliche Skepsis aufgeworfen haben.*

Mira: *Ich kann Euch nur sagen, mit Euch kam etwas in den Raum mit herein, das war komplett kalt. Jetzt verstehe ich erst, warum 'Jung' auf Renés Frage sagte, daß er sich offene Herzen wünsche. Aber genau das Gegenteil war bei Euch dann der Fall.*

Referent W. F.: *Das ist die sicherste Methode, solche Phänomene zu verhindern.*

Mira: *Es war eiskalt. Deswegen ist er auch gegangen, denn er kann nur über das Herz reden.*

Teilweise geht entrüstetes Raunen durch die Reihen.

René: *Im Kern geht's doch bei dem Wirbel darum, ob es der 'Jung' ist oder nicht, der da spricht. Vielleicht sollte ich nochmals festhalten, das wir das zwar glauben, aber für Euch kann es völlig egal sein, wer da spricht. Wem die Inhalte wertvoll*

---

* Eine besondere Pointe daran ist, daß wir im Rahmen unserer vertraglichen Vereinbarungen mit dem Etora-Seminarzentrum einen Vordruck unterschreiben mußten, in dem wir uns damit einverstanden erklärten, daß ›Journalisten, die positiv berichten wollen, der Zugang zum Seminar und Forum ermöglicht wird‹.

genug sind, der soll sie nehmen, und die anderen sollen sie eben liegenlassen. Ist doch im Grunde ganz einfach, oder?

Publikumsstimme: *Ich denke, wenn es dazu beiträgt, das Bewußtsein der Menschen wachzurütteln, dann hat es doch schon etwas geholfen. Ob der 'Jung' sich nun bewiesen hat oder nicht.*

R. H./RTLplus: *Ich gehe immer davon aus, daß allein solche Diskussionen schon sehr wichtig sind. Das muß auch ausgesprochen werden. Wir sind nicht solche einfachen Gläubigen, die hätten gleich in der katholischen Kirche bleiben können.*

Mira: *Um Gottes willen. Das würden wir auch nicht wollen.*

René: *Daß wir selbst auch nicht gerade bitterernst an solche Sachen rangehen, habt Ihr doch spätestens an unserer Verulkung der Tonbandstimmenforschung merken müssen. Obwohl wir, nebenbei, diese Forschung durchaus achten und für voll nehmen.*

Referent W. F.: *Es ist ein Unterschied, ob ich meine Skepsis hinterher, bei der Analyse der Ergebnisse einbringe, oder schon vorher. Wenn ich das aber schon in der Vorbereitung tue, verhindere ich doch die Phänomene.*

Tumultartiges Stimmen-Durcheinander.

R. H./RTLplus: *Man muß dem Elmar aber doch auch sein Individuum lassen.*

Referent W. F.: *Moment einmal. Man muß sich doch im Interesse der Angelegenheit selbst auch ein bißchen herausnehmen können und die Sachen erst mal passieren lassen. Hinterher kann man ja all seine Kritik wieder reinnehmen.*

E. G./RTLplus: *Wie wir jetzt sehr wohl hören, ist es ja so, daß nicht jeder skeptisch ist. Es gibt ja genug Leute hier, die wollen trotzdem noch mit offenem Herzen –*

Meine Frau unterbrach den Parapsychologen schroff.

Mira: *– das Falsche hören!*

Referent W. F.: *Die Leute wurden doch schon programmiert, bevor sie hier hereinkamen. Da wurde ein morphogenetisches Feld aufgebaut, das wirkte doch von drüben bis hier herüber.*

E. G./RTLplus: *Wenn man mit einer Aussage gleich Leute programmieren könnte, dann wäre es ja schrecklich bestellt.*

Mira: *O ja, das kann man.*

Referent W. F.: *Es sind doch an die 80 Leute hier, da ist doch eine ziemliche Gruppendynamik drin.*

Publikumsstimme: *Aber wir haben ja alle noch unsere eigenen Augen. Ich glaube ganz bestimmt nicht, daß Mira uns was vorspielen will. Aber wenn jemand da ist und offene Kritik äußert, ist es auch sein gutes Recht. Wir alle sind doch in der Lage, für uns selbst zu entscheiden, was wir schließlich davon halten. Da kann man jetzt nicht einem von uns die Schuld geben, weil es nicht geklappt hat, weder der Mira noch dem Elmar, nur weil es uns jetzt nicht paßt, weil wir uns etwas anderes vorgestellt und erwartet haben.*

Applaus.

Referent W. F.: *Im Grunde ist ja alles richtig, so wie es passiert. Ich hoffe nur, daß wir alle daraus lernen.*

René: *Soll ich jetzt zum Trost aus den Gesprächen der letzten Tage Passagen abspielen?*

R. H./RTLplus: *Paßt auf, lassen wir jetzt vielleicht einmal fünf Minuten vergehen, damit alle jene, die rausgehen wollen, nicht mit einem negativen Aspekt oder Schuldgefühlen rausgehen und die anderen etwas Luft schnappen können. Mir ist das im Moment auch zuviel, ich gehe auch. Das heißt aber noch lange nicht, daß ich daran kein Interesse mehr habe. Das ist keine Abneigung, gar nicht.*

Stimmenwirrwarr. Tonband Ende.

Eine kleinere Gruppe hörte noch die von mir vorgeschlagene Tonbandwiedergabe von vorangegangenen Gesprächen und diskutierte mit uns noch bis tief in die Nacht hinein. Mira war einigermaßen aufgewühlt durch die unangenehme Schwingung und nahe daran, die Koffer zu packen.

Auf dem Heimweg ins Apartment nach dem abendlichen Eklat wurde Mira zu guter Letzt nochmals von einer Teilnehmerin bedrängt, daß sie einfach nicht verstehen könne, warum von 'Jung' kein Beweis seiner selbst kommt. ›Selbst Jesus hatte den ungläubigen Thomas in seine Wunden greifen lassen, um zu beweisen, daß er auferstanden sei! Da wäre es doch nur billig und recht, wenn 'Jung' auch Farbe bekennen würde.‹ Mira wußte nichts mehr darauf zu sagen und legte sich niedergeschmettert schlafen.

Als wir während unseres frühmorgendlichen Spaziergangs an den rauhen Klippen von Playa Roca über die vermessene nächtliche Beweisforderung sinnierten, kamen die Schutzwesen Miras durch und gaben uns einen bestürzenden Kommentar dazu:

»Diese Art von Menschen waren es auch, die zu der Brutalität fähig waren, Jesus ans Kreuz zu nageln, um ihn dann mit den Worten ›Wenn Du wirklich Gottes Sohn bist, dann steige herab!‹ zu verhöhnen. Wenn es um das Beweisen ginge, dann wäre Jesus auch heruntergestiegen. Wir alle sollten doch verstehen, daß es um diese Form von Bestätigung nicht geht, sondern um unsere Wandlung und unser Erkennen jenseits von Beweisen.«

72. Kontakt – 7/4/88 – 10.30 h – Dialog mit Rainer Holbe/RTLplus

RTLplus boykotiert CGJ zwei

Um die vorherrschende Stimmung und die auf uns noch zugekommenen Turbulenzen rundum verstehen zu können, sei auch angemerkt, daß es auf dem Kongreß einen weiteren Gegner gegen unsere Aktivitäten gab. Der – laut Aufdruck auf seiner Autogrammkarte, die er selbst verteilte – ›internationale Erfolgsautor Johannes Freiherr Treusch von Buttlar-Brandenfels‹ war auf Mira schon sauer, seit sie ihn in den ersten Tagen in ein Gespräch verwickelte. Nicht wissend, wen sie vor sich hatte, bot sie dem Herrn eine Pränatalmassage* an, als sie spürte, wie gut er diese gebrauchen könnte. Fortan hatte Herr Buttlar in aller Öffentlichkeit nur noch beißende Bemerkungen übrig, sobald ihm Mira ins Blickfeld kam. Etwa während seines mitternächtlichen, aufwendig unter freiem Sternenhimmel an einem Kratersee inszenierten Vortrags

---

* Die auch unter dem Namen Metamorphische Methode bekannte Therapie ist eine Weiterentwicklung der Fußreflexzonenmassage. Sie geht davon aus, daß sich die Energiemuster des Lebens während der vorgeburtlichen Phase (ver-)festigen. Durch spezielles Massieren des Reflexbereiches der Wirbelsäule an Füßen, Händen und Kopf kann auf diese pränatalen Prägungen Einfluß genommen werden, was eine innere und äußere Wandlung in Richtung auf unser ursprüngliches, ganzheitliches Wesen ermöglicht. Ohne Zweifel eine wichtige Therapieform der Neuen Zeit.

über eine ›phantastische Reise durch Raum und Zeit‹, wo er nicht umhin konnte, zwischendurch immer wieder ätzend über 'Jung' herzuziehen. Welche unbewußte Motivation dahinter stand, war uns damals noch nicht so klar. Wir registrierten nur voller Verwunderung die geballte Ablehnung unserer Arbeit.

Zwei Tage nach der von 'Jung' vorzeitig verlassenen Trance-Sitzung in der Pyramide reagierte das Publikum immer noch hochemotionell. Im Eßraum und allerorten wurde uns von einem Teil der Zentrumsgäste aggressive Schwingungen entgegengebracht. Viele waren verunsichert, ob denn bei uns alles mit rechten Dingen zugehe oder ob wir vielleicht eine raffinierte Show abzogen. Andere Gäste wiederum bestärkten uns, uns durch solche Querschläge nicht in unserem Weg irritieren zu lassen.

Rainer Holbe entschuldigte sich zwar indirekt bei uns für die vorgestrige tendenziöse Vorbereitung des PSI-interessierten Auditoriums durch seinen Adlatus Elmar Gruber, er war aber auch selbst von der unangenehmen Stimmung hin und her gerissen. Da es jedoch unsere vertragliche Aufgabe war, vor Ort mit Live-Kontakten zur anderen Welt die Ereignispalette zu bereichern, bot ich trotz der spannungsgeladenen Situation Rainer Holbe – unter der Bedingung des Ausschlusses der ›Öffentlichkeit‹ – einen weiteren Versuch an. Das Ergebnis könne dann per Video immer noch dem frustrierten Publikum serviert werden. Gesetzt, er könne uns streßfreie Umstände arrangieren, war Mira schließlich auch – obgleich ihr bei der Sache nicht mehr wohl war – zu einer weiteren Gesprächsrunde mit 'Jung' bereit.

Im Apartmentinnenhof der etwas abgelegeneren Unterkunft des RTLplus-Filmteams wurde schließlich unter freiem blauen Himmel die neuerliche Sitzung vorbereitet (siehe Fotos Seite 202). Anfangs sahen die Umstände wiederum nicht besonders erfolgversprechend aus, denn Hundebellen aus der Ferne, Kinderweinen vom Swimmingpool herüber und der Arbeitslärm eines Bauarbeitertrupps, der die Ferienanlage weiter vergrößerte, waren allesamt mißliebige Faktoren, die einer wohltemperierten Trance nicht gerade förderlich sind. Daß diese Geräuschkulisse von Vogelgezwitscher leicht übertönt wurde, war indessen positiv zu werten.

Mira hatte in einer runden gepolsterten Rattan-Sesselschale Platz zu nehmen, um ein kesses Bild herzugeben. Der Sitzplatz war aber nicht gerade optimal, da die Wirbelsäule während der Trance möglichst nicht gekrümmt sein sollte. Mit Rückenpolstern lösten wir schließlich auch dieses Problem.

Während des wiederum langen Einrichtens der Technik klemmte auch ich neuerlich mein kleines Ansteckmikrofon an Miras Pulloverkragen und verlegte das dünne Kabel möglichst wenig sichtbar hin zu meinem Aufnahme-Walkman. Den beiden (für solch sensible Aufgaben nicht gerade geeigneten) Technikern paßte das nicht, es störe angeblich die professionelle Tonaufnahme und solle sich auch im Bild schlecht gemacht haben. Nach einigem Hin und Her meinte Rainer Holbe, da wir ja (als symbolisches Honorar) ohnehin eine Video-Kopie bekämen, könne ich doch auf das Mikro verzichten und mir den Ton dann vom Video abspielen. Mit diesem Argument zufriedengestellt, nahm ich das Mini-Mikro wieder ab und legte es zusammen mit meinem Aufnahmerekorder außerhalb des Bildausschnittes in etwa dreieinhalb Meter Entfernung von Mira auf dem Festerbrett ab, vergaß allerdings glücklicherweise meinen auf Aufnahmebereitschaft eingestellten Rekorder abzuschalten. Hier sollte der Leser wissen, daß dieses Gerät einen einstellbaren Lautstärke-Sensor besitzt, der ab einem gewissen Geräuschpegel selbstätig die Aufnahmefunktion auslöst. Mit diesem Gerät hatte ich seit einiger Zeit ganz passable Ton-Mitschnitte unserer Übermittlungen zustandegebracht, ohne während der Trance technisch viel hantieren zu müssen. Allerdings überwache ich normalerweise den Lautstärkepegel während der Aufnahme.

Meinem unbewußten Mißtrauen dem RTLplus-Team gegenüber und diesem Spitzenmikrofon samt Soundsensor ist es zu verdanken, daß wir Ihnen nachfolgend zumindest Fragmente des Dialogs mit Herrn Holbe präsentieren können. RTLplus hat sich nämlich entgegen der Zusage seines Vertreters im nachhinein standhaft geweigert, davon eine Video-Kopie für uns anzufertigen. Dies hat inzwischen zu einer mehrjährigen rechtlichen Auseinandersetzung und einem dicken Ordner voller Anwaltskorrespondenz geführt und ist bis heute nicht abgeschlossen. Darüber später einige Details, hier nun vorerst die in langwieriger, ohrenschmerzender Arbeit mühseligst aus dem Grundrauschen des Tonbandes herausgefilterten Bruchstücke des Gespräches zwischen Rainer Holbe und CeGe Jung, hauptsächlich zum Thema Atlantis.

Holbes laute, sonore Stimme ist auf der Cassette klar und deutlich zu hören, während Miras beziehungsweise 'Jungs' relativ leise Trance-Stimme leider den Sensor des öfteren zum Ausschalten der Aufnahme bewegte. Die von uns – weil im Grundrauschen fast untergegangenen – eigentlich nur noch vermutbaren Gesprächsteile wurden in Klammer in den Text eingeschoben. Die gar nicht recherchierbaren Passagen sind platzmäßig durch Punkte, die ich vor und nach der Trance machte, ersetzt, um – falls wir doch noch in den Besitz einer RTLplus-Kopie kommen sollten – die verloren gegangenen Worte in der nächsten Auflage dieses Bandes einsetzen zu können.

Als die Trance schon beginnen sollte, gab es nochmals eine unvermutete Behinderung. Vielleicht aber hätten wir sie besser damals schon als Omen sehen sollen? Der Wind hatte nämlich mit einem Knall das nächstliegende Fenster so laut zugeschlagen, daß sich meine schon in Trance gegangene Frau erst von diesem Schrecken erholen mußte, bevor 'Jung' endgültig durchkam. Zu sagen wäre noch, daß sich 'Jung' zwecks TV-Eignung des Dialogs merklich auf ein für breitere Kreise geeignetes sprachliches Niveau begab. Durch die Auslassungen sind die verbliebenen Bruchstücke allerdings trotzdem teils schwer verständlich.

C-G-J: ***................. Sie sprechen. Ich begrüße alle hier anwesenden Menschenkinder und übermittle aus tiefstem Herzen die Freude der jenseitigen, unsichtbaren Welt. Diese Freude, die ein Teil Eures Bewußtseins darüber empfindet, daß Worte aus einer unsichtbaren Quelle gesprochen werden können, sollte in Euch die Hoffnung erwecken, daß auch Ihr eines Tages das Bewußtsein dieser jenseitigen Welt in Euch erlebt.***

Wir möchten die Botschaft aussprechen, daß wir ein Teil Eures Bewußtseins sind. Wir sind keine Jenseitigen, wir stehen nur hinter einer Wand. Diese für Euch scheinbar undurchdringliche Wand besteht jedoch nur in Euren Gedanken, in Euren unterbewußten Projektionen und negativen Wünschen.

Sobald ein Menschenherz bemüht ist, wieder an seine Kindheit und das Kind in ihm selbst zu glauben, wird in ihm auch die Wahrheit des Lebens und des Lichtes wieder auferstehen.

R.H./RTLplus: *Wir bedanken uns für diese Begrüßung. Die Frage mag Sie vielleicht jetzt etwas irritieren, aber: Sind Sie in unserer Ebene Carl Gustav Jung gewesen?*

C-G-J ***.................. Leben .... nannte man mich Carl Gustav Jung. Ich identifiziere und erinnere mich nicht mehr gerne, denn ich bin in einer Dimension, (in der ich weitergegangen bin) .... sein werdet. Ich bin gekommen, um mit Euch zu kommunizieren. ..... versuchen wir in Euch das spezielle Bewußtsein anzusprechen, das in Euch noch begraben liegt. Diese Möglichkeiten, Euch zu entwikkeln, diese Chancen .... ist der einzig mögliche Weg .... wollen wir versuchen, auf dieses Schauspiel einzugehen. (Wir mögen) vielleicht in den Augen der Welt nicht real .... wir auch als Teil Eures Selbstes. .... logische Verstand sollte ein Brückenschlag sein zu den Welten, aber er darf nicht ....***

.... im Namen vieler hier herübergegangener Wesen, denen es ein Bedürfnis ist, mit Eurem Bewußtsein zusammenzukommen. Wir selbst müssen auch diesen Brückenschlag schlagen und vielleicht .... Ihr Glaube bewirkt auch unseren (Glauben). Der Glaube der Diesseitigen beeinflußt auch die Möglichkeit –

Rainer Holbe unterbrach 'Jung' etwas respektlos.

R.H./RTLplus: *Sie waren auf unserer Ebene ein großer Psychiater. Arbeiten Sie denn auch auf –*

'Jung' unterbrach Holbe ebenso abrupt.

C-G-J ***Jawohl. Ich arbeite in einer Gruppe, und es kommen viele Menschenkinder mit großen Nöten zu uns. Wir fühlen und merken hier sofort eine Gemeinsamkeit –***

Holbe unterbrach wieder, scheint's um mehr Dynamik in das Gespräch zu bringen.

R.H./RTLplus: *Das heißt, Sie sind weiterhin ein Arzt der Seele?*

C-G-J ***....... sollte ein Vorbild für die Möglichkeiten in Eurem Bewußtsein sein, in Eurer Schwingungsebene. Sie ist äußerst produktiv, und wie René schon mal festgestellt hat*,***

* Ich hatte zu Mira vor längerer Zeit mal geäußert, daß ich manchmal das Gefühl hatte, als ob nicht nur 'Jung' alleine durchkäme, sondern eine Art Mischung von mehreren Wesenheiten, eventuell der Gruppengeist seiner Forscherrunde. Mich verwunderte, daß er gerade in dieser Sitzung darauf hinwies und nie zuvor dieses Thema ansprach.

kann man manchmal aus den Durchgaben nicht mehr die Persönlichkeit eines einzelnen Menschen (lesen), sondern es kommt in diesem Wissen auch viel Erkenntnis von anderen Individuen (fest) .... zusammen. Wir möchten uns nicht als Persönlichkeiten darstellen. Wir haben hier die Möglichkeit, uns zu entspannen und wegzu(gehen von Streitigkeiten) ....

.... Möglichkeiten, jenseits der Grenzen von Zeit und Raum. Ich möchte sagen, es gibt hier auch Zeit und Raum .... ist es eine andere Art des geistigen Erlebens und eine andere Art zu geben .... (Unsere Anlagen) und Strukturmuster sind erweitert. Unser Bewußtsein liebevoller miteinander (umzugehen) .... zu sehen.

R. H./RTLplus: *Herr 'Jung', können Sie uns denn aus Ihrer Ebene etwas zu Atlantis sagen? Hatte Atlantis eine historische Wirklichkeit? Wer waren die Atlantider? Sind wir möglicherweise wiedergeborene Atlantider?*

G-G-J: ***Lassen Sie mir eine kurze Zeit.***

Pause. Wahrscheinlich wegen Instabilitäten in 'Jungs' Channel.

G-G-J: ***........... Reden wir doch über die Zeit .... Die Zeit zeigt sehr, sehr viel mehr. Die Illusion der Erfahrung ist ein Phänomen. In einem erweiterten Bewußtseinszustand können wir Dinge und Ereignisse, die Jahrmillionen zurückliegen, wahrnehmen und können im selben Augenblick in der Zeit reisen, (die wirklich etwas bewirkt). Wie real ist es, was wir in der Vergangenheit erlebten? (Was ist) der Unterschied zwischen Realität und Erinnerung, Ereignis und Wahrnehmung?***

.... die Grenze zwischen .... und Verstand aufzulösen ..... und wir .... eine Schockwelle in einen anderen Bewußtseinszustand übergehen, erfahren wir die Möglichkeit der Bewußtseinstransformation, indem wir einen bewußten Augenblick herausgerissen werden. .... Bewußtseinserweiterung uns selbst durch Erfahrung der Vieldimensionalität unseres Bewußtseins .... zurücklegen möchten in ein früheres Leben. Es behindert Sie wahrscheinlich nur der Verstand. Alles, was Sie jemals erlebten, lebt, wirkt und ...... in Ihrem (Bewußtsein). .... allerdings nicht nur Ihr Leben lebt und wirkt. Es leben Hunderttausende Seelen (mit) Bewußtsein

.... in Ihnen. (Es ist) unmöglich, hier eine Trennungslinie zwischen persönlicher Erfahrung und dem kollektiven Bewußtsein .... (zu ziehen). .... beinhaltet alles, was jemals von einem einzigen Individuum – was auch immer – erlebt, aus der Erfahrung durchlitten (wurde). (Es ist) in unseren tiefsten Schichten nicht getrennt, auch nicht ....

.... der Unterschied zu persönlicher Erfahrung .... liegt in uns selbst, in der Konzentration des personifizierten Geistes, im Individuationsprozeß, um auf konzentrierteste Art und Weise den .... eines Archetypus bewußt zu machen. Wir alle sind ein Teil dieses Universums.

R.H./RTLplus: *Wir sind hier auf der Insel Lanzarote. Ich möchte doch vielleicht versuchen, von Ihnen konkret zu wissen, ist dieses Lanzarote ein Überbleibsel dieses Kontinents Atlantis?*

G-G-J: Warum erzählen wir Märchen? Sind Märchen Märchen? Es sind (gewisse) Inhalte aus unserer Seele, die darauf warten .... aus Ihrem Seelengrund. .... verschiedenste Bilder und Erfahrungen schlummern .... der Beweis dafür, daß Atlantis existiert. .... existierte .... Die Erlebniswelt des Geistes scheint nicht auf diese (Traumzeit) beschränkt zu sein.

(Allerdings) scheint es zu sein, daß eine gewisse (Polarität) .... von Raum und Zeit ...... gewisse Strukturmuster und gewisse Erinnerungen unserer Seele aus der (unbewußten Welt) des Individuums an das Tageslicht (dringen). So ist auch .... daß zu einem gewissen Zeitpunkt verschiedene Neigungen, die (natürlich) auch existierten, aus dem Unbewußten der Menschheit wieder auferstehen und über die Verstandeskraft (wieder) den Zugang bekommen zu dieser .... Zeit.

Diese Art der .... offensichtlich Wesen einerseits im höchsten Bewußtsein sich direkt materialisierten .... Wesen, die sich in der physischen Welt, auf diesem Planeten, auf dem Erdteil, worauf Atlantis sich befand, entwickelten. .... diese höchst entwickelten Wesen, konnten sie kommen. .... bei Offenheit das Bewußtsein dieser physisch inkarnierten Wesen es zulies.

Nach meinen Recherchen hatte es nicht nur physisch Inkarnierte gegeben. .... Fähigkeit bestand darin, daß die phy-

sischen Wesen in Kommunikation mit diesen feiner schwingenden Wesen standen, auf derselben Ebene kommunizierten und lebten.

Was dieses Mädchen durchgegeben hat, ist durchwegs richtig*. .... so zu sein, daß diese physisch Inkarnierten in Atlantis .... das Bewußtsein hatten, mit feiner schwingenden Wesen direkt zu leben. .... gab es diese Trennungslinie für einige der inkarnierten, physisch schwingenden Atlantiden nicht. Der Unterschied zur heutigen Erlebnisfähigkeit liegt darin, daß wir – ich zähle mich auch dazu – gerade beginnen, dieses Zusammenspiel der Welten realistischer zu erfahren und zu erleben. Ich nehme an, ... ein Phänomen, das sich in großem Ausmaß fortpflanzen wird .... –

Der Kameramann deutete mir an , daß sein Filmmaterial gleich zu Ende gehe, daher griff ich abrupt ein.

René: *Herr 'Jung', darf ich Sie kurz unterbrechen. Wir wechseln jetzt rasch die Kassette und bitten Sie, dann weiterzusprechen. Es dauert etwa eine halbe Minute in unserer Zeitwahrnehmung.*

C-G-J: ***Ich kann nicht mehr lange bleiben. ..... möchte noch etwas sagen. Hier herüben gibt es viele verschiedene Wesen, aber bei weitem können sich nicht alle an ihre früheren Leben erinnern. Es scheint so zu sein, daß diese verschiedenen Ebenen des Bewußtseins sich auch hier widerspiegeln. Und insofern ist da kein gravierender Unterschied zwischen meiner Person und der Persönlichkeit, die sich jetzt nicht einmal identifizieren kann. Ich bin eben verschiedenen Beschränkungen ausgesetzt. Ehrlich gesagt, ich war es auch im Diesseits .... (umzugehen), daß es auch im Jenseits die Kommunikation mit dem Überselbst auf den verschiedenen Ebenen gibt. .... vielleicht erst .... entwickelt zu werden.***

.... Bewußtsein ist .... der da spricht. .... Wenn Ihr Eure tiefsten Schichten fühlt, wird Euch nichts verborgen sein. Wenn Sie noch Fragen ...., denn ich muß wieder gehen.

---

* Holbe sprach mit uns einige Tage zuvor über ein griechisches Medium, dessen Durchgaben eines weisen Atlantiers damals in einer Zeitschrift publiziert worden waren.

R. H./RTLplus: *Ich möchte kurz zu Atlantis noch eine Frage stellen. Kann es sein, daß das Bewußtsein von Atlantis die Kommunikation mit den feiner schwingenden Wesenheiten –*

'Jung' unterbrach.

G-G-J: ***So ist es!***

R. H./RTLplus: *Kann es sein, daß diese Kommunikation für das kommende Zeitalter wieder aufgenommen werden kann?*

G-G-J: ***Dieses Bewußtsein bedingt .... Schichten .... Struktur von Zeit und Raum, die Qualität geistiger Strukturen und der kosmischen Strahlung bewirkt eine Wiederbelebung dieses unterbewußt gespeicherten Wissens.***

Ich grüße Euch im Namen des höchsten Bewußtseins und verabschiede mich.

R. H./RTLplus: *Herr 'Jung', wir bedanken uns. Es war sehr interessant.*

Mira kam sehr langsam aus der Trance und stöhnte und ächzte etwas dabei. Die Kamera lief noch weiter.

R. H./RTLplus: *Warst Du tief drin?*

Mira (zu René flüsternd): *Massier' mir bitte die Hände.*

René (während des Massierens): *Kannst Du zur Trance noch etwas sagen?*

Mira: *Mir ist nur schwindlig, sonst gar nichts. Es ist ein irres Gefühl, wenn er weggeht.*

R. H./RTLplus: *Ist es schmerzhaft?*

Mira antwortete nicht, denn sie hatte noch zu tun, vollends zurückzukommen.

R. H./RTLplus: *Weißt Du denn jetzt noch, was Du gesagt hast? Hörst Du da als Zuhörer mit? Hast Du irgendeine bildliche Vorstellung? Siehst Du den 'Jung' in Persona? Hast Du irgendwie eine Vision?*

Mira: *Ich kann Dir nur sagen, es ist momentan ein so starkes Gefühl der Liebe da. Das kann man nicht ausdrücken.*

Mira war von der Diskrepanz des Fragenbombardements Rainer Holbes und mehr noch von ihrer emotionellen Erfahrung einer hohen Liebesschwingung sehr erschüttert und begann zu schluchzen.

Mira (weinend zu Holbe): *Weißt Du, was so seltsam ist. Manchmal hab' ich mittendrin gar nicht so ein starkes Gefühl. Erst wenn ich selber zurückkomme –*

R.H./RTLplus: *Fühlst Du Dich von 'Jung' geliebt?*

Mira: *Es ist viel mehr. Ich habe das Gefühl – ich meine, was ich von heute sagen kann –, es muß viel mit seinem Überbewußtsein direkt zu tun haben, mit dem Selbst, das in Jung mal gesteckt hat, so kann man das vielleicht sagen.*

Also, wenn Euch das interessiert: Sobald die Trance anfängt, nehme ich ganz leicht wahr, daß so etwas wie eine Person kommt. Zuerst ist es wie eine Vorstellung und plötzlich fühle ich, wie wenn mich am Körper etwas berührt. Das löst in mir eine feine Empfindung aus, aber es ist noch mehr, so daß ich dann wirklich in einem anderen Bewußtsein bin. Heute war es so, daß er mich wirklich sehr tief und .... Während er bei jener versuchten Live-Show nur kurz da war und wieder wegging, als die Fragen kamen.

René: *Als Du vorhin so gezittert hast, war Dir da kalt, oder war er so intensiv da?*

Mira: *Mir war nicht kalt. Es sind die Energien. Ich zittere jetzt noch am ganzen Körper.* (an Holbe gerichtet:) *Weißt Du, wenn er aussteigt, wird mir manchmal irrsinnig kalt.*

R.H./RTLplus: *Kann man sagen, daß Dein Bewußtsein während dieser Zeit aus Dir heraustritt? Oder sind beide Bewußtseinsebenen vorhanden?*

Mira: *Es ist komplett von meiner Individuation weg. Das, was da sitzt oder die Mira* (Satz unvollendet) *– Ich bin dann nur auf das konzentriert, was sich eben abspielt. Ich erlebe es einfach als ganz intensiven Zustand – ach, ich kann es nicht beschreiben!*

R.H./RTLplus: *Okay, wir hören jetzt hier mal auf.*

Die Kamera stoppte.

René (zu Rainer Holbe): *Du siehst, wenn das richtige Arrangement da ist, dann klappt es auch.*

Mira: *Wenn der Showeffekt weg ist. Heute war eine andere Schwingung da. Auch die Geräte waren nicht mehr feindlich für mich.*

R.H./RTLplus (zum Kameramann): *Ursprünglich wollten wir ja nur noch eine Tonaufnahme machen. Aber da dieses Gespräch so stark verlaufen ist – war ich mit drin oder immer nur angeschnitten?*

Kameramann: *Meistens bin ich groß auf ihr stehengeblieben, denn es hat sich ja sehr viel mit ihr getan.*

R.H./RTLplus: *Kann man vielleicht etwas nachstellen?*

Kameramann: *Wir haben Glück gehabt, daß wir hier im Schatten gesessen haben. Zehn Minuten später, und wir hätten das Licht nicht mehr verkraftet.*

R.H./RTLplus: *Du meinst, wir brauchen nichts mehr machen.*

Mira: *Muß denn heute noch eine Trance sein?*

R.H./RTLplus: *Eine Trance muß gar nicht mehr sein. Wir wollen nur irgendwo raus hier und später noch ein Interview machen.*

Wir haben schließlich noch mehrere ›Takes‹ gedreht. Einmal einige Minuten Spaziergang von Mira und mir in der Apartmentanlage und eine tolle Szene am zerklüfteten Ufer weit weg vom Zentrum. Mira sollte während der Ebbe auf einen schon an die hundert Meter weit draußen im Meer liegenden Lavafelsen klettern und dort im Lotussitz meditieren. Ich kletterte ihr nach und versteckte mich vor der Kamera, die am Ufer postiert war, hinter einem Felsvorsprung, um Mira nötigenfalls helfen zu können. Denn das Unternehmen war auf den scharfen und wegen der Algen rutschigen, bizarren Lavabrocken einigermaßen gewagt.

Mira meditierte ernsthaft eine halbe Stunde lang, und rund um sie stieg einstweilen die Flut immer höher, so daß sie schon den Fels völlig umspülte, und einige Brecher bereits ziemliche Wassergüsse über ihr abluden, bis endlich vom Ufer das ›Aus‹ von der Kameramannschaft kam. Mira hatte bis zum äußersten am Riff ausgeharrt, da sie sich in Neptuns Armen so sehr geborgen fühlte, wie sie mir später verriet. Kein Wunder, schließlich ist sie Wassermann mit Aszendent Fische. Der Film, der eigentlich zur bildhaften Untermalung eines Interviews mit uns gedacht war, muß optisch sehr stark geworden sein. Leider aber haben wir ihn nie zu Gesicht bekommen, auch das vorgesehene Interview wurde wegen der Intrigen nie mehr gemacht. Doch das eigentliche Ärgernis kam erst nach unserer Heimkehr zu voller Blüte.

Als abschließende Reaktion auf der Insel habe ich noch ein Memorandum formuliert, in dem ich unsere Absprachen mit dem einzig an uns herangetretenen RTLplus-Vertreter Rainer Holbe nunmehr schriftlich festhielt, und habe dieses Dokument sowohl Holbe als auch seinem betont unfreundlichen Regisseur übergeben. Dem Etora-Zentrum haben wir unsere weitere Mitwirkung am Kongreß aufgekündigt und nach gelungenem Tickettausch mit Gästen zwei Tage später dieses schaurige Gastspiel vorzeitig beendet.

Bevor wir allerdings von dieser Alptraum-Insel endgültig abhoben, gab es nochmals einigen Aufruhr, der zwar nur indirekt, aber dennoch engstens mit unserer 'Jung'-Aktivität zusammenhing.

Zum Wochenende war nämlich ein Feuerlauf über glühende Kohlen angesagt. Eine spirituelle Vertrauens-Übung, die in den letzten Jahren populär wurde und schon von vielen Leuten in aller Welt unbeschadet absolviert wurde. Für diese Übung hatte sich eine kleinere Gruppe von Teilnehmern eingetragen und die vorbereitenden Meditationen hinter sich gebracht. Das eigentliche Schauspiel hatten wir – nachdem wir uns schon von der Menge zurückgezogen hatten – von einem entfernten Felsen aus live beobachtet. Das Fazit: Bis auf einen Teilnehmer hatten sich sämtliche Feuerläufer schwere und schwerste Fußverbrennungen zugezogen, was sowohl ambulante ärztliche Behandlung nach sich zog, als auch die örtliche Polizei auf den Plan rief.

Interessanterweise war der schadlos gebliebene Feuerläufer gerade jener Mann, der an den psychischen Vorbereitungen nicht teilgenommen hatte und dem Mira mit ihrer medialen Gabe Tage zuvor noch aus großen psychischen Nöten helfen konnte (siehe Fußnote Seite 126). Dessen durch Mira verursachte Hochstimmung ließ ihn den Glutteppich spontan als ersten und schließlich auch einzigen Feuerläufer unverletzt überqueren! Ein markantes Beispiel dafür, wie vehement Stimmungen Erfahrungen beeinflussen können.

CeGe wies kurz nach diesem Menschengrill Mira auf eine nachts zuvor (!) geträumte Szene hin, in der sie sich in einer Küche ratlos vor unterseitig verkohlten Getreideleibchen fand: ›Die Leibchen seien als symbolische Vorboten für die angebrannten Leiber der Feuerläufer erschienen‹.

Apropos Träume: Auch ich hatte in Lanzarote einen Traum, auf den 'Jung' näher einging. Mir träumte, daß meine Mutter in Österreich unserem Sohn Manu radikal die Haare geschnitten hatte (Er wohnte zu dieser Zeit gerade bei ihr). Ich sah auch, wie sie seine schon auf einem Küchenbrett liegenden blonden Lockenbündel mit einem Kamm zurechtfrisierte. Gefühlsmäßig war ich im Traum sehr aufgebracht, weil meine Mutter die Haare, ohne mich vorher zu fragen, abgeschnitten hatte.

Als ich meiner Frau den Traum erzählte und wir – abgesehen von meiner Selbstinterpretation, daß sich derart vielleicht meine Trauer über das Ende der ersten Kindheit manifestiert – mit dem Inhalt nicht klarkamen, war 'Cege' plötzlich zur Stelle und erläuterte uns die Bedeutung, die ich auf den nächstgreifbaren Zetteln notierte:

C-G-J: ***Das Geschehen zeigt Ihre unbewußte Angst, daß Manu – wenn er zu lange von seinen Eltern weg ist – unter einen fremden Einfluß gerät, der sein unterbewußtes Wissen nicht zuläßt. Das heißt, seine Weisheit von seiner Persönlichkeit trennt.***

Der Traum zeugt weiterhin von der Angst, daß jene Weisheit, die Ihre Mutter bei Ihnen nicht zuließ, auch bei Ihrem Sohn verdrängt werden könnte, daß vielleicht dasselbe passiert – nicht aus Bösartigkeit, sondern aus Unwissenheit, aus Unkenntnis.

Ihre Mutter trennt unbewußt die Person Emanuel von der Persönlichkeit anderer Kinder als besonders ab. Das erleben Sie wiederum unterbewußt als Frustration. Sie sehen die Mutter als ein für die Schöpferkraft bedrohliches Symbol. Sie haben Angst, daß da eine Kraft ist, die Sie von der Weisheit des Unbewußten abschneiden kann.

Ich rate Ihnen, einen Befehl an Ihr Unterbewußtsein zu geben, damit es Sie, unabhängig vom Äußerlichen, die Weisheit des Unbewußten finden läßt.

In Ihrer Traum-Wut sehe ich die Angst vor Beschränkungen, die Sie selbst erlebten und nun auf Emanuel projizierten. Auch, daß diese Kraft, die jene Energien abschneidet, selbst unbewußt sein könnte, ängstigt Sie.

Das vorkommende Brett stellt das sogenannte ›Brett vor dem Kopf‹ dar. Der Oberkopf bedeutet allgemein die gedankliche Aktivität und bewußte Zukunft, während der untere Bereich und in diesem Fall die Locken das vergangene Wissen und Speicherbewußtsein repräsentieren.

Soviel zu den medialen Ereignissen auf Lanzarote, denen eine Menge anwaltlicher Korrespondenz folgen sollten.

RTL-Justiz

Den eigentlichen Stein des Anstoßes brachte letztlich der RTL-Kamerateam-Leiter ins Rollen, der sich überhaupt erst bei uns vorstellte, nachdem die beiden 'Jung'-Trancen gerade abgedreht waren. Als wir ihn fragten, wann wir denn die zugesagte Video-Kopie bekommen würden, meinte er nur trocken, daß er sich an diese Vereinbarung nicht gebunden fühle und Holbe solche Zusagen gar nicht geben könne. Wir waren einigermaßen perplex!
Mit Ach und Krach konnten wir noch durchsetzen, zumindest eine Minute lang in die eben gedrehten Aufzeichnungen auf dem Testschirm hineinsehen zu dürfen (s. Illustration S. 131), bevor wir aus dem Apartment komplimentiert wurden. Mit Erstaunen mußten wir am Abend vernehmen, daß Herr Elmar Gruber hingegen doch das gesamte Video, das wir bis heute nicht zu Gesicht bekamen, exklusiv begutachten konnte, beziehungsweise gemäß Holbes Information in den ärgsten Tönen ›beschlechtachtete‹ und den internen Beschluß durchsetzte, das Video auch dem Publikum nicht vorzuführen.
Diese Art von Fairness stand von da an ständig auf der Tagesordnung. Sogar der Zentrumsleiter, der bislang überall nur Frieden und Harmonie verströmen wollte, schloß sich – nunmehr über Polarisation philosophierend – der konservativen Mehrheit an.

Rainer Holbe, dem zunehmend unwohler in seiner Haut wurde, erzählte uns am nächsten Morgen zähneknirschend, daß ihn seine Crew faktisch vor die Alternative gestellt hatte, entweder er ziehe seine Sympathien und Ambitionen gänzlich von uns und 'Jung' ab, oder seine Leute kündigen ihm für immer die Mitarbeit auf. Notgedrungen hatte er uns daraufhin fallen gelassen und sich offiziell auf deren Seite geschlagen. Von einem seiner Mitarbeiter, den er in der Sendereihe ›Unglaubliche Geschichten‹ oftmals als Sachverständigen zu Wort kommen ließ, erzählte uns Holbe, daß dieser die Ergebnisse unserer 'Jung'-Arbeit als ›sinnlose Aneinanderreihung von Substantiva‹ bezeichnete, daß Mira ›psychotische Schübe‹ habe, an einem ›hysterischen Vaterkomplex‹ leide, ich ›diese Krankheit finanziell ausnutze‹ und einiges mehr in diesem Tenor.

Noch vor dem eigentlichen Ausbruch der Konflikte, gleich nach dem Check-up durch den Parapsychologen, hatte Mira eine dramatische intensive Vision, in der ihr mit einem Fallbeil der Kopf abgeschlagen wurde. Durch die nachfolgenden Ereignisse bestärkt, meint sie seither, daß die Attacken mit einem Machtkampf aus früheren Leben, mit einer uralten Geschichte, zu tun haben. Die Bereitschaft meiner Frau, an unserer spirituellen Pionierarbeit mit 'Jung' weiter mitzuwirken, war verständlicherweise auf dem absoluten Nullpunkt angelangt. Sie war von den geballten Aggressionen und der unsensiblen Stimmung derart überfordert und geschockt, daß sie zunächst sogar für einige Stunden verschwunden war. Mehr Worte will ich darüber nicht verlieren. Auch ich selbst bin noch heute fassungslos, wenn ich an die Szenen von damals zurückdenke.

Nun zum verrückten juristischen Ablauf der Geschichte, für den bereits vor unserer Abreise die Weichen gestellt wurden: Als uns nämlich die seltsame Hinhaltetaktik betreffend des 'Jung'-Videos zuviel wurde, überreichte ich sicherheitshalber Rainer Holbe und seinem Regisseur, einem gewissen Herrn Wienrich, je eine Niederschrift über die vor dem Mitschnitt mündlich getroffenen Vereinbarungen. Nachdem dies vor genügend Zeugen stattfand, versprach dieser sich wie ein Oberst gebärdende Aufnahmeleiter, uns binnen 14 Tagen eine Kopie der rund 40minütigen Mitschnitte zuzustellen. Wir müßten allerdings den Dienstweg gehen und die Cassette beim Kölner Sender schriftlich beantragen. Gesagt, getan. Als wir nach vier Wochen noch immer nichts von RTL hörten, haben wir urgiert. Wiederum fand keinerlei Reaktion auf unser Begehren statt, so drängten wir nochmals und nochmals darauf.

Da lagen nun in irgendeinem RTL-Archiv drei Cassetten mit den

Früchten unserer Arbeit, die uns mit fadenscheinigen Ausreden vorenthalten und somit auch der interessierten Öffentlichkeit verwehrt wurden.* Daß die Aufnahmen nun vergammeln sollten, anstatt ihrem Bestimmungszweck zugeführt zu werden, wollten wir uns nicht bieten lassen. Wir hatten zwar schon einige starke Stücke mit Journalisten und Massenmedien erlebt wie auch hinuntergeschluckt, aber dieser Exzeß ging uns doch etwas zu weit. So hoffen wir auf das Verständnis unserer Leser, wenn wir auf diesen Seiten anstelle 'Jung'scher Erkenntnisse jene leidige Sache ausbreiten. Wir tun dies, weil wir konsequent das Hintergrundgeschehen in unsere Dialog-Chronik miteinbeziehen, aber natürlich auch in der Absicht, uns damit zu wehren. Deshalb sei an dieser Stelle insbesondere allen TV-Reportern mitgeteilt, daß wir künftig nur noch auf der Basis schriftlicher Vereinbarungen zur Kooperation bereit sind und ansonsten auf Publizität verzichten werden. Um die Waage wieder ins Lot zu bringen, sei hier auch doppelt unterstrichen, daß wir mit einer Reihe von Presseleuten und Kommunikationsmedien durchaus erfreuliche Erfahrungen machten.

Mir wurde die RTLsche Hinhaltetaktik zu dumm und so bat ich einen Freund aus meiner Studentenzeit, seine nunmehr rechtsanwaltlichen Fähigkeiten für die Rettung unserer Trance-Aufzeichnung einzusetzen. Auf dessen anwaltliches Schreiben antwortete das RTLplus-Justitiariat mit der ausweichenden Erklärung, daß nur ungeschnittenes Film-Material vorliege und deshalb keine Kopie gezogen werden könne und versicherte uns zudem, daß das seinerzeit gedrehte Material nicht verwendet werden wird. Auf ein nächstes Schreiben meines Rechtsvertreters reagierte RTLplus mit der gleichen Taktik wie auf unsere ursprünglichen Einforderungsbriefe, nämlich gar nicht! Von unserem Anwalt schließlich über die auf uns zukommenden kostenmäßigen Konsequenzen und die Notwendigkeit, einen BRD-Anwalt einzuschalten, aufgeklärt, waren wir nahe daran, zu passen.

In dieser Situation lernten wir im Rahmen einer Konsultation ein deutsches Unternehmer-Ehepaar kennen, dem wir am Rande eines gemeinsamen Essens unsere Troubles mit RTL schilderten. Über die Vorgänge erstaunt, bot uns das Paar kostenfrei seinen eigenen

* Mehr als 10 Prozent des deutschen Buchumsatzes entfällt bereits seit Jahren auf den Sektor Esoterik und Lebenshilfe. Es ist anzunehmen, daß dieser Interessenten-Anteil in etwa auch auf das TV-Massenpublikum übertragen werden kann. Dennoch – und obwohl bekannt ist, daß sich unter den Mitarbeitern der meisten Fernsehanstalten ein noch viel höherer Prozentsatz mit Esoterik beschäftigt, wird dieser Tatsache in der Programmstruktur nicht Rechnung getragen. Wohl einfach, weil die Mächtigen irgendwie instinktiv spüren, daß esoterisches Bewußtsein für sie bedrohlich werden kann!

Anwalt an, um die Sache weiter verfolgen zu können. Worauf wir die Unterlagen samt den von RTL unbeantwortet gebliebenen Schreiben zusammenpackten und dem neuen Rechtsbeistand übergaben. Übrigens befragten wir auch 'Jung' kurz wegen unseres Vorgehens. CeGe meinte sinngemäß nur, ›wir sollten die Einforderung ohne Streß weiterbetreiben, denn aus der Angelegenheit würde noch etwas entstehen, was der Sache selbst sehr dienlich sein werde‹. Später meinte Carl Gustav noch, ***›daß Rainer Holbe gerade einen intensiven Transformationsprozeß durchmache‹*** und ***›daß wir die Gegenkräfte unserer gemeinsamen Arbeit nicht unterschätzen sollten‹***.

Die Herausgabe des Filmmitschnitts wurde in einem neuerlichen Anwaltsschreiben nun vorsorglich mit Antwortfrist eingefordert. Die verwunderliche Antwort des RTL-Justitiars lautete diesmal, daß meine diversen persönlichen Mahnschreiben bei RTL nicht bekannt seien und es nicht möglich sei, Herrn Holbes Aussagen dazu zu erlangen. Auch wurde eine sogenannte eidesstattliche Versicherung des damals in Lanzarote verantwortlichen Redakteurs beigefügt, in der jener behauptet, daß er die von mir verfaßten ersten Einforderungsbriefe weder veranlaßt noch bekommen habe und durch die Blume sogar meint, daß ich diese Schreiben nachträglich inszeniert hätte. Ich könnte eine ganze Reihe Zeugen vorweisen, die das Gegenteil davon live miterlebten, doch das Etora-Zentrum weigert sich standhaft, die Adressen der damaligen Seminarteilnehmer herauszugeben*. Ein schon kabarettreifer Zusatz findet sich am Ende dieser RTL-Antwort: ›... weisen wir darauf hin, daß es der journalistischen Standesehre widerspräche, ungeschnittenes Rohmaterial Dritten** zur Verfügung zu stellen. Eine Zusage, wie von Ihrem Mandanten vorgetragen, ist daher grundsätzlich in Abrede zu stellen.‹ Spannender wurde es zwei Wochen später, als uns Rainer Holbes eidesstattliche Erklärung übersandt wurde: Holbe widerspricht uns darin bemerkenswerterweise nicht, kann

* Zwischen Holbe/RTL und dem Etora-Zentrum gab es ein offensichtliches, uns jedoch nicht näher bekanntes Arrangement. Jedenfalls rührte Holbe als Radio- und TV-Moderator eifrigst die Werbetrommel für die größeren Etora-Veranstaltungen. Dies ist wohl auch der Hintergrund, warum uns von der Etora-Verwaltung die Teilnehmer-Adressen unserer eigenen Seminare strikt verweigert werden, übrigens mit dem skurrilen Verweis auf Datenschutzbestimmungen.
Falls dieses Buch zufällig in die Hände eines der Teilnehmer/innen des Etora-Oster-Symposions 88 geraten sollte, bitten wir den- oder diejenige, sich unbedingt bei uns zu melden, da es eventuell notwendig werden könnte, den einen oder anderen Vorgang von damals zu bezeugen.

** Dieses Wort zeigt wohl die ganze Farce am deutlichsten auf: Als wir zu einer Live-Trance vor laufender Kamera einwilligten, waren wir allererste Priorität – nachdem alles im Kasten war, nur noch ›Dritte‹, als ob wir mit der Sache faktisch nichts zu tun hätten.

sich aber neuerdings nicht mehr erinnern, irgendwelche Zusagen gegeben zu haben. Tja, mit den Jahren läßt eben bei manchen das Gedächtnis nach. In einem mit mir Monate zuvor geführten Telefonat brachte es Rainer noch über sich, mir zu versichern, alles in seiner Macht stehende zu tun, um uns die versprochenen Cassettenkopien doch noch zuzustellen. Allerdings mit dem seltsamen Nachsatz, daß es vielleicht sein könnte, daß die Cassetten schon gelöscht seien, da sie ja nicht Verwendung finden würden. Seitdem aber ließ Holbe nichts mehr von sich hören.

Unser Anwalt wies in einem nächsten Schreiben den RTLplus-Rechtsbeauftragten auf die diversen Widersprüche seiner Argumentation hin, insbesondere auf die verwunderliche Tatsache, daß einerseits versichert wird, den Film nicht zu verwenden, andererseits ihn aber nicht herauszugeben. Auch handschriftliche Mitteilungen R. Holbes an uns (das 'Jung'-Gespräch mit ihm vom 3.1.88* betreffend) wurden RTL vorgelegt. Aus jenen Notizen geht eindeutig hervor, daß auch im Falle des RTL-Radio-Interviews mit 'Jung' Herr Holbe allein für Zusagen autorisiert war, zudem wird belegt, daß O-Ton-Kopien ohne Einschränkungen ausgetauscht wurden und auch eine Gage bezahlt wurde. Das damalige gute Einvernehmen mit Rainer Holbe war es auch, was uns in dieses TV-Abenteuer überhaupt eintreten ließ.

Eineinhalb Jahre nach der Video-Piraterie auf Lanzarote ergab es sich nun kurioserweise auf der Esoterik-Messe 89 in München, daß mich ein RTLplus-TV-Reporter (der von den Vorgängen absolut nichts wußte) wegen eines Interviews über die 'Jung'-Kontakte ansprach. Aus den bisherigen Erlebnissen schlauer geworden, ließ ich mir, bevor ich zusagte, das symbolische Honorar in Form einer VHS-Kopie schriftlich bestätigen und dachte somit einen neuerlichen RTLplus-internen Präzedenzfall in der Hand zu haben, mit dem es doch möglich sein müßte, die Bänder endlich herauszubekommen. Unser Anwalt legte diese Bestätigung vor und siehe da, schnurstracks kam die RTL-Antwort, daß intern nun entschieden wurde, uns das video-aufgezeichnete 'Jung'-Interview doch zu überlassen, sofern damit alle unsere Ansprüche abgegolten seien. Wie hatten wir uns gefreut, daß dieses Drama nun endlich sein – leider nur scheinbares – Ende finden sollte.

Schon kurz darauf ging es in gewohnter Weise weiter. Im Februar 1990 – beinahe schon zwei Jahre nach dem ›Dreh‹ auf den Kanaren! – wurden uns nun wirklich die Video-Cassetten zugestellt,

---

* siehe Band II, Seite 69.

erstaunlicherweise noch dazu die drei Originale (siehe Kapitel-Illustration). Gleichzeitig wurde uns in einem beiliegenden Schreiben bekanntgemacht, daß der sich mir gegenüber kürzlich (sowohl mündlich wie schriftlich) als RTL-Reporter ausgebende Mann ein Mitarbeiter der Fa. DCTP sei, die das Programm ›10 vor 11‹ von Herrn Alexander Kluge auf der ansonsten von RTL genutzten Frequenz ausstrahlt und somit RTL nicht zuständig sei*. Aber das war nun egal, wir hatten ja endlich die Bänder.

Da wir aber nicht eine ursprünglich mit Holbe vereinbarte Überspielung auf VHS-Kopie, sondern die auf Beta-System gedrehten Originalcassetten bekamen, mußte ich zwecks Umkopierung auf eine für uns brauchbare VHS-Cassette ein dafür technisch eingerichtetes Fachstudio aufsuchen. Dort stellte ein Fersehtechniker unter meiner ungläubigen Anwesenheit fest, daß uns nur gänzlich gelöschte Aufzeichnungen überlassen worden waren!

Lediglich ein mit leicht wandernden grauen Streifen durchsetztes Schneeflimmern befand sich auf allen drei Bändern. Dieses Flimmern hörte bezeichnenderweise just einige Minuten nach Ablauf der echten damaligen Drehzeit auf. Der ungebrauchte Rest des Cassettenbandes war in noch erkennbar jungfräulichem Zustand. Fazit (rechtlich vorsichtig formuliert): In uns entstand der massive Eindruck, daß die Bänder offensichtlich absichtlich gelöscht worden waren! Uns war einige Tage lang völlig unklar, was diese Aktion eigentlich zu bedeuten habe. Sollten wir damit provoziert werden?

Unser Anwalt war somit doch noch nicht entlassen. Wir beauftragten ihn, nach dieser Frechheit zumindest einen anständigen Kostenersatz von RTL einzufordern (mit dem wir anderswo das professionelle Filmen einer Trance hätten finanzieren können). Die ignorante Antwort des RTL-Juristen kam postwendend: ›... nehme ich den Umstand zur Kenntnis, daß die Ihnen überlassenen Bänder offenbar vollständig wertlos sind. Hätte ich dieses beim Versand geahnt, hätten wir uns die Transportkosten sparen können. Ihren geäußerten Verdacht, wir hätten die Bänder vor Übersendung an Sie gelöscht, weise ich zurück ...‹. Auch wurde uns mitgeteilt, daß uns kein wie immer gearteter Schadenersatz zustehe, weil bla bla bla ...

Irgendwie wurde mir dieses juristische Hin und Her einfach zu dumm und so schrieb ich, nachdem mir verschiedentlich dazu geraten wurde, den RTL-Boss Dr. Thoma direkt an, da er ja vielleicht von

* Auch dieses Interview-Video mußte trotz schriftlicher Vereinbarung mit anwaltlichem Nachdruck herausgeboxt werden. Es wurde übrigens sogar ausgestrahlt.

den horriblen Zuständen in seiner Firma gar nichts wußte und eventuell einsichtig sein und ein Machtwort sprechen würde. Auf mein dreiseitiges persönliches Schreiben, in dem ich höflich anfragte, ob er als Direktor solch journalistische Freveltaten okay fände und ob er denn die in seinem Hause unwiederbringlich verschollenen Aufnahmen fair abgelten möchte, kamen sechs Wochen später nur einige lapidare Zeilen. Er bedauert darin aufs tiefste, ›daß wir offenbar den Eindruck gewonnen haben, seine Mitarbeiter würden gegebene Zusagen nicht einhalten oder gar bewußt gegen unser Vorhaben operieren‹ und schließt in der nächsten Zeile diese Möglichkeit einfach aus. Nun, wenn es Herr Programmdirektor Dr. Helmut Thoma dezidiert ausschließt, kann es wohl auch so nicht gewesen sein, Punktum. Abschließend teilte der RTL-Oberste noch abwehrend mit, daß die verantwortlichen Herren Holbe und Wienrich gar nicht mehr in seinem Unternehmen beschäftigt seien und verwies mich wieder auf seine hausinterne Justizabteilung.

Warum Rainer Holbe nicht mehr bei RTLplus beschäftigt ist, bedarf allerdings einer näheren Erklärung: Sein Vertragsverhältnis wurde nämlich Ende März 1990 kurzfristig gelöst. Das Wie und Warum ist zur Beleuchtung RTLscher Vorgangsweisen nicht gerade uninteressant: Schon seit wir Rainer Ende 87 auf den Basler PSI-Tagen kennenlernten, erwähnte er des öfteren, daß die RTL-Chefetage nur noch einen triftigen Grund suche, um ihn und seine bei den ›Herren‹ Unverständnis und Unbehagen auslösende Sendereihe abzuservieren. Dies gelang schließlich durch einen unangenehmen Fehler Holbes, der als Vorwand für den Handstreich herhalten konnte. Rainer M. Holbe publizierte nämlich privat seit geraumer Zeit in Begleitung seiner TV- und Radio-Sendungen eine eigene Taschenbuch Serie ›Unglaubliche Geschichten‹. Wie er mir persönlich sag te, war er vertraglich zur Ablieferung von jährlich zumindest vier Buchmanuskripten verpflichtet. Das erst machte für uns verständlich, warum er über unsere Embryo- und 'Jung'-Kontakte derart fehlerhaft berichtet hatte. Er mußte unter Zeitdruck möglichst schnell möglichst viele Seiten produzieren. Deshalb gab es in einem seiner Taschenbücher* gleich acht Kapitel über unsere Arbeit, fünf davon als reine Wiedergabe von uns gechannelter Texte. In seinem letzten Buch, das bezeichnenderweise den Titel ›Warum passiert mir das? Karma und wie es funktioniert‹ trägt, passierte ihm dann ein allzu grober Schnitzer, es holte ihn sozusagen seine Unachtsamkeit ein. Er berichtet darin über u. E. ziemlich dubiose

* Botschaften aus einer anderen Dimension und andere unglaubliche Geschichten, Knaur Taschenbuch.

Jenseitskontakte eines Berliner Ehepaares, das mittels Pendel und Buchstabentafel kuriose Karmaanalysen von Prominenten aufstellte. Da die beiden Pendler Holbe eine stattliche Anzahl von niedergelegten Buchstabenpendeleien auftischten, zimmerte der gestreßte Journalist gleich ein ganzes Buch aus dem dürftigen Inhalt. Und genau in diesem etwas sorglos zusammengebastelten Buch fanden die RTL-Oberen die geeigneten Wahnsinns-Zeilen*, um ihren ins nieder-okkulte Abseits geratenen Mitarbeiter um seinen Posten zu bringen. Jene verrückten Sätze, die Holbe wohlgemerkt nur zitierte, wurden gemeinerweise ihm selbst in den Mund gelegt. Diese gezielte Fehlinformation wurde natürlich von allen großen Meinungsmachern ungeprüft nachgebetet und so eine geschickte öffentliche Verurteilung des Redakteurs erzeugt. Ein Paradefall von journalistischem Meuchelmord. Aber wie schreibt Rainer Holbe auf dem Back-Cover seines vom Verlag daraufhin baldigst aus dem Verkehr gezogenen Büchleins: ›Es gibt keinen Zufall, und alles, was geschieht, hat seinen tieferen Sinn‹.

Nach einigen weiteren, eher nichtssagenden schriftlichen Schlagabtäuschen zwischen den Anwälten und der RTL-Mitteilung, daß nach dem Verbleib von Aufzeichnungen unserer Trancen noch immer gesucht werde, griff ich ein letztes Mal für einen Brief an Dr. Thoma zur Feder. Einerseits, um ihn zu fragen, wie lange denn die nun schon nahezu zweieinhalb Jahre dauernde sinnlose Suche nach den nicht mehr vorhandenen Mitschnitten noch dauern solle, und zweitens, um ihm mitzuteilen, daß wir die gesamte Ungeheuerlichkeit der Vorfälle nunmehr publizieren würden, falls er nicht umgehend eine faire Lösung anbieten würde. Er übergab meinen Brief wie zu erwarten an seine Rechtsabteilung, die sich zu guter Letzt nun in erheblichen Widerspruch zu den eigenen vorangehenden Schreiben setzte, indem sie nunmehr behauptet, ›Rainer Holbe sei von jeher allein für die Konzeption, Gestaltung und Produktion seiner Sendungen verantwortlich gewesen‹. Zudem bedauert der RTL-Justitiar, daß die Bänder nicht bei RTL archiviert sind. Wie könnte das auch sein, nachdem uns von eben jenem Justitiar schon sechs Monate zuvor die gelöschten Originale zugestellt wurden?

Ich habe Herrn Holbe auf seinem Anrufbeantworter also mitgeteilt, daß RTLplus neuerdings ihm allein den Buhmann zuschiebt und wir ihm die Chance einer Stellungnahme geben möchten, doch Holbe hüllt sich seit seiner erzwungenen Abdankung in Schweigen.

---

* Die inkriminierten Zeilen lauten u. a. wie folgt: ›Die Juden stoppten die Menschheitsentwicklung. Jesus sollte noch lange lehren und heilen. Sie gaben ihn dem Henker für einen Verbrecher. Mit dieser Tat schädigten sie die ganze Menschheit.‹

Klar wurde aber dennoch eines: Die Bänder dürften schon sehr bald gelöscht worden sein, vielleicht sogar noch auf Lanzarote. Holbe wußte offenbar Bescheid und müßte gemäß der Logik der Dinge auch wissen, wann und durch wen die Bänder gelöscht wurden. Und das möchten wir nun schwarz auf weiß wissen, eigentlich nur noch unsere Vermutung bestätigt sehen. Und dann diesen Missetäter natürlich zur Rede stellen!

Zu diesem Zwecke haben wir unseren Anwalt nunmehr beauftragt, vorerst Rainer Holbe mit allen juristischen Mitteln zur Preisgabe dieser Information zu bewegen. Er, der in Lanzarote anfangs einfach nur zu wenig Rückgrat zeigte, und deshalb von seiner Crew gegen seine innere Stimme bedrängbar war und dem noch immer unsere Sympathien gelten, wird wohl früher oder später Klartext sprechen oder die Sache selbst ausbaden müssen. Wir werden im nächsten Folgeband über die weiteren Geschehnisse berichten.

Sie sehen, lieber Leser, daß man auf einen Kongreß mit dem Titel ›Die Wunder dieser Welt‹ eingeladen werden kann und dann nicht nur unglaubliche Geschichten, sondern sogar sein blaues Wunder erleben kann.

Daß es auch ganz anders geht, erfuhren wir ein halbes Jahr später mit dem Schweizer Fernsehen, welches während der Basler PSI-Tage 88 ein CeGeJung-Channeling über Reinkarnation filmte. Wir wurden generös behandelt, erhielten wunschgemäß – obwohl es laut RTL der journalistische Standesehre widerspricht – sofort nach dem Drehen des Films eine VHS-Kopie überreicht und auch ein kleines Honorar ausbezahlt. Die einzige Auflage war, daß wir die Aufzeichnung selbst erst der Öffentlichkeit zugänglich machen dürften, sobald die zweiteilige Dokumentation über Reinkarnation im Schweizer TV ausgestrahlt worden sei. Trauriger- oder irgendwie auch schon lustigerweise ist das SRG-Interview mit CeGeJung im obgenannten Zweiteiler ebenso nicht verwendet worden. Wahrscheinlich hat sich der Redakteur von irgendwelchen ›Fachleuten‹ verunsichern lassen. Eben dieses Video-Interview war es übrigens, das in Amerika für Begeisterung unter Jungianischen Analytikern sorgte und natürlich auch im Stammland Jungs einigen frischen Wind in die Psycho-Szenerie bringen würde. Damit dieses Magnetband nicht auch still und leise untergeht, werden wir dafür sorgen, daß zumindest der Dialog-Text in verschiedenen Schweizer Zeitschriften abgedruckt wird, um auf diese Weise das Feld aufzubereiten. Da wir die Zusage haben, den Film im internen Kreis auch schon vor Ausstrahlung verbreiten zu dürfen, werden wir das Video weiterhin im Rahmen unserer Veranstaltungen da und dort vorstellen und es für tatkräftige Sponsoren unseres 'Jung'-Projektes auch duplizieren.* Sie werter Leser, werden sich von der Qualität dieses Dialogs spätestens im übernächsten Band überzeugen können.**

Mancher Leser wird vielleicht nicht ganz verstehen, warum wir in Sachen RTLplus nicht gleich bei Gericht auf Herausgabe des Videos gepocht haben beziehungsweise Schadenersatz forderten. Nun, gemäß meiner Erfahrung, ist das bürgerliche Recht ein recht biegsam' Ding und dessen Einsatz gegen Mächtige gnadenlos kostspielig ... Wenn wir jedoch genügend Unterstützung aus Leserkreisen finden, hält uns dennoch nichts davor zurück.

Im Rahmen unserer Recherchen bezüglich der juristischen Betrachtung paranormal-medialer Übermittlungen wurde uns übrigens eine interessante Erkenntnis aus einem Fall des Zürcher Obergerichtes bekannt, die wir beachtenswert und partiell auch auf obigen Casus anwendbar finden. Ich zitiere aus einem Akt aus 1985:

›... die durch das Medium erfolgten Äußerungen als urheberrechtliche Werke zu betrachten sind, obwohl beide Parteien darin übereinstimmen, daß sie das Geisteswerk Jenseitiger sind. Unbestritten ist nämlich, daß diese Äußerungen einerseits durch das Medium XXX materialisiert worden sind und andererseits die für ein urheberrechtliches Werk erforderliche Originalität bzw. Individualität haben ...‹

POST SCRIPTUM: Nach Abschluß des Manuskripts brachte es Rainer Holbe Anfang September doch noch übers Herz, sein Schweigen zu brechen. Jetzt unterstreicht er in einem Schreiben ›zu keiner Zeit persönliches Interesse daran gehabt zu haben, uns irgendwelche Bänder oder Informationen vorzuenthalten‹. Nun, wessen persönliches Interesse war es denn dann? Diese Information bzw. diesen Herrn möchten wir von Rainer genannt bekommen! Unbedarft teilt Holbe weiter mit: ›Es ist offensichtlich wirklich so, daß die damals in Lanzarote bespielten Kassetten nicht mehr existieren, da eine Ausstrahlung abgelehnt worden war‹. Tja, wer hat denn die Ausstrahlung abgelehnt und mit welchen Argumenten? In wessen Archiv waren die Cassetten gelagert? Wer hat die Löschung der Bänder (auf denen sich noch immer die Originalbeschriftung befindet) beauftragt bzw. durchgeführt? Wer war denn nun wirklich verantwortlich? Der heilige Geist?

Abschließend betont Holbe, wie schwer er über die ganze Sache betrübt ist und wie sehr er uns beide mag und für lautere Menschen hält. Auch wir sind schwer betrübt über die Entwicklung der Dinge, aber auch über Rainers wahrlich späte und nur halbherzige Reue. Wir haben ihn nun wissen lassen, daß er mit diesem Schreiben die Sache noch nicht aus der Welt geschafft hat.*** Lassen wir uns überraschen, ob und wie offen Rainer unsere Fragen zu den RTLschen Eigenmächtigkeiten beantworten wird. Ein Gesetz der Wahrheit ist es, irgendwann ans Licht zu kommen!

---

* Siehe Info im Anhang, Seite 207.

** Wenn Sie jedoch das Schweizer Fernsehen in einem Brief darauf hinweisen, daß Sie sehnlichst die Ausstrahlung des Interviews erwarten und uns eine Kopie Ihres Schreibens (samt eventueller Antwort) zukommen lassen, erhalten Sie von uns als Dankeschön für Ihr Engagement umgehend den Interview-Text zugesandt. Die Adresse: Schweizer Fernsehen DRS, Postfach, CH-8052 Zürich.

*** Siehe unser Antwortbrief-Faksimile auf Seite 203.

73. Kontakt – 17/4/88 – 10.10 h – Dialog mit René im Studio Phoenix

Eine Welt aus Glas

Eine Woche nach dem Lanzarote-Desaster waren wir psychisch wieder so weit im Lot, jene sensible Situation herzustellen, die es erlaubt, mit CeGe direkt zu sprechen. Da Mira eine längere Anlaufzeit benötigte, um in tiefere Versenkung zu gehen, ging auch ich unbeabsichtigt in Meditation, aus der ich von 'Jung' gerissen wurde.

C-G-J: ***Eine Welt aus Glas!***

René: *Ich verstehe nicht! Ach, Sie sehen das Buch? Oder was meinen Sie? Ich hab' mir das Buch besorgt, aber ich hab's noch nicht gelesen. Was sagen Sie zu diesem Buch von Morris West?*

C-G-J: ***Zu diesem Titel?***

René: *Das Buch heißt ›In einer Welt von Glas‹, und es geht darin um einen Teil Ihrer Historie, soweit ich informiert bin.**

---

* Ich habe das Buch bis heute nicht gelesen und zitiere deshalb die einleitende Anmerkung des Autors:

»›Dies ist ein Roman. Ihm liegt ein Fall zugrunde, der in dem autobiographischen Werk ›Erinnerungen, Träume, Gedanken von C. G. Jung‹ ganz kurz festgehalten wurde. Die

(Fortsetzung umseitig)

G-G-J: ***Wir alle leben in einer Welt aus Glas. Und wir alle befürchten, daß eines Tages jemand kommt und unsere Welt zertritt. Wir fühlen die scheinbare Transparenz, das Unirdische, diese Unrealität.***

René: *Nun, dieser RTL-PSI-Experte hat ja einen Stein in unsere persönliche Glaswelt geworfen. Meinen Sie das?*

G-G-J: ***Erst wenn wir dahinterblicken, hinter das, was die Welt aus Glas ausmacht, werden wir solchen Angriffen standhalten können. Wann immer wir uns mehr mit der Welt aus Glas identifizieren als mit dem, das diese Welt erbaut hat, werden wir der Illusion verhaftet sein und bleiben.***

René: *Damit ich Sie jetzt richtig verstehe: Mit der Welt aus Glas meinen Sie die erstarrte Ansicht über die Welt, die jeder entwickelt, oder?*

G-G-J: ***Eine Welt aus Glas! Diese Schicht unseres Bewußtseins, die sich durch die Zentrifugalkraft des Geistes in der Außenwelt manifestiert, repräsentiert diese Welt aus Glas, die jederzeit zerrüttet und zerstört werden könnte.***

Die alten Chinesen und teilweise auch die Zigeuner wußten sehr genau, was es hieß, auf diese beiden Kräfte zu bauen. Und sie gaben immer der einen Kraft den Vorrang, die etwas mit dem Zentrum zu tun hat. Wir nennen sie auch Zentripedalkraft. Die Konzentration, aus der das geistige Wesen schlechthin besteht, ist dieser Felsen, der die Basis für eine Welt aus Glas bilden kann.

Wenn wir allem und jedem die Macht und Kraft geben, unsere Welt aus Glas zu zerstören, dann gehen wir einen besonderen Weg. Er führt immer geradewegs in die Heimat. Wir

---

(Fortsetzung von vorheriger Seite)

Krankengeschichte ist nicht datiert und merkwürdig unvollständig belassen. Aus Jungs anderen Schriften habe ich den Eindruck gewonnen, daß ihn diese Episode noch lange Zeit beschäftigte und er bewußt darauf verzichtet hat, sie in allen Einzelheiten darzustellen.

Ich habe diese Geschichte in das Jahr 1913 verlegt – also in die Zeit von Jungs historischem Zwist mit Freud, dem Beginn seines lange währenden Liebesverhältnisses mit Antonia Wolff und den ersten Anzeichen seines sich über viele Jahre hinziehenden Verfalls.«

Als Vorspann ist dem Roman noch folgendes Zitat von Ralph Waldo Emerson vorangestellt, das offensichtlich zum Titel des Buches inspirierte:

›Begehe ein Verbrechen – und die Welt ist von Glas ... irgendein vernichtender Hinweis sickert immer durch.‹

Knaur-Taschenbuch 1366, engl. Originaltitel: The World is Made of Glass.

können nur desillusioniert werden von der Welt der Erscheinung.

Als ich sagte, positiv zweifeln, meinte ich, wir sollten niemals an der Basis verzweifeln, an der Kraft, die unseren Willen und unsere Macht gebildet hat, die unsere Positivität und die Freude am Leben ausmacht. Lassen wir uns nicht die Würde unseres göttlichen Daseins rauben, indem wir es zulassen, daß wir unserer Welt aus Glas zuviel Bedeutung beimessen. Achten wir nicht zu sehr auf Worte, achten wir auf Gefühle, für die wir uns öffnen und die sich aus unserem Inneren als Resultat auf diese Schwingung auftun.

Arbeiten wir mit dem, was uns von unserem Schöpfer als Futter für die Seele angeboten wird, als Material für geistige Welten, für unsere psychischen Universen aus Glas. Versuchen wir immer intensiver auf den Wunsch und Traum und diese spezielle Glaswelt jedes einzelnen Menschen einzugehen und aufzupassen. Wir haben so viel Raum in diesen geistigen Universen und müssen unsere geistigen Schlösser nicht in den Garten eines Bruders bauen. Lassen wir doch den Träumen jedes einzelnen menschlichen Wesens seinen Raum und gönnen wir uns dieses größte Geschenk der geistigen Evolution.

O Vater,
Einen freien Willen hast Du uns gegeben,
Einen freien Raum
Für die Entspannung und Entfaltung unserer Seele,
O Vater,
Hast Du uns geschenkt.
In Deinem Namen bauen wir ein Haus,
Doch sehen wir meist nicht aus dem Fenster,
Da unsere Fensterläden geschlossen sind
Und wir mit künstlichem Licht
Unsere eigene Seele zu erhellen versuchen.
Öffnen wir uns doch dem Licht der Sonne,
Dann erkennen wir vieles.

René: Herr 'Jung', ich habe für heute ein paar Fragen notiert. Zum einen fragt unser Sohn öfters, warum denn Tashi* wieder gegangen ist.

---

* 1987 hatte Mira ihre X. Schwangerschaft, während der sich das verkörpernde Wesen mit ›Tashi Wang‹, dem Namen seiner früheren chinesischen Inkarnation, vorstellte. Der von uns Leonardo genannte Sohn starb einige Stunden vor der Geburt im Mutterleib, weil er nicht die Absicht hatte, geboren zu werden. Siehe auch 19. Kontakt im 1. Band, Seite 143 ff.

G-G-J: **Er möchte eine Erklärung über die tiefsten Schichten seines Bewußtseins. Er möchte mehr über Leben und Tod erfahren und über seinen Bruder, den er so sehr geliebt hat.**

René: *Vielleicht könnten Sie ihn im Traum besuchen?*

G-G-J: **Das mache ich öfter.**

René: *Wenn wir schon bei dem Thema sind, könnten Sie mir vielleicht auch sagen, was mit mir bei der Geburt passiert ist, als ich da kurz bewußtlos war? Ich kann mir beim besten Willen diesen Zustand nicht wieder ins Bewußtsein holen. Was passiert genau, wenn man bewußtlos wird? Und was ist speziell in meinem Fall passiert?*

G-G-J: **Du bist im Akasha gewesen.**

René: *Mmhm. Ich weiß nur, daß ich irgendwelche wichtigen Erkenntnisse total gleichzeitig parat hatte und sie alle herüberbringen wollte. Und daß ich vor lauter Verblüffung nicht wußte, welche Information ich zuerst einpacken sollte. In diesem Entscheidungsdilemma –*

G-G-J: **Sie konnten erkennen, wie beschränkt die menschliche Geburt ist, und auch, wie beschränkt sie uns macht, wie beschränkt die menschlichen Wesen leben müssen, mit wie wenig Information sie auskommen müssen, um dieses Leben verkraften zu können, wie grob wir für diese grobe Materie programmiert sind. Können Sie verstehen, in welchem Zustand wir uns befinden aufgrund dieses starken Erlebnisses und wie wenig es uns wichtig ist, Banalitäten zu übermitteln, da es doch weit interessantere Zusammenhänge geben kann und gibt.**

René: *Weil Sie mich vorhin gerade erstmals mit Du angesprochen haben, möcht' ich Sie fragen, ob wir uns, ich weiß es nicht, vielleicht in Zukunft überhaupt per Du unterhalten wollen oder –*

G-G-J: **Die Zeit ist nicht reif, das wirst Du selbst fühlen.**

René: *Ja, gut.*

G-G-J: **Es liegt in Dir.**

René: *Werden Sie mir bitte ein bißchen Zusammenhänge zwischen uns sagen, die irgendwie scheint's offensichtlich vorhanden sind? Ich meine die engeren, direkteren Zusammenhänge.*

C-G-J: ***Nicht im Moment.***

René: *Ich habe Sie das ja schon öfter gefragt, und immer hat es geheißen, nicht im Moment. Aber, ich geb' mich schon zufrieden.*

C-G-J: ***Ich geb' mich schon geschlagen, wollten Sie doch sagen.***

René: *Ja, stimmt. Herr 'Jung', ich muß morgen das Buch-Cover endgültig in der Druckerei abgeben –*

C-G-J: ***Das wird eine Aufregung geben.***

René: *Bei wem? Das Buch meinen Sie?*

C-G-J: ***Mmhmmh.***

René: *Ja, vielleicht. Ich wollte auch besprechen, ob ich noch irgend etwas daran ändern sollte. Ich habe nach langer Überlegung und Absprache nun die Headline ›Im Trance-Dialog mit 'C. G. Jung'‹ als Haupttitel belassen. Mit dem Untertitel stellen wir die Behauptung dann selbst in Frage, indem –*

'Jung' unterbrach.

C-G-J: ***Ich bin der, der ich mal war. Aber ich lebe nicht mehr in der Begrenzung. In dem Sinne bin ich es nicht mehr.***

René: *Aha. Ja, das ist ein viel besseres Zitat, würde ich sagen.*

C-G-J: ***Bitte schön.***

René: *Danke schön. Der Untertitel, den ich zum Haupttitel gesetzt hab', heißt ›Oder visionäre Kontakte mit dem Unbewußten?‹, mit Fragezeichen. Ich glaube, mit diesem Unter –*

CeGe fiel mir ins Wort.

C-G-J: ***Können Sie mich denn sehen?***

René: *Nein, das nicht. Aber ich meine die inneren Visionen. Mira hat mir ja erzählt,daß sie Sie gesehen hat. Vision ist auch nicht nur optisch allein zu verstehen, würde ich meinen. ›Kontakte mit dem Unbewußten‹ allein finde ich zu allgemein, die hat ja letztlich jeder, ob er es nun realisiert oder nicht.*

C-G-J: ***Was möchten Sie, daß ich sagen soll?***

René: *Nichts Bestimmtes. Ich möchte Ihnen nur meine Gedanken mitteilen.*

C-G-J: ***Es wird eine Aufregung geben.***

René: *Ja, welche denn? Wissen Sie genaueres über diese Aufregung? Es wäre gut zu wissen, damit wir uns wappnen können.*

'Jung' schmunzelte, gab aber keine Antwort.

René: *Nun, ich hab' ja nichts gegen Aufregungen an sich, die können ja so oder so zu verstehen sein. Ich bin sogar gelegentlich dafür, daß sich was tut. Meinen Sie, daß wir mit heftigen Gegenbewegungen zu rechnen haben, obwohl ich im Titel vorbeuge?*

C-G-J: ***In dieser Welt aus Glas***
In der das Sonnenlicht sich bricht
Und Gottes Worte spricht
In dieser Welt aus Glas
In der die Sonne spricht
Bin ich das Licht.

Gehen Sie immer mehr mit dem Herzen vor. Versuchen Sie immer mehr Gefühl mit Ihrem Verstand zu vereinigen. Fühlen Sie sich auch in das Herz der Menschen ein, und versuchen Sie, nicht immer so viel zu kämpfen. Sie kämpfen ja doch nur gegen sich selbst, gegen das Gefühl.

Ich verabschiede mich.

René: *Darf ich noch eine Frage stellen?*

C-G-J: ***Bitte. Ich kann nicht mehr lange bleiben.***

René: *Ja, ich mach' es kurz. In einem unserer allerersten Gespräche sagten Sie: ›Ich bin ja damals schon alt und krank gewesen‹ oder so ähnlich, und dann sagten Sie: ›Ich möchte so bleiben, wie ich bin‹. Da ist jetzt öfter der scheinbare Irrtum aufgetaucht, daß Sie auch in Ihrem jetzigen Zustand krank sind. Das kann ich aber nicht glauben.*

C-G-J: ***Es ist kein Irrtum. Ich bin in diesem Zustand hinübergegangen und befand mich noch lange Zeit in dieser Beschränkung. Das heißt nicht, daß ich mich jetzt nicht mehr darin befinde, aber ich kann mich auf andere Ebenen transformieren, was ich zu meinen Lebzeiten nicht konnte.***

René: *Versteh' ich es richtig, daß Sie sich somit zumindest phasenweise in dieser Krankheitssituation befinden oder sich hineinbegeben?*

C-G-J: ***Ja, ich studiere die Krankheit. Es liegt mir fern, mich über einen Zustand hinauszubegeben oder hinwegzuheben, bevor ich ihn nicht ganz erkannt habe. Es lebt auch hier die Psyche weiter.***

René: *Mmhmm. Dann hätte ich noch ein Frage, die mich Mira beauftragt hat, zu stellen: Sie hatten mal kurz über Japan gesprochen und es das ›Land der untergehenden Sonne‹ genannt. Wir haben aber festgestellt, daß Japan das ›Land der aufgehenden Sonne‹ bedeutet. Das ist ein kleiner Widerspruch, der Mira keine Ruhe läßt. War das ein Übermittlungsfehler?*

C-G-J: ***Wenn jemand heißt ›Ich bin der aufgehende Mond‹, dann beschäftigt er sich im Unterbewußtsein mit dem untergehenden, dem abnehmenden Mond. Ich wollte damit auf die Spiegelwelt der Realität hinweisen. Wenn etwas in der sichtbaren Welt sehr dominant, ausgeprägt und konzentriert ist, dann lebt darin auch der Gegenpol, der sogenannte Schatten.***

Ich muß gehen.

René: *Ich danke Ihnen. Bis bald. Auf Wiedersehen.*

C-G-J: ***Diese Welt von Glas!***

René (zu Mira): *Jetzt sagt er glatt:* ***›Ich bin der, der ich mal war‹****, und ich muß das Zitat am Cover nochmals ändern.*

Mira: *Naja, sicher ist er der auch. Wenn ich nach meinem Tod drüben bin, dann bin ich irgendwie auch noch dieselbe.*

Andererseits, wenn er sagt: ***›... der ich mal war‹****, dann heißt das ja eigentlich, daß er es nicht mehr ist, sonst müßte er ja sagen: ›Ich bin der, der ich bin‹. Das ist zum Totlachen.*

Wie stark meinst Du, ist er denn durchgekommen?

René: *Stark genug, Schatzi, keine Sorge.*

Die von Carl Gustav in obigem Dialog prognostizierte Aufregung gab es übrigens schon am nächsten Tag, und zwar bei mir persönlich. Ich hatte die vorbereitete, d.h. reprofertig zusammengeklebte Layout-Montage für das Buch-Cover des ersten Bandes in die Lithographie-Anstalt gebracht, bei der ich endlich einen Termin hatte. Dort stellte ich dann verwundert fest, daß das Vogel-Vau, der erste Buchstabe des Wortes ›visionär‹ im von mir gewünschten Untertitel ›Oder visionäre

Kontakte ...‹ einfach spurlos verschwunden war und trotz intensiver Suche meinerseits nicht mehr auftauchte. Mir blieb keine andere Wahl, als das Wort gänzlich aus der Druckvorlage zu entfernen. So setzte sich CeGe doch noch mit seinem Titelwunsch durch und lachte sich wahrscheinlich halb tot (soweit das im Jenseits eben möglich ist), während ich verzweifelt den Buchstaben suchte.

Alte Freunde sind gekommen

Zu dieser Zeit war ich drauf und dran, endlich den ersten Band dieser Serie, während das Manuskript bereits zum Satz vorbereitet wurde, auch grafisch fertigzustellen. Nachdem ich vor Drucklegung unbedingt noch 'Jung's Kommentar zu meinem jüngsten Entwurf haben wollte, legte ich einige farbliche Variationen davon auf dem Boden unseres Trance-Studios auf, in der Hoffnung, daß CeGe diese irgendwie wahrnimmt.

Mira war tags zuvor beim Zahnarzt gewesen und deswegen noch etwas lädiert. Da ich wegen der Verlagstermine keine Zeit mehr verlieren durfte, bat ich meine Frau, trotz ihrer gestrigen Zahnbehandlung einen Kontaktversuch mit 'Jung' zu wagen.

C-G-J: ***Kennen Sie das Sprichwort ›Jemandem auf den Zahn fühlen‹?***

René: *Ja, kenne ich. Spürt Ihr Kanal etwa gerade seinen wehen Zahn?*

'Jung' nickte.

René: *Ist das ein großes Handicap?*

G-G-J: **Es schmerzt, wenn man mit brutaler Gewalt auf den Zahn gefühlt bekommt.**

René: *Mmh. Heißt das, Sie spüren jetzt den Schmerz, den Mira hatte?*

G-G-J: **In der Entspannung rührt er sich, der Nerv.**

René: *Aha. Herr 'Jung', ich bin noch immer bei der grafischen Gestaltung unseres gemeinsamen Buches. Nachdem Sie vor kurzem zu Ihrem von mir usprünglich für das Cover verwendeten Zitat Stellung genommen haben und über sich sagten:* **›Ich bin der, der ich mal war. Aber ich lebe nicht mehr in der Begrenzung‹**, *versuche ich nun einen optischen Modus zu finden, wie Sie in diesem Sinne ohne Begrenzung dargestellt werden könnten.*

Ich weiß nicht, ob Sie den Entwurf hier sehen können, ich habe darauf Ihr Antlitz per Computerverfremdung in eine Kugelform verwandeln lassen. Die Kugel ist ja ein hochesoterisches Symbol, welches vielleicht am ehesten einer Nichtbegrenzung nahekommt. Was sagen Sie dazu? Würden Sie es befürworten, grafisch so dargestellt zu werden?

G-G-J: **Ja, durchaus. Ich finde es gut, als Kugel dargestellt zu werden.**

René: *Und farblich? Dieses Motiv hier ist in Farbtönungen von violett bis –*

'Jung' unterbrach.

G-G-J: **Das Buch, in dem Sie über die Geburt Leonardos berichten*, sollte in den Sonnenfarben gehalten sein.**

René: *Und was sagen Sie zu dieser farblichen Gestaltung?*

G-G-J: **Gehen Sie nach der Entwicklung des Mediums. Von den untersten Schichten über das Herz bis hin zur Auflösung und Hingabe.**

René: *Das versteh' ich jetzt nicht ganz.*

G-G-J: **Sie könnten sieben Bände machen und die jeweilige Farbe des Hintergrundes in den Farben der psychischen Entwicklung des Mediums darstellen. Oder machen wir zwölf Bände?**

René: *Tja, an mir soll's nicht liegen. Könnten Sie diese sieben Farben hintereinander nennen?*

---

* Es existiert ein Manuskriptfragment, das wohl nicht so bald fertiggestellt sein wird.

G-G-J: ***Sie könnten die Spektralfarben nehmen und zu jeder Farbe den Gegenpol dazu, die Komplementärfarbe.***

René: *Nun, ich sollte die drucktechnische Sache allerdings bis morgen zu Ende bringen. Im aktuellsten Entwurf steht einem Lila eine Art Türkis gegenüber, das mir ganz erfrischend erscheint.*

G-G-J: ***Es sollte nur eine Randbemerkung sein, daß man eine psychische Entwicklung auch mit dem Farbspektrum darstellen könnte.***

René: *Ja, danke schön.*

G-G-J: ***Holen Sie die Leute, bitte.***

Eine inzwischen liebe Freundin, die eine psychologische Praxis leitet, kam damals zusammen mit einem jungen Assistenzarzt auf Besuch, um unsere Arbeit noch näher kennenzulernen. Während des Treffens ergab sich eine sehr gute Stimmung, die uns entscheiden ließ, den beiden einen Direkt-Kontakt anzubieten.

Unsere Gäste nahmen nun also auf den japanischen Sitzkissen im Meditationsraum Platz und harrten der Dinge.

G-G-J: ***Alte Freunde sind gekommen. Wir begrüßen Euch.***

(an den Arzt gerichtet:) ***Haben Sie Fragen auf dem Herzen?***

Klient: *Ja, ich möchte fragen, –*

'Jung' unterbrach.

G-G-J: ***Was in Ihnen fragt?***

Klient: *Ich selbst frage. Ich möchte versuchen, für mich als Arzt einen neuen Weg zu finden. Ich bin aber noch nicht sicher, ob ich bereits auf dem richtigen Weg bin, es ist noch alles so schwierig für mich zu erkennen. Vielleicht muß ich noch suchen?*

Ich möchte wissen, ob ich mit dem eingeschlagenen Pfad Erfolg haben werde?

G-G-J: ***Guter Mann, in Ihrer Situation befinden sich viele Menschen. Ich weiß, was Sie fragen möchten. Geben Sie mir Zeit zum Antworten.***

Pause.

G-G-J: ***Haben Sie eine Beziehung zu Johannes dem Täufer?***

Klient: *Meines Wissens nach nicht.*

G-G-J: ***Was bedeutet die Taufe für Sie?***

Klient: *Sie bedeutet für mich im weltlichen eine Namensgebung. Das heißt, man sucht oder erstellt für sich beziehungsweise für die Kinder ein Programm oder Namen. Man bekommt eine Art Vorlage, mit der man arbeiten kann.*

G-G-J: ***Sie warten auf die Taufe.***

Klient: *Ja, gewissermaßen.*

G-G-J: ***Ich sehe das Bild. Wer aber ist der Täufer?***

Klient: *Ich glaube, daß der aus mir selber kommen muß.*

G-G-J: ***Deshalb sagte ich ›Johannes der Täufer‹, der ist eine wichtige Symbolgestalt für Sie, mein Freund. Aber seien Sie sich bewußt, was es bedeutet, selbst über Jesus das Wasser zu gießen.***

Unsere Eigenständigkeit, unser Eigenwille, ist etwas sehr Wertvolles und Großes, aber diesen Eigenwillen an etwas noch Höheres zu opfern bedeutet, durch den Tod zu gehen.

Nur wenn Sie bereit sind, über die Schwelle der unbewußten Welt in sich selbst zu steigen, werden Sie bereit sein – im Namen des höchsten Gesetzes – die Rolle eines Täufers zu übernehmen.

Ich sehe, Sie möchten nicht heilen, Sie möchten taufen. In der Kürze des menschlichen Wortes kann ich nicht in diese Dimensionen eingehen, doch ich habe auf dieser höchsten Ebene ein Prinzip, daß Ihre Individualität ausdrückt – einen Strahl davon – erfaßt. Wenn Taufen auch Heilen ist, dann wird es seinen Sinn auch auf einer niedereren Ebene für Sie erfüllen.

Gehen Sie davon aus, daß das Leben Leiden bedeutet. Es ist der Rückweg aus der Illusion des festen Haltes in einem alten Strukturmuster hin zur Quelle des ewigen Lebens. Die Strukturen zu durchbrechen, bedeutet nicht hemmungsloses Dasein und sinnloses Streben. Es bedeutet die Neuorientierung der höchsten Qualität des Geistes im momentan bestmöglichen Ausmaß. Es bedeutet die Ausrichtung der geistigen, freien Willenäußerungen auf not-wendende Ziele.

Mira bzw. 'Jung' wandte sich unserem weiblichen Gast zu.

G-G-J: ***Gnädige Frau, darf ich Sie ansprechen?***

Klientin: *Bitte.*

G-G-J: ***Ich sehe ein stolzes Wesen. Ich selbst bin auch sehr stolz gewesen!***

Darf ich mir erlauben, um Ihr geschätztes Wort zu bitten?

Klientin: *Ich habe durch ein Medium erfahren, daß der Herr Doktor und ich zusammenarbeiten werden. Können Sie mir etwas darüber sagen?*

G-G-J: ***Haben Sie das Gefühl, sich aus früheren Inkarnationen zu kennen?***

Klientin: *Ich habe das Gefühl, daß ich ihn aus dem 14. Jahrhundert kenne.*

G-G-J: ***Ich glaube nicht, daß es wichtig ist, das Jahrhundert zu wissen. Viel wichtiger ist es, welche Bedeutung Ihr füreinander habt und welches Ziel Ihr Euch gesetzt habt, unabhängig davon, was ein Medium zu Euch sagte.***

Wenn sich zwei Menschen in einer ganz tiefen Offenheit zusammenfinden, in derselben Offenheit für einen bestimmten Traum, den Sie erreichen möchten, dann wird sich der Weg, der diese beiden Menschen über das Unbewußte und Unterbewußte zusammenführte, dann wird sie dieser Weg auch in die Zukunft leiten. Es ist das Unbewußte, das uns unsere Wege kreuzen läßt. Es sind Seiten in uns selbst, die sich berühren und miteinander energetische Verbindungen eingehen, um Eigenheiten zu opfern und für ein bestimmtes Ziel zu arbeiten.

In der Zusammenarbeit mit einem anderen Individuum müssen wir viel lernen, und wir können dabei viel von unseren eigenen Ängsten verlieren, würden wir es immer mehr wagen, über die Grenzen unseres Bewußtseins – unseres beschränkten Tagesbewußtseins – hinauszutreten. Ich sehe eine gute Basis, wenn Sie es schaffen, in allergrößter Ehrlichkeit und in dem Wunsch nach tiefster Harmonie zusammen zu sein.

Individualistische Menschen, die ihren Weg gehen, sich ihr Ziel vor Augen halten, sollten nicht vergessen, daß sie es selbst waren, die sich auf dieses bestimmte Ziel ausgerichtet haben. Nur so können sie die Qualen und Schwierigkeiten ertragen, die uns angeblich behindern. Wir werden immer wieder darauf aufmerksam gemacht, wohin wir wollen und was es ist, das in uns will, und zu fühlen, daß es will. Dieses Wollende ist das größte Geschenk, das es gibt. Es ist jener Glaube, der Berge versetzt und der Sie überall hintragen wird.

Weiter an den Arzt gerichtet:

G-G-J: ***Noch etwas zur Geduld, geschätzter Freund. Geduld entsteht nur in der inneren Gewißheit, daß Sie eines***

Tages Ihr Ziel erreicht haben werden. Dieses Vertrauen ist die Basis, daß Sie es auch tatsächlich erreichen.

Sie fragen sich, was ist das Ziel? Im Laufe Ihrer Entwicklung werden Sie es immer genauer kennenlernen! Würden Sie es jetzt schon kennen, würden Sie viele Fehler nicht machen. Durch Irrwege findet der Mensch, was er sucht und was er braucht, um heim zu finden. Habe ich genug gesprochen?

Klientin: *Danke.*

Klient: *Ich danke auch.*

G-G-J: ***Ich muß bald gehen. Ihr könnt noch eine Frage stellen.***

Beim Arzt regt sich noch ein Impuls.

G-G-J: ***Ein medizinisches Problem?***

Klient: *Nein. Ich weiß nicht, wie ich mich künftig gegenüber den Schulmedizinern verhalten soll? Ob ich teilweise offen sein soll oder ob ich das, was ich in letzter Zeit gehört habe und jetzt in mir habe, ob ich das eher verschweigen sollte?*

G-G-J: ***Ein medizinisches Problem also!***

Wissen Sie, auch ich hatte zu lernen, zu lernen, nicht nur beschränkt zu lernen – beschränkt auf das, was Sie sehen und als sogenanntes Wissen angeboten bekommen.

Fühlen Sie sich in die Psyche der Menschen ein, die sich als Ärzte darstellen. Fühlen Sie die Qualen und den Druck, unter dem diese Menschen stehen, die solch überdimensionale Arbeit verrichten sollen, ohne sie zu kennen. Nicht angeschlossen zu sein an den Strom des Lebens und die Heilkraft des Universums und trotzdem zu heilen versuchen, das ist ein schwerer Verlust.

Diese Menschen teilen sich in verschiedene Gruppen, und es gibt viele, die aus dem alten Schema herauswollten. Aber da sie den Glauben an die eigene Schöpferkraft nicht gefunden haben, bleiben sie im System eingesperrt.

Seien Sie nett zu Ihren Leidensgenossen!

Klient: *Gut. Ich danke.*

Die Klientin machte 'Jung' noch irgendein auf dem Tonband unverständliches Kompliment.

G-G-J: ***Dankeschön.***

75. Kontakt – 8/5/88 – 10.30 h – Dialog mit René im Studio Phoenix

Liebe Mutter

Eine Woche nach dem vorigen Dialog hatte uns eine Teilnehmerin eines unserer ersten Embryo-Kontakt-Seminare besucht, um nunmehr auch mit Carl-Gustav zu sprechen. Sie hatte aber Pech beziehungsweise seltsames Glück, denn es hieß zu Beginn dieser Trance in sehr bestimmter Tonlage: *›Herr 'Jung' kommt heute nicht!‹*. Zu unser aller Verwunderung stellte sich der Sprecher daraufhin als Don Miguel Cervantes vor, der als Schutzfreund unserer Klientin etwas zu sagen habe. Es stellte sich schließlich heraus, daß unsere Klientin seit Jahren im stillen Kämmerlein ›intuitiv‹ schriftstellerte und dies vor wenigen Monaten aber eingestellt hatte. Jener Cervantes bestätigte schließlich auf meine insistierende Anfrage hin, daß er der Verfasser von Don Quichote und dieser Roman keine Dichtung sei, sondern *›tief gelebt und erfahren‹* wurde. Da er zu unserer Klientin, die er aus damaligen Zeiten kenne, wie ein Bruder fühle, sei er gekommen, sie zu bitten, mit ihrer gemeinsamen Schreibarbeit weiter fortzufahren. Mehr über dieses interessante – der Vollständigkeit der Chronologie wegen erwähnte – Gespräch vielleicht gelegentlich in einer anderen Publikation.

Anläßlich des Muttertages kam in uns die Idee auf, anstelle der vom Kommerz verordneten Pflichtgeschenke, 'Jung' um eine Übermittlung zum Thema Mutter zu bitten und diese Durchgabe sodann unseren eigenen Müttern zu verehren. Wir dachten, das wäre ein Weg, ihnen unsere Arbeit mit CeGe näher zu bringen. Nach dem Trance-Gespräch, das ohne Einleitung mit nachfolgendem Gedicht begann, haben wir uns allerdings entschieden, das Verschenken zu müssen zu unterlassen und dieses Gespräch bis zur nunmehrigen Veröffentlichung für uns behalten.

C-G-J: ***Liebe Mutter!***

Mein Herz macht Dir heute ein Geschenk.
Ich bin ein Kind der Sonne,
Aus ihr bin ich hervorgebracht.

In Unschuld sollst Du töten,
Wenn die Sonne untergeht,
Und am Horizont der Tod am Himmel steht.* *

Hinabgeboren in die Dunkelheit
Will ich zum Licht.
Mutter, vergiß mich nicht.

Mein Sohn, wie kann ich Dich vergessen,
Da Du aus meinem Schoß gegangen bist.
Aus Licht geboren in den Nächten.

O Mutter,
Sprich ein Wort der Liebe jetzt zu mir.
Wer bin ich und wo komm ich her?

Mein Sohn,
Du bist geboren aus dem Licht.
Vom großen Sonnenmeer, da kommst Du her.

Warum wohl, steht in der Bibel geschrieben ›Unter Schmerzen sollst Du gebären‹? ** ***Nun, die Vertreibung aus dem Paradies hat sehr viel mit Wiedergeburt zu tun. Solange wir immer wieder durch die finstere Nacht geboren werden müssen, werden wir leiden.***

---

* Diese Strophe scheint uns etwas schwer verständlich, weswegen wir unsere eigene Interpretation erwähnen möchten: Im Sinne von Mutter – Mater – Materie – Vergänglichkeit ist wohl damit u. a. angedeutet, daß die göttliche Mutter ein ausführendes Organ des kosmischen Gesetzes von Geburt und Tod ist. Auch Kali, das dunkle, weibliche Prinzip des Hinduismus, erinnert an die in den obigen Zeilen erwähnten Aspekte.

** Genesis 3,16.

Das Paradies bedeutet einen Zustand, ein Dasein in diesem göttlichen Bewußtsein und ein Wissen, daß wir nicht immer wieder von neuem in einen anderen Bewußtseinszustand geboren werden müssen, sondern uns die Grenzenlosigkeit unseres geistigen Potentials anzunehmen getrauen.

Ich weiß nicht, wie weit ich mich von diesem Rad der Wiedergeburt entfernt habe, aber ich weiß, daß in meinen tiefen Schichten die Überzeugung schlummert, daß ich nicht wiedergeboren werden muß.

Wenn eine Mutter ein Kind unter ihrem Herzen trägt, ist sie der Zeuge des Übergangs der Entwicklung von einem geistigen Zustand in einen anderen. Wie weit wir diesen Zustand verfolgen können, das ist ein ewiges Rätsel und eine ewige Qual. Wir nehmen sie oft nicht ernst genug, unsere subtilen Gefühle für die jenseitige Welt.

Mutter-sein wirklich zu verstehen heißt, die Sonne als Mutter anzuerkennen und die innige Beziehung, die wir zueinander haben, in einem neuen Licht, in einem strahlenderen, göttlichen, universalen Licht zu sehen. Und die Aufopferung der Mutter als ganz neue Gnade zu erfassen, einen Teil dieses Lichtes weitergeben zu können. Wenn wir weiter mit diesem Martyrium der Seele spielen und Mutter-sein als etwas Beschränkendes und als etwas betrachten, wofür man geliebt werden muß, wird es keinen Frieden geben in diesem Universum.

René: *Herr 'Jung', die Mutter von Mira ist im Haus anwesend. Hätten Sie vielleicht eine persönliche Botschaft an sie, wie sie mit ihrem Leben besser umgehen soll?*

G-G-J: Sie ist nichts wert. Von Wert ist die Göttlichkeit in ihr, aber die verlangt keine Ehre.

Freiheit bedeutet, sich um nichts zu kümmern, was dem eigenen Lob und der eigenen Rechthaberei dient. Solange wir ein Recht behalten, sind wir im Prinzip des großen Friedens im Unrecht. Sich durchzusetzen bedeutet, nicht rechtzuhaben. Durchsetzen wird sich immer der gute Wille des Universums und nicht der persönliche Wunsch.

Das Leiden entsteht aus der Zermalmung der persönlichen Bedürfnisse durch den übergeordneten Willen. Wir können es oftmals nicht verstehen, warum unsere Bedürfnisse nach Lie-

be und Anerkennung, warum unsere Vorstellungen von einer speziellen Welt nicht erfüllt werden. Wir resignieren dann und betrachten es als Frieden. Diese Resignation ist der Grund, warum Frieden nicht möglich ist, warum Krieg herrscht.

Werden die Menschen noch wirklich hoffen und sich dem Höchsten hingeben wollen? Dann müssen sie nicht kämpfen.

Wir alle sind nichts wert. Unsere Vorstellung von uns selbst hat keinen Stellenwert. Sie ist der Spielball der Gefühle und dient dem Erwachen. Wir nehmen uns allzu wichtig und haben nicht das Vertrauen in die Mutter – aber sie wartet geduldig.

René: *Der junge Arzt, mit dem Sie schon mal gesprochen haben, ist auch da und –*

'Jung' unterbrach.

C-G-J: ***– möchte eine Antwort!****

René: *Ja. Können Sie mir für ihn eine geben? Oder soll ich ihn besser heraufholen?*

C-G-J: ***Ja bitte, holen Sie ihn kurz.***

Der Mediziner nahm Platz.

C-G-J: ***Das Geheimnis, das Geheimnisvolle regiert die Welt.***

Wir haben Geheimnisse. In unseren tiefsten Schichten werden wir verhindern, daß sie das Licht der Welt erblicken – in einer Frequenz, wo sie zerstört werden. Diese Kraft schlummert tief und wird bewacht. Wir müssen diese Löwen bändigen, die Hüter der Schwelle. Je mehr wir diese Kraft erkunden, erfühlen, um so weniger werden wir sie offenbaren. Es ist ein tiefes Geheimnis, das wir gemeinsam haben. Manchmal schmerzt es, doch es trägt uns auch.

> ***Ich bin ein Löwe und öffne die Pforte.***
> ***Wieviel Licht und Schatten tritt hervor.***
> ***Wie viele, eins, zwei, drei und vier,***
> ***Sie alle stehen vor und hinter dieser Tür.***
> ***Wenn diese Wächter vor uns stehen***
> ***Und ihren Segen geben,***
> ***Dann werden wir uns einst erheben,***
> ***Von unserem Sitz der Unbarmherzigkeit.***

---

* Vor der Trance erzählte unser Arzt-Freund, daß er keine rechte Vorstellung vom biblischen ›Jüngsten Gericht‹ habe und eigentlich gerne von 'Jung' dazu eine Auskunft hätte.

Wenn schaudernd wir erklimmen diesen Felsen
Und wir spiegeln dieses Licht zurück in die Welt.

Warum nur, Gott, bist du so schwer?
Warum nur, will ich Dich erfassen und erklimmen?
Warum erdrückst Du mich?
Warum will ich Dich greifen, fassen und erringen?
Du bist so schwer, ich roll dich nimmermehr.

Ein kleines Stück von Deiner Kraft kann ich erringen
Und quäle mich damit auf Dich hinauf.
Und rolle wieder dann mit Dir hinunter.
Wenn ich Glück hab', steh' ich wieder auf.
Wenn nicht, dann lieg ich tot und hier begraben,
Unter Dir, Du felsengroße Macht.

Mein Gott, mein Gott, wer hat Dich Gott hervorgebracht?

So gehst du hin in diese Schlangengrube
Und spielst mit dieser Kraft
Und läßt dich ganz von ihr erfassen.
Dann bist du diese Kraft.

Transformation geschieht im Geheimnis, im Dunklen, Unsichtbaren, ohne große Worte und ohne Verständnis des Logischen. Wir können Erkenntnisse erst einordnen, wenn wir sie in unser System integriert haben. Selbst dann werden wir uns immer noch vom Übergeordneten erdrückt fühlen – solange, bis wir die Angst vor dieser Macht verlieren.

Solange wir vor dieser Macht zittern, halten wir uns noch irgendwo an einem Rockzipfel fest. Erst, wenn wir den auslassen, fallen wir in das tiefe Loch hinunter, und wenn wir aufgefangen werden, müssen wir nicht mehr von Verständnis träumen. Dann werden wir es sein! ...

Hier sind persönliche Passagen auf 'Jung's speziellen Wunsch hin ausgeblendet.

... Die Zeit des Geistes, der Evolution, geht langsam – aber sicher. Wie im Kleinen, so im Großen.

Macht Euch keine Sorgen, wir sind geborgen, ja verborgen – das, was wir sind, ist verborgen. Fühlt es, die Kraft lebt auch in uns!

Anschließend erlebte Mira etwa eine Minute lang intensiv erhöhende, innerenergetische Vorgänge.

G-G-J: ***Und Jesus sprach: ICH BIN.***

Pause.

G-G-J: ***Das Jüngste Gericht bedeutet, es werden sich Seelen erheben, jenseits der Wiedergeburt. Es wird ein großes Fest. Der himmlische Vater wird seine Kinder empfangen, die anderen machen weiter. Ihr werdet Schmerzen haben in dem Moment Ihr Euch entscheiden könnt. Aber das ist nur von kurzer Dauer und bedeutet das Mitgefühl.***

Jenseits der Himmel wirst Du schweben und Dich erheben über diese Welt voll Gram und Schmerz.

Aber wir haben auch alle Anteil an dieser Welt. Doch leidet nur der Teil von uns, der sich nicht erheben möchte.

Aber auch das wandelt sich in Freude.

Mira kam unvermutet aus der Trance.

Mira: *Ich weiß nicht, mir ist schlecht, René. Es ist mir ein bißchen zuviel geworden.*

Nachdem sich Mira von der intensiven Erfahrung erholt hatte, gab es zwischen dem befreundeten Arzt und Mira noch einen Dialog über diverse Feinheiten der Trance, der auf dem weiterlaufenden Tonband mit aufgezeichnet wurde. Eine vielleicht interessante Passage möchte ich abschließend zitieren:

Mira: *Öfter sind gleich einige Sätze da, die ich sagen möchte oder sollte. Ich weiß nicht, welcher Mechanismus dann entscheidet, daß ich einen bestimmten Satz davon zuerst auswähle. Manchmal sind vielleicht die verschiedenen Worte deshalb zu gleichzeitig da, weil ich ja auch mal was denke zwischendurch.*

Dann bin ich in Trance wieder oftmals auf einer Ebene, wo ich einfach alles sofort versteh'. Aber als die starke Energie heute in mich hinein ist, da hab' ich wieder gemerkt, wie weit ich doch noch vom kompletten Verstehen entfernt bin.

Menschliche Panne

Leider ist dieser ungefähr 30minütige Dialog zum Großteil verlorengegangen. Der Kontakt geschah während eines Auslandaufenthaltes zwecks Abhaltung von Vorträgen und Seminaren, als wir bei Freunden eingeladen waren und es ein sehr später Abend wurde. Die Tischgespräche waren ebenso fesselnd wie hochaktuell und gipfelten um ein Uhr nachts in der Idee, 'Jung' miteinzubeziehen und zu den angesprochenen Themen ein wenig zu interviewen.

Der Aufnahme-Flop passierte, als Mira beim Einrichten ihrer Sitzposition auf einer zu weichen Couch Schwierigkeiten hatte und ich das Mikro deshalb wieder auf Pause schaltete. Weil ich schon etwas übermüdet war, vergaß ich schließlich, den kleinen Schalter zu Beginn der Trance nochmals zu drücken. Erst am nächsten Morgen stellte ich enttäuscht fest, daß kein einziges Wort CeGes auf dem Band fixiert war. Wir bemühten uns dann zwar gemeinsam, den Dialog wieder ins Gedächtnis zu rufen, hatten aber mäßigen Erfolg dabei. Nachfolgend deshalb nur einige Bruchstücke der Rekonstruktion:

C-G-J: ***Sie möchten mich noch zu so später Stunde sprechen?***

René: *Ja, wenn wir Ihnen um diese Zeit nicht den Schlaf rauben.*

C-G-J: ***Ich regeneriere mich anders, ich brauche keinen Schlaf.***

René: *Wie regenerieren Sie sich denn?*

C-G-J: ***Ich lade mich an erquickenden Bildern auf. Ich sitze gerne an den Schattenplätzen unter Bäumen, bin oft mit den Blumen oder bade im Meer …***

Dann kamen wir auf die psychophysischen Probleme eines nicht anwesenden Freundes unserer Bekannten zu sprechen, von dem wir 'Jung' ein Foto zeigten. Daraufhin gab 'Jung' eine sehr wunderliche Vision durch, in einer Art, wie wir sie von ihm nicht gewohnt waren:

C-G-J: ***Wir sehen symbolische Bilder: Einen fliegenden Elefanten mit dem Rücken zur Erde, er schaut zum Himmel, dreht sich um und stürzt mit dem Rüssel voran auf die Erde. Nun richtet er sich auf und steht auf seinen Hinterbeinen. Wir sehen auch einen Fuchs, der eine Papierrolle zwischen den Zähnen hält. Auch der Elefant hält eine Rolle im Maul. Jetzt kommt ein brauner Bär hinzu …***

CeGe erläuterte diese zoologische Bilderwelt in etwa folgendermaßen:

C-G-J: ***Tiere und Kinder sind wichtig für den Mann. Dieser sensible, aber zu kopflastige Mann fühlt sich wie in einem Zirkuszelt. Die Papierrolle zeugt von der Botschaft seiner Seele und Gefühlswelt, die ihm auf der Zunge liegt, er aber mit dem Willen verkrampft zurückhält. Er trompetet zwar gern laut in die Welt, ist sich aber nie sicher, ob ihm die Welt auch zuhört, so läßt er es lieber sein. Und doch wäre es seine Aufgabe, Lebensfreude zu vermitteln …***

… Seine Mutter ist erschienen, mit einer schwarzen Maske auf. Sie hatte sich in einem bestimmten Lebensabschnitt selbst angeschwärzt und hinter einer Maske verbergen müssen. Diese schwarze Verdeckung ist ein Zeichen der Unbewußtheit und hat mit der Krankheit des Mannes zu tun. Die Ursachen gehen bis in die Schwangerschaft zurück. Auch er hat sein wahres Gesicht nicht zeigen können, da er diese Strukturmuster von seiner Mutter übernahm …

... Nun möge sich sein Mutterbild zeigen, das heißt, das Symbol der Mutter in seinem Unbewußten. Es erscheint als blonde Prinzessin, wieder mit einer Maske, aber diesmal einer hellen. Die Mutter ist weder Geliebte noch Ehefrau, von dieser Vorstellung sollte sich der Mann befreien ...

Ich fragte 'Jung', ob ich vielleicht mit Dr. Rabe * sprechen sollte, denn dieser jenseitige Arzt einer sozusagen astralen Psychiatrie hatte zu uns schon vor längerer Zeit über Hautkrankheiten gesprochen. CeGe meinte daraufhin beinahe verärgert, ›wir sollten doch bei den Quellen bleiben, zu denen wir schon engeren Kontakt geschlossen haben. Dr. Rabe könnte auch nicht mehr sagen als er.‹ Nun, vielleicht stellt sich irgendwann sogar heraus, daß dieser Dr. Rabe nur eine Inkognito-Variation 'Jung's gewesen war?

Wegen eines eventuellen direkten Gesprächskontakts mit dem oben erwähnten Herrn meinte 'Jung', ›wir sollten zuerst nachsehen, ob er offen genug ist, indem wir ihn die Cassette hören lassen und achten, wie er auf solche symbolischen Erläuterungen reagiert‹. Da es aber keine Cassettenaufnahme gibt, kam es auch zu keinen Direktkontakt.

Schließlich war das Thema Radiästhesie an der Reihe, das uns zuvor bei Tisch beschäftigte. Ich fragte bei 'Jung' wegen der negativen Abstrahlungen an und wie denn diese optimal abgeschirmt werden könnten? Seine Antwort lautete in etwa so:

C-G-J: ***Sie sollten überhaupt nichts abschirmen. Die Menschen verstehen nicht, was vorgeht und welcher Gesamtorganismus hier wirkt. Wenn Abstrahlungen verhindert werden, werden in weitem Umkreis entlang der Energieleitlinien – in bis zu 200 Kilometer Entfernung – zugleich die feinen Strukturen durcheinandergebracht.***

Es gibt Plätze auf der Erde – eine Art von Akupunkturpunkten –, an denen sich der Planet selbst mit kosmischer Energie auflädt, und andere Plätze, wo er Energie ausscheidet. Wenn der Mensch jedoch diesen Ausscheidungsvorgang durch unsensible Kultivierung blockiert, also die Landschaft durch Wohnbauten, Straßen und so weiter verändert, dann funktioniert das alles nicht mehr klar. Dann werden von der Erde not-

* Dr. Rabe ist einer jener beiden Ärzte, die sich unabhängig von 'Jung' gelegentlich meldeten, um sich wohlwollend um die Gesundheit meiner Familie und einiger unserer Klienten zu kümmern.

gedrungen auch die Menschen als Kanäle benutzt, um diese negativen Kräfte abzuleiten ...

René: *Wie kann denn nun diese Situation heute gelöst werden?*

G-G-J: ***Es ist ein allgemeines Problem, daß die Menschen nicht mehr im Einklang mit der Natur der Erde leben. Es ist keineswegs erstrebenswert, mittels radiästhetischer Kenntnisse hier irgend etwas zur scheinbaren Hilfe des Menschen umzupolen, weil ja doch nur weiter das Gleichgewicht der Erdharmonien gestört wird.***

Viele Naturvölker und auch die alten Chinesen hatten nie Angst vor diesen elektromagnetischen Feldern, denn sie haben im Gleichmaß dazu gebaut, vor allem kreis- und spiralförmige Anlagen, und auf die Kraftlinien und Machtplätze geachtet, diese in ihr Bauen integriert. Früher hatten die Menschen noch die Sensibilität dazu, weil sie sich mit der Erde eins fühlten.

Doch dieses alte Wissen ist verloren gegangen, weswegen sich der heutige Mensch selbst seiner Energien beraubt. Wenn er weiterhin so hartnäckig an seiner egoistischen Unsensibilität festhält, zerstört er sich letztlich selbst. Der Mensch könnte sich an den Eintrittsplätzen der Energie, an den Kraft- und Machtplätzen, aufladen. Manche Bergsteiger, die unbedingt immer wieder auf einen bestimmten Berg klettern, haben das unbewußte Bedürfnis, dort ihre Energien aufzutanken. Früher geschah das allerdings nicht so unbewußt wie heute, die Leute sind dazumals nur aus speziellem Anlaß, zwecks spiritueller Transformation und Regeneration, an diese Orte gegangen ...

... speziell die Bergspitzen sind wichtig, denn sie bilden die Eckpunkte einer Art dreidimensionalen Hexagramm-Kristallgitter-Kraftfeldes. Auch das Sri-Yantra spielt eine bedeutsame Rolle. Kraftplätze sind immer im Kern eines solchen energetischen Hexagramms lokalisiert ...

Auf die Frage, wo denn wichtige Plätze der Kraft seien, nannte 'Jung' zuallererst ***›Stonehenge‹*** und bemerkte nebenbei dessen ***›uralten keltischen Ursprung. Es sei ein spiritueller Kult- und Ritualplatz gewesen. Auch als Landepunkt für UFOs sei der Monolithenkreis in Verwendung, denn diese könnten die Kraftplätze gut wahrnehmen.‹*** Im weiteren Gespräch hat

CeGe noch etwa ›***zwei Dutzend Energiepunkte***‹ kurz besprochen, unter anderem einen ›***auf der Kanaren-Insel Fuerteventura, eine gewisse St. George-Kirche irgendwo in England (wo die Leute in spirituellen Messen total erhoben werden), den Himalaya, Mount Shasta in Nordkalifornien. Andere wichtige Eintrittspunkte für Energien seien der Vulkan Fujiyama in Japan, der Palast des Himmels in Peking, in den USA die Niagara-Fälle und der Grand Canyon, die ägyptischen Pyramiden, irgendein Punkt im Kaukasus, die Akropolis und andere antike Stätte Griechenlands***‹ und einige weitere mehr. ›***In Österreich seien bestimmte Gegenden von Innsbruck und Salzburg Energieeintrittspunkte, die aber nicht gut genützt würden ...***‹

Wegen seiner Erwähnung von UFOs hatte ich 'Jung' wieder auf seine historische UFO-Schrift* angesprochen. Er meinte, ›***UFOs seien für ihn heute nicht mehr nur psychische Projektionen. Obwohl letztlich alles geistig erzeugt würde, seien UFOs eine fundamentalere Realität, als er damals erkannte. Die meisten*** *Ufonauten*** ***hätten einen fortgeschritteneren Evolutions-Level, und nicht alle seien feinstofflicher Natur***‹, bemerkte er ebenfalls. ›***'Jung's Gruppe beschäftige sich momentan nicht damit, weil deren Aufgabe auf einem anderen Gebiet läge.***‹

Ich erwähnte auch so apokalyptisch klingende Prophezeiungen, wonach während künftiger Kataklysmen UFO-Geschwader kommen würden und ein Kreuz am Himmel erscheinen werde. CeGe sagte, ›***daß solche Dinge im Ansatz durchaus im Gange seien und mit den Zeichen, die am Firmament erscheinen werden, der innere Himmel und dessen aufdämmerndes höheres Bewußtsein gemeint sei. Der Mensch werde die höheren Harmonien erkennen und das erwähnte Kreuz sei primär ein Symbol für die in vollem Einklang wirkenden männlichen und weiblichen Energien.***‹

Mein weiteres Insistieren in der UFO-Thematik gefiel CeGe offenkundig nicht, da er sich überstürzt verabschiedete.

René: *Wieso hatte ich eigentlich UFO-Sichtungen? Warum sehen so viele Leute heutzutage UFOs?*

---

* Ein moderner Mythos. Von Dingen, die am Himmel gesehen werden, Zürich 1964.

** Das Wort ›Ufonauten‹ stammt aus dem Sprachschatz des bzw. der Chronisten. Wir konnten uns nicht mehr an 'Jungs' diesbezügliche Formulierung erinnern.

C-G-J: ***Weil Sie sie anzogen, weil Sie bestimmte Absichten haben! Sie hatten die UFOs zwar nicht selbst kreiert, aber guten Anteil daran. Wenn die Massen nicht solche Sehnsüchte hätten, würde das Phänomen viel weniger auftreten.***

René: *Könnten Sie darüber etwas ins Detail gehen?*

C-G-J: ***Nicht heute. Ich muß gehen.***

77. Kontakt – 30/5/88 – 16.30 h – Dialog mit einem Psychotherapeuten

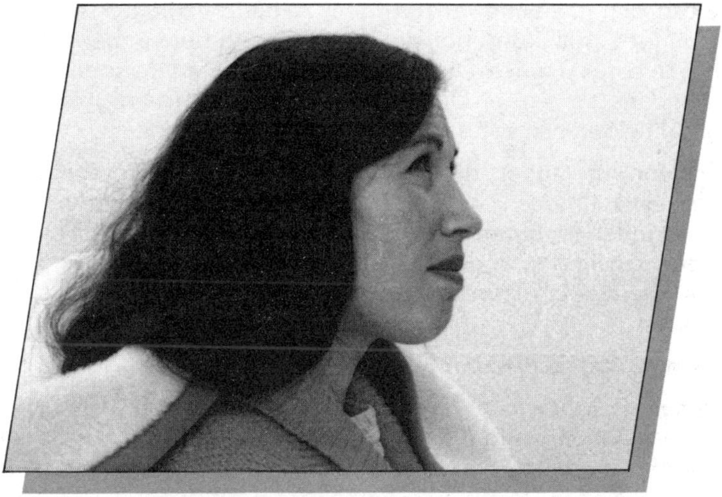

Globale Zusammenarbeit

Zum Hamburger Esoterik-Kongreß ›Einswerden‹, der sich um ›Wege der Integration von Körper, Geist und Seele‹ bemühte, waren auch wir als Referenten geladen worden, um sowohl über Erfahrungen in Sachen Embryo-Kommunikation wie auch über die ›Psychologie aus der Anderwelt‹* zu berichten. In diesem Zusammenhang lernten wir einen Reporter der Zeitschrift ›Das Neue Zeitalter‹ kennen, der zusammen mit einem Freund zu uns in die Pension Sphinx kam, um ein Interview zu erhalten.

In Mira regten sich aber lustigerweise Impulse, sich mehr mit dem Begleiter des Journalisten zu unterhalten, obwohl sie zu dem Zeitpunkt nicht wußte, daß dieser sympathische Nebenbei-Journalist, der den Zeitgeist von morgen ausstrahlte, primär Heilpraktiker (und inzwischen auch promovierter Arzt) ist. Mira war dieser Tage schwer verkühlt und hatte eigentlich

* Diesen Titel meines Vortrags entlehnte ich dem Umschlag der allerersten hektografierten Ur-Broschüre unserer 'Jung'schen Durchgaben. Mit dieser Tarnung gingen wir damals in die Öffentlichkeit, nachdem Jungs Erbengemeinschaft mit juristischen Konsequenzen drohte, sollten wir den gesetzlich geschützten Namen C. G. Jung verwenden.

keine Lust zu channeln. Dennoch zog sie sich kurz zurück, um den ständig stärker werdenden Druck ›von drüben‹, ihm ein Gespräch mit 'Jung' anzutragen, zu hinterfragen. Als sie ins Zimmer zurückkam, bot sie überraschend dem unbekannten Herrn einen Trance-Dialog an, ja sie behauptete sogar, daß 'Jung' es so wolle. Dieser nahm natürlich freudig an und erzählte nun erst von seiner eigentlichen Tätigkeit.

Schwer verwundert über den Gang der Dinge, bereitete ich also anstelle des vorgesehenen Interviews die Aufnahmegerätschaften für einen Dialog mit 'Jung' vor. Um Mira ein streßfreies Einsteigen in die Trance zu erleichtern, ließen wir vorerst die beiden Herren auf dem Gang vor der Zimmertüre warten.

C-G-J: ***Sie wollen ein Gespräch?***

René: *Ja, aber nicht für mich. Zwei Journalisten einer spirituellen Zeitung sind hier. Einer von ihnen ist auch Therapeut, und es scheint fast, als ob Sie selbst mit den Herren sprechen wollen. Sagen Sie mir bitte, wann ich sie hereinbitten soll. Vielleicht möchten Sie uns zuvor noch etwas sagen?*

C-G-J: ***Wir müssen uns kurz halten. Mira muß sich schonen.***

René: *Gut, dann hole ich die beiden besser gleich herein. Bitte, wenn's geht, etwas lauter sprechen.*

Die Besucher nahmen Platz.

C-G-J: ***Ich begrüße Sie. Ich muß mich kurz fassen, denn das Medium ist krank. Was liegt Ihnen auf der Seele, junger Mann?***

Ich wiederholte 'Jung's Worte, denn sie wurden nicht verstanden. Da mit ›junger Mann‹ eher der Heiler und nicht so sehr sein älterer Reporter-Freund gemeint war, rückte ersterer seinen Stuhl näher.

Therapeut: *Ja, konkret wäre da die Frage, welche therapeutischen Ansätze in der Psychotherapie Sie heute in den Vordergrund stellen würden?*

C-G-J: ***Global gesehen, befinden sich die Menschen in einem Prozeß der Umstrukturierung. Aus den tiefsten Schichten erwacht eine neue Sehnsucht – eine neue alte Sehnsucht.***

Man kann darauf keine allgemeine Antwort geben. Würden Sie spezifische Fragen stellen?

Therapeut: Nun, ich denke vorrangig an die verschiedenen Therapieformen, die bislang praktiziert werden, und an die damit verbundenen Denk- und Verhaltensmuster des Menschen. Es muß aus Ihrer Sicht doch sicherlich eine Form geben, die es Ihnen ermöglicht, die Effizienz einzelner Therapieformen zu unterscheiden – im Hinblick auf eine ganzheitliche Psychotherapie unter Einbeziehung der Spiritualität des Menschen.

G-G-J: ***Ich möchte ganz einfach antworten, um das Medium nicht zu sehr zu belasten.***

Die Zusammenarbeit der verschiedensten Gruppen von Heilern, Psychotherapeuten und Ärzten ist der effizienteste Weg, eine humanitäre Psychologie zu betreiben. Solange der Egoismus und die Unwissenheit, das unbewußte Verhalten und die Verdrängungsmechanismen in den praktizierenden Ärzten und allen, die sich als solche ausgeben, die Oberhand behalten und solange die Masse es zuläßt, sich von ihrer eigenen Blindheit betrügen zu lassen, wird sich der Fortschritt in der Psychologie in Grenzen halten. Aber ich sehe Funken im Bewußtsein und auch das Bestreben verschiedenster Gruppen von an Heilung und an einer integrierten Gesundheit von Mensch und Tier Interessierten sich mehr und mehr zusammenzuschließen. Nicht nur Psychologie oder nur Astrologie, nicht nur das Heilwissen der symptomatischen Medizin, es muß vielmehr ein globales Bild, eine globale Zusammenarbeit möglich werden, es muß eine Aufgeschlossenheit der verschiedensten Richtungen füreinander aufkommen, ein Zusammenarbeiten.

Für einen Patienten ist es schwer herauszufinden, welche ergänzende Richtung er noch wählen muß. Bis heute müssen die Leute viele verschiedene wichtige Punkte für ihre Heilung selbst zusammensuchen, aber selten finden sie sie auch. Es ist eben so, daß wir es hier noch mit sehr getrenntem Bewußtsein zu tun haben. Das Gefühl dafür, wo man die Ergänzung finden kann, ist noch sehr unterdrückt, und noch bekämpfen sich die verschiedenen Gruppen untereinander. Der Machtkampf ist noch nicht überwunden, beziehungsweise die Angst vor der Macht ist noch nicht durchschaut oder aufgelöst worden. Die Sinnlosigkeit des gegenseitigen Bekämpfens wird erst dann ein Ende finden, wenn jeder einzelne sich in sein Gesamtbild und seinen persönlichen Idealismus integriert fühlt.

Therapeut: *Was kann ich konkret tun, um meine Arbeit am Menschen noch effizienter zu gestalten?*

G-G-J: ***Sie müssen Ihre Sensitivität entwickeln. Sie haben ein extrem großes sensitives Potential. Das ist der Grund, warum ich eine Intention hegte, überhaupt einen sehr minimalen Kontakt herzustellen.***

Wie Sie das erreichen? Indem Sie es zulassen und die Angst vor Ihrem kritischen Verstand verlieren. Machen Sie Übungen für Sensitivität, indem Sie versuchen, sich ganz in den Patienten hineinzuversetzen, sich selbst dabei zu vergessen und zu fühlen, als wären Sie der Patient.

Und haben Sie keine Angst davor, die Intimsphäre zu verletzen. Der Mensch kommt zu Ihnen, weil er Hilfe sucht – ansonsten könnten Sie ihm ohnehin nicht helfen. Aber Sie können viel über sich selbst erfahren.

Ich gebe Ihnen nur die eine Botschaft: Wir bitten Sie sehr, Ihre äußerst starke Sensitivität zu respektieren und zu entwickeln.

Therapeut: *Ja. Sie haben sich ja früher, zu Lebzeiten, als einer der ganz wenigen westlichen Wissenschaftler, intensiv mit Kundalini beschäftigt. Sie haben, glaube ich, auch ein Vorwort zu einem Buch von Gopi Krishna geschrieben, dessen Anliegen es war, die Kenntnis der Kundalini stärker zu verbreiten, da seiner Ansicht nach die Kundalini das Hauptmedium der menschlichen Evolution darstellt.*

Was könnte man heute tun, um diese Kenntnis der Kundalini, die den evolutionären Prozeß im Menschen beschleunigt, noch weiter zu verbreiten?

G-G-J: ***Der Mensch befindet sich in einem Übergangsstadium der Evolution, die diesen langsamen spiralförmigen Weg gegangen ist. Angefangen hat dies zur Zeit der Entdeckung des Feuers, als der Mensch das erstemal die Angst entdeckte. Indem er das äußerliche Feuer entdeckte, entdeckte sein Unbewußtes auch die Kraft der Transformation.***

Was ist dieses Feuer der Transformation? Das Verbrennen der niederen Schwingung, das Transformieren eines langsam schwingenden Zustandes in einen höherschwingenden. Was ist der höherschwingende Zustand? Es ist das Bewußtsein der Verbindung, das innere Wissen, daß wir weiter und mehr sind

als ein beschränktes Bewußtsein in einem sich langsam bewegenden Körper.

Ich sprach schon zu meinen Freunden hier über das Missing link. Ich sprach über den Tag, an dem das Urwesen, das sich zum heutigen Menschen entwickelt hat, als das weibliche Wesen das erstemal, während es mit einem männlichen Wesen zusammen verkehrte, etwas in seinem Herzen fühlte. Wir bezeichnen es als Liebe. Da wurde viel bewußt, es geschah sehr viel, es kam sehr viel Angst hoch, die Energie stieg auf, stieg bis zum Herzen auf.

Die wenigsten Menschen haben diesen Schritt schon nachvollzogen. Viele leben noch mit sehr verdrängter Kundalini, mit einer sehr im untersten Chakra gehaltenen Sexualenergie. Wir verstehen noch gar nicht, was das ist, die Kundalini. Diese Kraft hat nichts mit Sexualität zu tun. Denn das, was die Menschen als Sexualität verstehen, ist ein sehr beschränktes empfindungs- und körperbefriedigendes Lustprinzip.

Je höher du es zuläßt, daß diese Kraft aufsteigt, um so integrierter fühlst du dich auch mit anderen Individuen. Und um so weniger kann Egoismus leben, das heißt, wir müssen ihn nicht bekämpfen. Je mehr wir lieben, um so weniger kämpfen wir, und wenn wir durch die Angst gegangen sind, erleben wir ein immer stärkeres Zunehmen dieser Kraft in Richtung nach oben. Oder, wie wir es auch bezeichnen können, wir gehen von innen ausgerichtet ins Universum wieder zu uns zurück.

Es ist ein ganz langer Evolutionsprozeß. Aber je mehr einzelne Menschen diesen Weg der inneren Kraft gehen, um so intensiver wird dieser Prozeß auch in den unerweckten Energiesystemen aktiviert. Es ist auch ein Prozeß, der sich in den unbewußten Schichten der Menschheit abspielt. Die Menschen haben ein Gefühl dafür, nur geben sie es nicht immer ihrem Tagesbewußtsein frei.

Das Überschreiten dieser Sperre, von der ich oftmals sprach, ist mit vielen schlimmen Konfrontationen verbunden. Wir alle – ich spreche in eurem Namen – haben Angst zu sterben oder daß etwas stirbt, das wir kennen. Aber die Antwort auf Ihre Frage ist die: Je mehr Menschen diese Kraft in sich fühlen – und zulassen, daß sie aufsteigt –, um so mehr aktivieren sie das gesamte Potential der Menschheit.

Ich könnte nur noch eine Frage beantworten, dann muß ich gehen.

Therapeut: *Ich habe in meinem Patientenkreis einen sehr harten und sehr klassischen Fall von Errötungsphobie. Welche Schritte schlagen Sie vor?*

C-G-J: ***Einen Moment bitte.***

Kurze Pause.

C-G-J: ***Dieser Mensch hat Angst vor seiner Sexualität. Bereits als Kind hatte er dieses Problem, diese Schreckensängste, bei etwas Schlechtem ertappt zu werden. Diese Ängste entstammen, soweit ich mich einfühlen kann, einem noch nicht integrierten Verhältnis zu seiner Mutter. Die nicht eingestandenen Lustgefühle und der Wunsch, mit anderen Menschen sexuell zu verkehren, bedeuten in Wahrheit nichts anderes, als Eins-werden zu wollen. Es bedeutet auch, daß dieser Mensch etwas in sich sehr verteufelt und abgetrennt und verdammt hat. Immer, wenn diese Energie aus dem Unbewußten an die Oberfläche kommt, treibt sein Verstand ein Spielchen. Er kann ihm nicht die Wahrheit seines Bedürfnisses zeigen, sondern er muß eine Ausrede finden.***

Es wäre angebracht, sich sehr tief mit dem Prinzip der Sexualität und ihrer positiven spirituellen Ebene auseinanderzusetzen.

Ich danke Ihnen.

René: *Danke schön. Bis bald wieder.*

Nach diesem Dialog saßen wir noch länger zusammen, und fantasierten, von 'Jung' angeregt, über das inhaltliche Aussehen von künftigen spirituellen Therapiezentren. Vom obigen Gesprächspartner CeGes wurden inzwischen übrigens ansatzweise – gemeinsam mit Therapeutenkollegen – einige dieser Ideen verwirklicht. Das wissen wir, weil wir mit diesem unorthodoxen Heiler später noch weiteren Kontakt hatten. Er sandte 'Jung' eine seiner schwierigsten Fallgeschichten, auf die CeGe postwendend Antwort gab, indem er seine therapeutischen Vorschläge in einen Brief an den Heilpraktiker diktierte. Mehr darüber in einem der Folgebände.

78. Kontakt – 3/6/88 – 11.00 h – Persönliche Konsultation in Berlin

Singendes, schwingendes Universum

Im Anschluß an unsere Teilnahme an dem Hamburger Kongreß kamen wir kraft diverser Zufälle bis nach Berlin, wo wir privat in der Wohnung eines mittelalten kinderlosen Paares Logis fanden. Die Dame des Hauses hatte unsere Bücher gelesen und uns gebeten, wegen der Schwierigkeiten ihres Mannes mit dem Hörorgan, einen Kontakt zu 'Jung' zu versuchen. Wir arrangierten daraufhin kurzerhand ein Direktgespräch mit dem Hörbehinderten. Belustigend war neben dem Gespräch selbst auch die Niederlassung Mira-'Jung's in einem alten Ohrensessel, der aus Lebzeiten Carl Gustavs hätte stammen können.

Mira (während des Aufbaus der Aufnahmegerätschaft zum Klienten): *Der 'Jung' hat gerade gesagt: **›Du sollst Dir Dein Hörgerät ans Ohr klemmen‹**. Und im Vorbeiflitzen jetzt sagt er noch: **›Die ganze Welt braucht Hörgeräte, damit sie uns endlich hört. Aber die Menschen müssen auch daran arbeiten, damit sie uns hören können.‹** Ist er nicht witzig?*

Nach nur einigen Sekunden Meditation Miras war CeGe augenblicklich auch verbal zur Stelle:

C-G-J: **Bin da.**

René: *Ja, wir begrüßen Sie – im Hause eines Berliners, wie Sie vielleicht wissen.*

C-G-J (zum Klienten): ***Ich begrüße Sie.***

Klient: *Auch ich begrüße Sie, Herr 'Jung'. Ich habe Probleme mit meinem Ohr, das heißt, Probleme habe ich nur äußerlich. Innerlich habe ich sie eigentlich nicht, aber es wird zu einem Problem für meine Freundin, daß ich eben zu wenig höre. Deshalb wollte ich Sie fragen, wie es denn um Schwerhörigkeit allgemein und dann im besonderen bestellt ist?*

C-G-J: ***Ich bedanke mich für das Vertrauen, das mir Ihre Freundin entgegenbringt und für die Hoffnung, die mein Archetypus in ihr erweckt hat. Es ist wohl das Ziel, die Hoffnung nach Erlösung nie aufzugeben. Worauf Ihre Freundin hofft, ist die Lösung eines Problems, auf das viele feinfühlige und denkende Menschen warten: Frei sein von Schuld.***

Die Verarbeitung eines Problemes geschieht über das kollektive Unbewußte. Und die Lösung bringt jedes Individuum wie ein Kanal mit ein. Es ist wie mit einer Glocke, die erst tönen kann, wenn man mit einem Stab darauf schlägt oder sie am Strange zieht.

Das kollektive Unbewußte ist die Glocke, doch derjenige, der zieht, oder das, was schlägt, ist das göttliche Bewußtsein in jedem Individuum.

Die Gnädige Frau bedauert, daß Sie nicht mehr Aktivität einsetzen, um diese Glocke zum Schwingen zu bringen. Es nützt nichts, diese Glocke nur zu hören- obwohl viele Menschen sie noch nicht einmal hören können. Diese Glocke schwingt in so vielen Bereichen, aber viele Menschen können sie dennoch in dem Bereich, in dem sie im Moment leben, nicht wahrnehmen.

Liebe bedeutet, die Glocke so lange schwingen zu lassen, bis sie an das Ohr jedes Tauben führt.

Die Verantwortung, die wir tragen, ist jenseits von Schuld. Sie beruht auf dem übergeordneten Wissen, daß Liebe nur voll zur Wirkung kommt, wenn jeder Mensch versucht, die Glocke in seinem Schwingungsfeld, in dem er lebt, zum Klingen zu bringen, um dem kollektiven Bewußtsein seinen Teil hörbar zu machen.

Horchen Sie ganz tief in sich hinein: Hören sie den tiefen Klang der Mutter, den Urlaut der Glocke, das Symbol der Weiblichkeit. Der Strang wird gezogen von der Willenskraft der allmächtigen Liebe.

Es geht nicht darum, nur diese Glocke zu hören. Mein Freund, es würde sich lohnen, mehrere kleine Glöckchen zum Schwingen zu bringen, aus Liebe und Dankbarkeit für alle Sie liebenden Wesen.

Wir sind ein singendes, allseits schwingendes Energiepotential. Doch wir sind noch mehr: Wir bestehen aus Bildern und Träumen, aus Emotionen, Vergangenheiten und Zukunften. Wir sind die Essenz des Lebens, und wir haben ein großes Geschenk in uns: Den Willen, dieses schwingende Universum in eine immer höhere Symphonie, in einen Gleichklang und ein Geschenk an die Götter zu verwandeln.

Ein Totenglöckchen – Sie kennen das Gedicht?

René: *Ich glaube nicht, daß er es kennt.*

C-G-J: ***Ich habe es Mira mal durchgegeben und werde es jetzt nicht rezitieren.***

René: *Wir werden es ihm schicken.*

C-G-J: ***Ja bitte.***

Einschub: Dieses nachfolgende Gedicht, das Mira ganz besonders in ihr Herz geschlossen hat, wurde uns etwa 1982/83 durchgegeben – zu einer Zeit, in der wir nicht einmal im Traum daran dachten, jemals mit 'C. G. Jung' zu kommunizieren. Da dieses damals ohne Absender übermittelte Stück Poesie zugegebenermaßen von CeGe stammt, bedeutet das letztlich, daß unser jenseitiger Begleiter faktisch schon seit Anbeginn unserer Trance-Experimente zugegen war und offenbar nur noch den Zeitpunkt unserer Reifung abwartete, um sein jenseits gesammeltes Werk zu transferieren.

C-G-J: ***Ein Totenglöcklein streift mein Ohr,***
Ich laß es leise singen,
Auf daß im ganzen Leben
Die gleichen Glocken klingen.

Das Leben ist so kurz,
Das Leben ist so lang,
Und wenn ich wirklich liebe,
Dann wird mir niemals bang.

Und wenn ich wirklich strebe,
Zu kommen nur zu mir,
Dann komm ich, o mein Vater,
Genauso schnell zu Dir.

Der Weg ist breit,
Der Weg ist schmal,
Denn beides hat den Sinn
Zu gehen und zu laufen,
dorthin, wo nur ICH BIN.

Vertrau auf Deine Seele,
Vertrau auf Deinen Mut,
In Gottes Händen, weißt Du
Wird immer alles gut.

Weiter Originaltext 78. Kontakt:

G-G-J: ***Gedichte – eine Sprache der Seele. Einer Schwingung, die uns in unseren tiefsten Schichten trifft, genügen wir nicht, indem wir sie hören. Wir müssen versuchen, sie auch anderen Menschen hörbar zu machen. Wir sind ein singendes, schwingendes Universum.***

Sehen Sie doch Ihre Freundin, diese große, strahlende, goldene Glocke! Wenn der Strang an der Glocke lose hängt, fühlt sie, daß Ihre Bestimmung noch nicht vollständig erfüllt ist. Eine Glocke ist davon abhängig, daß sie jemand zum Läuten bringt.

Und Demut bedeutet, warten zu können, bis das innerste Selbst und die Bestimmung durch eine Berührung Gottes zu einer Offenbarung wird.

Ich muß gehen und bedanke mich.

Klient: *Ich bedanke mich ganz, ganz herzlich. Es war mir eine ganz große Ehre. Dankeschön.*

Mira war happy, besonders weil das Gedicht von 'Jung' ist.

Mira: *Heute hat er erstmals eindeutig zugegeben, daß was von früher von ihm ist. So direkt hat er das noch nie getan.*

René: *Also, ich bin echt erstaunt. Möchte doch wissen, wie viele der alten Durchgaben noch von ihm sind?*

79. Kontakt – 10/6/88 – 10.45 h – Stützpunkt Wien/Persönl. Dialog I

Wozu lebe ich?

CeGe und Mira waren eingeladen, in der Praxis jener Wiener Therapeutin, die 'Jung' schon sechs Wochen zuvor zusammen mit einem jungen Arzt gesprochen hatte, weitere Konsultationen für deren Klienten abzuhalten. Daraus entwickelte sich mittlerweile ein regelrechter Stützpunkt, um spirituell reife Interessenten aus Wien und Umgebung mit Carl Gustavs Hilfe noch bewußter werden zu lassen. Der erste Klient war eine Frau mittleren Alters.

C-G-J: ***Ich freue mich, Sie begrüßen zu dürfen.***

Therapeutin: *Wir auch.*

C-G-J: ***Versuchen wir, von Frau zu Mann zu sprechen*. Was bedeutet es oder wer sind wir, wenn wir als Frau in einem Körper wohnen? Oder als Mann?***

Therapeutin: *Der eine Pol ist im Schatten.*

C-G-J: ***Was ist der Schatten, Gnädige Frau?***

Therapeutin: *Ich meine das, wofür Sie das Wort geprägt haben.*

---

* Mit dieser Formulierung griff 'Jung' bereits dem nachfolgenden Gespräch mit der Klientin vor.

G-G-J: **Wer möchte zuerst mit mir sprechen?**

Die Therapeutin deutete ihrer Klientin den Vortritt an.

Klientin: *Schön, daß Sie da sind. Ich bin hergekommen, um etwas über mich zu erfahren. Wie sehen Sie mich? Ich kann mich nicht finden.*

G-G-J: **Fühlen Sie sich? Haben Sie manchmal das Gefühl, keine wirkliche Frau zu sein?**

Klientin: *Ich weiß gar nicht, was Sie da fragen. Ich frage mich, was ich eigentlich in meinem Leben tun soll? Wo soll ich meine Kraft einsetzen? Wo kann ich dienen?*

G-G-J: **Als Frau?**

Klientin: *Warum als Frau?*

G-G-J: **Hören Sie das nicht gerne?**

Klientin: *Doch, ich vergeß es nur immer wieder.*

G-G-J: **Warum vergessen Sie es?**

Klientin: *Weil ich meine, daß es für meine Tätigkeit unwesentlich ist, ob ich Frau oder Mann bin.*

G-G-J: **Sehen Sie, ich kann nicht gut zu Ihnen sprechen, weil ich eine Wand sehe. Sie müssen da drüber steigen. Erzählen Sie ein bißchen über sich. Ich möchte nicht in Ihre Intimsphäre eintreten, bevor Sie nicht Ihr Herz öffnen. Also sprechen Sie etwas, damit wir kommunizieren können. Was ist Ihre Tätigkeit?**

Klientin: *Ich gehe verkaufen. Ich möchte aber zu den Menschen sprechen.*

G-G-J: **Sprechen? Was möchten Sie in den Menschen ansprechen?**

Klientin: *Ich möchte den Punkt aufzeigen, wo der Mensch mit seiner Heilung beginnt.*

G-G-J: **Was verkaufen Sie?**

Klientin: *Bücher, Schulbücher.*

G-G-J: **Sind Sie Mutter?**

Klientin: *Ja, ich habe eine kleine Tochter.*

G-G-J: **Ich möchte mit Ihnen über etwas sprechen, was Sie vielleicht gar nicht interessiert: über das Herz einer Frau!**

Klientin: *Sprechen Sie.*

G-G-J: ***Wenn eine schöne Frau zu einem Mann sagt: ›Ich weiß nicht, wer ich bin? Ich fühle nichts.‹ Was soll der Mann dann antworten?***

Ich versuche jetzt, zu fühlen, was Sie fühlen, und ich fühle eine große Leere – fähig zur Empfindung, aber ohne Zentrum. Was macht es aus, daß wir uns innerhalb unseres Selbstes konzentrieren können – als Mann und als Frau?

Bevor wir androgyne Wesen sein können, müssen wir die Energie, von der wir hauptsächlich durchpulst werden, fühlen und lieben lernen und darin unser Zentrum finden.

Ist es für Sie wichtig, eine Frau zu sein?

Klientin: *Nicht sehr. Ich bin's halt nur.*

G-G-J: ***Sehen Sie, Gnädige Frau, das ist Ihr Problem.***

Klientin: *Ich habe das Gefühl, als wäre ich energielos.*

G-G-J: ***Ich sehe es.***

Klientin: *Und wo finde ich meine Energie? In welchem Ausdruck?*

G-G-J: ***Als Frau! Solange ich zu Ihnen in diese Leere spreche, in dieses verdrängte Vakuum, das anstatt eines weiblich pulsierenden Herzens in Ihnen ruht, werden meine Worte leere Worte sein. Leider, oder Gott-sei-Dank, spreche ich über eine Frau. Der Grund, warum ich das tue, ist der, daß Sie fähig ist, mittels Ihres weiblichen Herzens, die männliche inspirierende Kraft aus dem Universum aufzunehmen und auszudrücken. Die beiden Kräfte im Universum – die Chinesen bezeichnen sie auch als Yin und Yang – sind die beiden Aufbaukräfte, welche die Erscheinungswelt hervorgebracht haben: die Differenzierung, die Schöpfung und Schöpferkraft, Aufbau und Zusammenbruch. Natürlich sind wir auf einer übergeordneten Ebene beides, und immer trägt die Frau auch den männlichen Pol als Schatten, ebenso wie der Mann den weiblichen Pol als Schatten in sich trägt. Doch bevor wir dieses ungeheure Potential in uns fühlen können, müssen wir zu dem stehen, womit wir gekommen sind. Es ist für mich schwierig, einer Frau zu erklären, was eine Frau ist. Aber Gnädigste, ich vermisse diese Frau bei Ihnen. Ich möchte Sie darauf hinweisen, daß ich fühle, daß Sie hier eine Stelle in Ihrem Herzen nicht fühlen und daß Sie es versäumen, sich herzuzeigen und herzugeben, auf einer Ebene, wo Sie vielleicht sehr verletzlich*** sind. Aber erst dann können Sie die Kraft fühlen, mit der Sie gekommen sind. Zerstörbar zu sein ist der größte Triumpf, den ein weibliches Wesen besitzt. Zerstörbar, verletzlich, sensitiv, instabil, absolut liebend, alles miteinbeziehend, phantasievoll und vor allem den Kern, den Pulsschlag des Lebens in sich fühlend, der neues Leben hervorbringt.

Was soll ein Mann an der Seite einer Frau, die keine Frau ist? Ich würde Sie gerne verletzten, Gnädige Frau, denn vorhin sagten Sie, es sei Ihnen egal. Und ich sage: Solange Sie nicht die Frau, das Weibliche in sich, lieben lernen, werden Sie die Fülle des Lebens niemals erreichen. Es gibt eine Leere, durch die erst Fülle möglich wird, und diese Leere entsteht durch das Freigeben und Fließenlassen von alten Blockaden.

Warum sind Sie so verwundet? Sprechen Sie doch!

Klientin: *Es sind immer wieder die kleinen Verletzungen gewesen, die mich in der Seele und im Herzen so erdrückt haben. Und sie hören nicht auf.*

G-G-J: Darf ich Sie unterbrechen, ich sehe es. Sind Sie doch froh darüber. Solange Sie diese Verletzungen fühlen, Gnädige Frau, haben Sie die Möglichkeit, diese Verletzlichkeit als größte Chance für Ihr weibliches Potential zu erkennen und aufzuwachen. Es ist eine Herausforderung, liebender zu werden. Als Jesus am Kreuz hing, da sagte er vielleicht — vielleicht auch nicht, aber man kann es so sagen: ›Mein Gott, mein Gott, warum hast Du mich verlassen?‹. Ich glaube in dem Stadium befinden Sie sich öfter. Es scheint fast, als wäre es ein ständiger Zustand — ihr Hängen am Kreuz und das Gefühl des Verlassenseins.

Klientin: *Ja.*

G-G-J: Sehen wir doch nach vor und zurück zu Jesus. Dieses höchste Potential, das jemals bis heute auf dieser Erde geboren wurde, hatte das allerstärkste Motiv, sich sogar selbst der Liebe zu opfern. Nur wenn man weiß, daß man die Liebe ist, verkauft man sich nicht. Dieser unabdingbare Glaube an die gute, liebende Schöpferkraft und dieses Potential, diese Kreativität, die diesen ungeheuren Bewußtseinsschub unter den unbewußten Menschen hervorgebracht hat, sollte uns doch Hoffnung machen und ein Wegweiser sein. Gehen wir noch ein Stück weiter: Wäre Jesus in dem Zustand verharrt, wäre er nicht Jesus gewesen. Gnädige Frau, er wäre auch sicherlich nicht so attraktiv gewesen, um ans Kreuz genagelt zu werden.

Diese Beschränkungen, die uns von der Außenwelt auferlegt werden, diese Manipulationen und Sticheleien, dieser Ärger, diese Depression und Frustration, das alleine wäre es nicht wert, ein Leben zu leben. Nicht wahr?

Sie haben sich wohl öfter die Frage gestellt: Wozu lebe ich überhaupt?

Klientin: *Mmmh, ja.*

G-G-J: Ich sehe es. Nun, wozu leben Sie?

Klientin: *Ich lebe gar nicht.*

G-G-J: Doch. Sie haben sich die Frage gestellt: Warum bin ich überhaupt existent? Warum bin ich hier? Was soll das Ganze? Eine bemerkenswerte Frage! Doch wenn Sie nicht fühlen, daß Sie selbst die Kraft in Händen haben, den Sinn im Leben zu finden, dann werden Sie schwerlich einen finden.

Sie sind zu mir gekommen und wollen hier einen Jenseitigen etwas fragen, was Sie nicht wissen. Ich kann Ihnen nur meine Antwort geben: Ich wünsche mir von Ihnen, daß Sie eines Tages das Glück und die Glückseligkeit der absoluten Verletzlichkeit und Ekstase der Frau erleben. Die Wunde, an der Sie festhalten und die Sie angeblich daran hindert, eine Frau zu sein, wäre genau der Schritt, den Sie machen könnten. Üben Sie sich im Verzeihen und im nicht darüber Nachdenken, wer Sie sind und warum Sie hier sind. Allein daß Sie hier sind, sollte Grund genug für Sie sein, der unbewußten Welt eine Türe zu öffnen und das anzunehmen, was in Ihnen schlummert.

Fragen Sie mich jetzt nicht wie! Ich sehe diese Frage und den Abgrund, vor dem wir stehen, wenn wir fragen: Aber wie? Diese Frage ist der größte Abwehrmechanismus, den man sich nur zulegen kann. Wichtiger ist es, zu fühlen und zu sagen, daß man es möchte. Ich bin bereit zu helfen, dem Unbewußten und Unterbewußten seinen Weg zu bahnen, ohne den logischen Verstand dazu nötig zu haben. Fragen Sie nicht wie! Sehen Sie, daß die unbewußte Welt, das Unterbewußtsein, der Schatten und all das verdrängte Potential in Ihnen liegt, daß Sie es in sich tragen.

Es gibt keine spezielle Technik, es gibt nichts, was man anwenden könnte, und es gibt auch keinen Mann und Men-

schen, der Ihnen die Tür öffnet. Gnädige Frau, es ist Ihr liebendes Herz, das bereit ist, sich von der Destruktivität zerstören zu lassen. Wovor wir soviel Angst haben, sind diese Mächte und Kräfte der Göttlichkeit in uns, die wir Tag und Nacht verdrängen, um an dem festhalten zu können, wovon wir glauben, daß wir es sind. Fragen Sie mich bitte nie mehr wie!

Ich sehe in Ihnen ein großes, hartes, kämpferisches, männliches Potential. Das kann nicht positiv ausgelebt werden, wenn Sie nicht die Frau aus der Ecke herausrücken. Fragen Sie mich bitte nicht, was soll ich tun, damit ich Frau bin? Solche Fragen stellt ein Mann. Sie sind eine Frau, und ich finde es schade, daß Sie diese spezielle, feine, sensitive Kapazität der Welt vorenthalten, nur weil Sie ihr böse sind, da sie Sie verletzt hat.

Die Idee, daß wir die Welt sind, ist die Idee des Jahrhunderts, in dem wir uns gerade befinden. Dieselbe Idee wäre es zu sagen: Wenn immer jemand frech ist, ist ein Teil von mir frech. Was möchte ich mir sagen? Es könnte doch auch sein, wenn Sie gegen Wände stoßen oder jemand bockig ist, daß dies ein Spiegel für Ihre eigene Verletzlichkeit ist. Wenn Sie es einmal wagen, einen Schritt herauszutun, und sich zeigen, werden Sie vielleicht die Angst empfinden, abgeschnitten zu werden. Was und wer aber wird abgeschnitten?

Sobald wir es wagen, uns zu offenbaren, ist die Kraft mit uns – ansonsten könnten wir uns nicht offenbaren. Immer dann, wenn wir uns offenbaren, auch wenn wir dabei verletzt oder gar ermordet werden, war die Kraft mit uns, und wir haben sie gespürt. Und das zahlt sich aus.

Fühlen Sie doch diesen Ring, diesen engen Panzer um Ihr Herz herum. Es gibt ein Lied, ich glaube von Prinz Eisenherz. Er ist ein Ritter gewesen mit einem verwundeten Herzen, und er hatte Eisenreifen herumgetan, um es zusammenhalten zu können. Doch als er eines Tages auf dem Wagen fuhr, eine schöne Frau sah und die Liebe fühlte, zerbrach diese Kraft sogar die Eisenreifen.*

Warum haben Sie nur soviel Angst vor der Hingabe in Liebe?

Ich verabschiede mich.

Therapeutin: Dankeschön.

---

* Wer von unseren Lesern dieses Lied kennt, möge es uns bitte mitteilen.

Appendix
FEEDBACK & FAKSIMILES

Stimmen aus der Jungianischen Szene

Eine CeGe unterstützende Gruppe Jungscher Analytiker in San Francisco.

›... Ich bin positiver beeindruckt, als ich vermutet hatte. Es ist höchst wahrscheinlich, daß das, was uns durch den Channel erreicht, auf irgendeine Weise Kommunikation von Carl Jung ist. Ich bin davon überzeugt, daß die Natur des übermittelten Materials von beträchtlichem Wert für unsere Gesellschaft ist ...‹

John L. Levy – former Executive Director of the C. G. Jung Institute of San Francisco

›... Nach Begutachtung der deutsch publizierten Bücher und der Betrachtung eines Videos, das den Erhalt der Informationen durch Mirabelle zeigt, bin ich reichlich beeindruckt. Das Material ist für mich von außergewöhnlichem Interesse und wird natürlich Kontroversen auslösen ...‹

Elisabeth K. Osterman, M.D., Ph.D. – Senior Analyst, C. G. Jung Institute of San Francisco

›... Die Inhalte verdienen zweifellos Beachtung in Form umsichtiger und sensitiver Studien. Wie auch immer man diese Informationen versteht, sie zeigen uns, daß wir vieles daraus lernen können. Ich bin persönlich äußerst interessiert und begierig, Zugang zu den weiteren Unterlagen zu finden. Ich empfehle, in diese Angelegenheit mit der rigorosen Geisteshaltung eines Forschers hineinzugehen, mit besonderer Berücksichtigung der Möglichkeit, das Geoffenbarte beeinflussend zu beeinträchtigen und sich so das Beste aus dem Vorhandenen zunutze zu machen ...‹

Wayne K. Detloff, M.D. – Senior Analyst, C. G. Jung Institute of San Francisco

›... Das gesamte produzierte Material erinnert mich eindeutig an Jung! ...‹

Doris B. Albrecht – Bibliothekarin des Analytical Psychology Club of New York

›... Ihre Bücher sind merk-würdig wunderbar! ...‹

Alice O. Howell – Autorin und Fakultätsmitglied der C. G. Jung Institutes of Los Angeles and Chikago

Stimmen aus der Jungianischen Szene

›... Ich fand die Aussagen, die eindeutig von einer hohen Intelligenz kommen, höchst interessant und von heutigen spirituellen Gesichtspunkten bestimmt ...‹

Arthur Hastings, Ph.D. – Institute of Transpersonal Psychology, Menlo Park, CA.

›... Sehr geehrte Kollegen! ... war auch Jung-Therapeut ... bin inzwischen 84 ... meinen Respekt für Euch ...‹

Univ.Prof. Dr. Wolfgang Hochheimer – Berlin

›... Mirabelle Coudris ist sicherlich ein ganz besonders begabtes und glaubwürdiges Medium. Nachdem ich die von ihr gechannelten Mitteilungen C. G. Jungs gehört und gelesen habe, möchte ich meine Überzeugung bescheinigen, daß unser geliebter Lehrer und Analytiker durch sie spricht, auch wenn er gelegentlich ihr Vokabular verwendet. Wir sollten nicht vergessen, daß C. G. Jung nunmehr von einer neuen Stufe aus agiert, einer Ebene voll neuer Einsichten und neuentdeckter Dringlichkeiten ...‹

Cornelia Brunner – ehem. Präsidentin des (Jungschen) Psychologischen Club Zürich

›... eine wundervolle Arbeit auf dem Feld der Esoterik. Mirabelle ist ein begnadet sensitives und helles Medium, was in den bislang publizierten Büchern und im TV-Trance-Interview eindrucksvoll bezeugt wird. Eine Gruppe von Mitgliedern unserer Gesellschaft hat mit Mirabelle und René fortlaufende Zusammenkünfte vereinbart, um mit dieser Jungianischen Intelligenz wissenschaftliche Séancen abzuhalten. Wir hoffen, daß die seriöse Arbeit der beiden auch anderweitig weitestgehende Unterstützung erfahren wird ...‹

Nené von Muralt – Dipl.Psychologin, 'Jungianerin' und Vorstandsmitglied der Schweizer Parapsychologischen Gesellschaft, Zürich-Küsnacht

›... Jung selbst hat zu Lebzeiten oft gesagt, er wisse noch viel mehr, als er in seinen Arbeiten geschrieben habe; doch könne er jetzt nicht alles davon mitteilen, weil die Zeit dafür noch nicht reif sei; die Menschen könnten es noch nicht verstehen. Zwar bin ich Jung nie persönlich begegnet, doch habe ich die meisten seiner Arbeiten gelesen. Wohl ist vieles Gesagte neu, doch erinnert mich Jung's jetzige Art des diskursiven Denkens an früher. Ich finde die Aussagen der Übermittlungen ganz wunderbar und danke Ihnen herzlich für Ihre Mühen, die mir dieses Erlebnis ermöglichten! ...‹

Avo Harnik, Dr. phil. – Dipl. Analyt. Psychologe (C. G. Jung-Inst.) Bern

›... ich glaube nicht, daß der „spirit", dessen Botschaften Sie hier bekunden, irgendetwas mit C. G. Jung zu tun hat. Wer die Werke Jungs kennt, findet keinerlei Ähnlichkeiten zwischen Ihren Botschaften und den Schriften Jungs, ... Ich kann mir nicht vorstellen, daß Sie damit die Fachleute irgendwie beeindrucken können. Gewiß hat Jung durch seinen Transitus eine letzte Reife erfahren; davon ist in den angeblichen Botschaften nichts spürbar ...‹

Josef Maderegger, Mag. phil. et theol. – Fach- und Tiefenpsychologe (C. G. Jung), 2. Vorsitzender der Österr. Gesellschaft für Analytische Psychologie, Wien

Auszüge aus diversen Presse-Kommentaren

›... ER IST ES! Meine Rezension des 1. Bandes der 'Jung'-Durchgaben nannte ich: ›SIND SIE ES, DR. JUNG?‹, denn damals brandete noch der Streit, ob es denn tatsächlich der Jungsche ›Persönlichkeitskern‹ sei, der sich da kundtat. Nun aber ist es an der Zeit, Farbe zu bekennen. Zumal – und gerade weil – die Jungsche Erbengemeinschaft immer noch nichts dazugelernt hat und lieber ihre inzwischen schon an das Lächerliche grenzenden juristischen Attacken fortsetzt – damit doch nur dokumentierend, wie weit sie intellektuell, wie in den Persönlichkeitsstrukturen, hinter dem berühmten Vorfahr hinterherhinkt ...
... Fortan weigere ich mich, 'Jung' weiterhin in die juristisch verlangten Anführungszeichen zu setzen; die Sache ist mir schlicht zu kleinstkariert! Man braucht nur einmal die Sätze zu lesen, die Jung zum Verleger – auf dessen gezielte Fragen hin – sagt, um zu erkennen, daß sich hier eine Persönlichkeit äußert, die MINDESTENS über eine Intelligenz und ein Wissen verfügt, die eines C. G. Jung mehr als würdig wären. Wenn das aber so ist, und diese Persönlichkeit sich als DER C. G. Jung ausgibt, sollte man sie dann zum Lügner stempeln? Mit welcher Begründung? Hätte eine solche Entität es nötig, den jenseitigen Hochstapler zu spielen? Könnte das überhaupt ihrem Niveau entsprechen? ...
... Was da aus dem Mund einer jungen Frau mittlerer Bildung kommt, ist eine Fundgrube an Einsichten in tiefere Zusammenhänge, an Informationen über ›jenseitige‹ Verhältnisse und an tiefen Weisheiten, wie man sie einem Altgewordenen vom geistigen Format eines C. G. Jung zutrauen mag, niemandem Geringeren aber; die Echtheit der Aussagen bestätigt sich also aus sich selbst. Wer das nicht unmittelbar an den Sätzen und ihrem Gehalt erkennt, dem fehlt wohl der Maßstab für solche Qualitäten ...
... Freilich enthalten die Bände auch Passagen, die dem nicht ganz standhalten und dem Skeptiker Anlaß zu neuen Zweifeln geben könnten. Das aber tut insgesamt dem Wert des Werkes wenig Abbruch. Man mag also ruhig mit Spannung der kommenden Bände harren ...‹

Walter A. Frank, Dr. phil., Univ. Doz. Ethnologe – Schloß Vehn, BRD.

›... Wie es sich dann herausstellte, enthalten die Trance-Dialoge tatsächlich viel Amüsantes und Wesentliches, und hilfreiche Antworten auf Fragen, die heutzutage viele beschäftigen. Die Eigenständigkeit des Wesens C. G. Jung, wird gut spürbar. Mit anderen Worten: das Wesen, das hier spricht, hat uns beim Lesen berührt! ...‹

Jupiter-Journal – Zeitschrift für geistige Erneuerung.

›... egal, an welcher Stelle man die Bücher aufschlägt, auf beinahe jeder Seite werden die Paradigmen der Alten Welt niedergerissen. Jeder Band birgt eine Fülle von inspirierenden Gedanken, denen der Leser genügend Aspekte für die eigene Transformation abgewinnen kann ...‹

Alternativ-Magazin – Zeitung für Zweitbuchbesitzer.

›... Wir erleben mit diesen Kontakten die Geburt einer neuen Ära der Tiefenpsychologie, Psychotherapie und Pädagogik – freilich nur jene, welche bereit sind, diesen Schritt der Überwindung herkömmlicher Denkschablonen mitzumachen. Man mag zu Trance-Übermittlungen stehen wie man will, man wird sich dennoch eines gewissen Tiefganges der geoffenbarten Texte nicht entziehen können ...‹

Netzwerk-Blatt, Basis-Information für Ökologie,
Gesundheit und Bewußtsein.

Presse-Kommentare / Lesermeinungen

›... scheint es uns nun an der Zeit, dieser an den Grundfesten der irdischen Psychologie rüttelnden Pionierarbeit einige Aufmerksamkeit zu schenken. Dieser Entität, die sich als vormals inkarnierter C. G. Jung zu erkennen gab, gelingt es jedenfalls, noch um vieles weiter als zu Lebzeiten in das Geheimnis der Persönlichkeit einzudringen ...‹

Pulsar – Wege zu einer Heilkunst des Lebens.

›... Die durch Mirabelle Coudris gechannelten Durchgaben des jenseitigen 'C. G. Jungs' dürften mit zum wertvollsten der gesamten neueren esoterischen Literatur gehören ...‹

Der Lebensbaum –
Literatur und Informationen für ein neues Bewußtsein.

›... Da mein Hauptinformant noch nicht allzu lange tot ist und somit alle seine Angelegenheiten noch unter das Copyright fallen, gebe ich ihn namentlich nicht an, da ich nicht dasselbe Schicksal erleiden möchte wie das österreichische Ehepaar Coudris, das Mitteilungen von C. G. Jung erhielt, sie veröffentlichte und prompt Schwierigkeiten mit den Inhabern der Verlagsrechte bekam ... ... Es ist nicht nötig, Wissen zu etikettieren und durch superbe Namen zu rechtfertigen ...‹

Penny McLean in ihrem Taschenbuch
›Zeugnisse von Schutzgeistern‹. (Auf dem Rückumschlag benennt Sie dennoch das ihr mittels Pendel und Planchette übermittelnde Wesen als Rudolf Steiner!)

... Seit fast 20 Jahren ist C. G. Jung für mich wichtig. Ich muß Ihnen sagen, wie direkt mich die Dokumentation Ihres Dienstes an der Menschheit erreichte und elektrisierte ...

... Euer Channeling spricht mir aus der Seele. Es werden so viele Themen angesprochen, die mich sehr tief bwegen. 'C. G. Jung' drückt in Worten alles so wunderschön aus, was tief in mir wie ein verborgener Schatz ruht ...

... meine Hochachtung und Bewunderung für Ihre Arbeit, die Sie in Verbindung mit dem sehr verehrten Herrn C. G. Jung aussprechen. Ich warte voller Ungeduld auf die weiteren Publikationen, die für mich schon bisher echte Lebenshilfe und geistige Bereicherung sind ...

... Auch als ›Nicht-Esoteriker‹ hat uns das, was C. G. Jung uns mitteilt, sehr bewegt. Unser Gewissen sagt uns, daß es stimmen muß. Vielen Dank für Ihre aufopfernde Mühe, die Sie für so viele auf sich nehmen ...

... hat mich wieder sehr beeindruckt. Manches wird mir bestätigt, einiges geht mir neu auf. Schon als Kind hatte ich einen ernsthaften Gesprächspartner, der mein Spiel durch unseren Garten – an welchem er stets vorbeispazierte – begleitete: C. G. Jung!

Ich wundere mich über die sture Haltung seiner Erben, die wohl nur Angst um ihre jetzt schon hohen Einkünfte haben. Bitte lassen Sie sich überhaupt nicht entmutigen ...

... Mir gefällt besonders gut, daß Sie Ihre persönliche Note darin einfügen. Anbei eine kleine Freude, weil ich weiß, daß zwei Menschen solch wunderbare Arbeit nicht alleine tragen können ....

RTLplus / ›Unglaubliche Geschichten‹

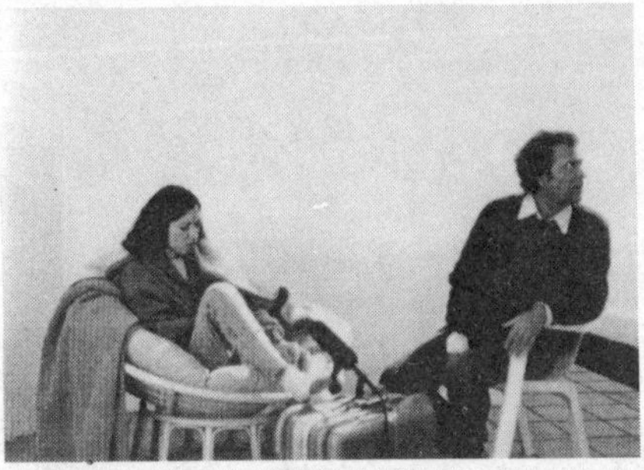

KURZE CHRONOLOGIE EINER UNGLAUBLICHKEIT:

- R. Holbe und Etora-Lanzarote luden uns zum Symposium ›Alle Wunder dieser Welt‹ ein.
- RTLplus/Holbe ersuchte uns für die Sendereihe ›Unglaubl. Geschichten‹ um eine CGJ-Live-Trance.
- Gegen Honorar in Form einer Video-Kopie des Interviews stimmten wir einem Versuch zu.
- Minuten vor dem Dreh geschah durch RTLplus eine tendenziöse Beeinflussung des Publikums.
- Der erste Kontaktversuch mit CGJ brach wegen überaus negativer Schwingungen ab.
- Ein zweiter Anlauf ohne Zuschauer gelang vorzüglich: Ein halbstündiger Dialog über Atlantis.
- Das RTLplus-Team weigerte sich strikt, den Mitschnitt zu senden und wie vereinbart zu kopieren.
- Erst nach zweijähriger Anwaltskorrespondenz gab RTLplus schließlich die Zusage zur Aushändigung.
- Anstelle dessen wurden uns jedoch die offenbar bewußt gelöschten Originalkassetten zugesandt.
- RTLplus-Boß Dr. Thoma war nicht willens, eine Aufklärung bzw. eine faire Lösung anzubieten.
- Nach Kündigung des Moderators R. Holbe wies ihm RTLplus die alleinige Verantwortung zu.

(Anbei die optischen Reste jener Trance-Sitzung.)

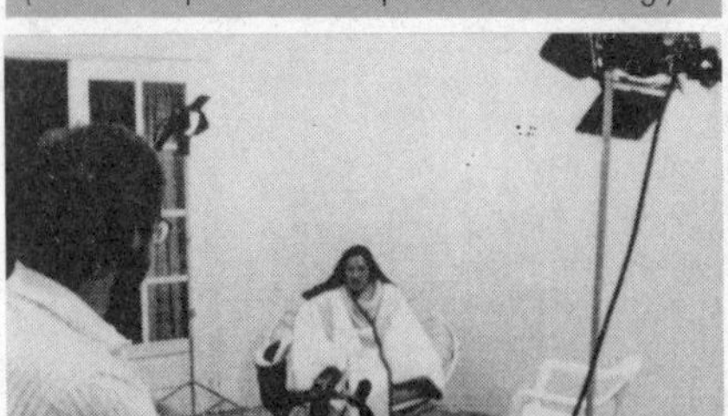

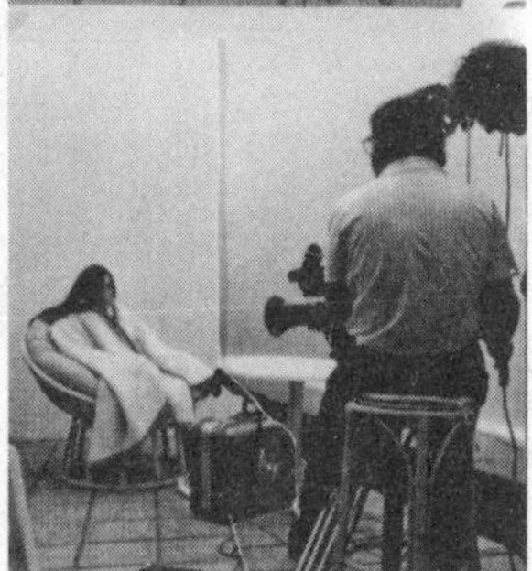

Antwortbrief auf Rainer Holbes Schreiben

Mirabelle & René Coudris
STUDIO PHOENIX-AUSTRIA
AQUARIAN AGE INSTITUTE
A-4863 POSTBOX 7
SEEWALCHEN AM ATTERSEE

11.Sept.1990

Lieber Rainer,

es freut uns, daß wir doch noch von Dir hören.

Nachdem uns von der RTLplus Rechtsabteilung soviel Unfug berichtet wurde, sind für uns in der leidigen Sache noch immer einige Fragen offen, bevor wir begreifen können, was da eigentlich los war.

Da Du, wie Du schreibst, kein persönliches Interesse hast, uns Informationen vorzuenthalten, bitten wir Dich, uns doch über die Hintergründe aufzuklären.

Wessen Interesse war es nun eigentlich, uns die vereinbarten Bänderkopien vorzuenthalten?
(Das Justiziariat nennt nun plötzlich Dich als Hauptverantwortlichen! So haben wir es lange Zeit auch gesehen, da Du ja als einziger Vertragspartner an uns herangetreten bist.)

Wer war nun wirklich der Entscheidungsbefugte? Wem gegenüber warst Du verantwortlich?
Wessen Entscheidung mußtest Du akzeptieren?
Wer hat die Ausstrahlung letztlich abgelehnt und warum?
Warst Du nun autorisiert, uns die Video-Kopien zu versprechen oder hast Du dies unrechtmäßig getan?
In welchem Archiv wurden die Kassetten gelagert, bei Dir oder bei RTLplus? Wer hatte Zugang zu der örtlichkeit?

Von wem wurde die Löschung der Bänder beauftragt oder durchgeführt? Wer muß das wissen? (Oder kann bei RTL jeder tun was er will?)

Wir möchten endlich Klarheit darüber, was da hinter den Kulissen wirklich geschehen ist und welche Motivation maßgebend war.
Daß, nur weil Du und der Redakteur nicht mehr bei RTL seid, Ihr keine Möglichkeit mehr habt, unser Begehren zu unterstützen, können wir nicht glauben. Du brauchst doch nur zu sagen, was passiert ist und dazu zu stehen. Der letzlich Verantwortliche wird sich dann finden lassen! (Wir wollen zumindest erreichen, daß uns als Ersatz der erneute Dreh einer 'Jung'-Trance mit einem Kamerateam unserer Wahl abgegolten wird. Das steht uns einfach zu und vorher werden wir keine Ruhe geben).

Wir haben übrigens von der gemeinen Methode, mit der Dich der Sender abservierte gehört. Vielleicht kannst Du jetzt besser verstehen, wie uns kleinen Fischen nach dem Eklat in Lanzarote zumute war.

So hoffen wir nun, von Dir letztlich doch noch in der Aufklärung über diese völlig ungerechtfertigten Attacke gegen unsere Arbeit unterstützt zu werden, auf daß unserer weiteren Freundschaft nichts mehr im Wege steht.

Es grüßen Dich noch immer voller Sympathie René Mira

René & Mira

›DIE SILBERSCHNUR‹ VERLAGSPROGRAMM:

Barbanell: **Was ist Spiritualismus?**
Barbanell: **Wenn dein Kind stirbt**
Borgia: **Begegnungen in der unsichtbaren Welt**
Borgia: **Das Leben in der unsichtbaren Welt**
Dooley: **„Silberbirke" spricht**
Fischer: **WU Wei, Lebenskunst des TAO**
Garside: **Ich bin das Licht**
H. Hesse: **IRIS**
Höpfner: **Einhandrute und Pyramidenenergie**
Hrdlicka: **Der Weg über die Grenzen**
Kübler-Ross: **Über den Tod und das Leben danach**
Linssen: **Vom Ego zum Licht**
Maag: **Der Nordwind erzählt**
Maag: **Jerinas Reise durch die Zeit**
Naylor: **Silberbirke und seine Lehren**
Ohlhaver: **Die Toten leben**
Ohlhaver: **Die Toten sind nicht tot**
Pekny: **Gesund durch Glauben und Liebe**
Raab: **Manche Kinder können uns sehen**
Raab: **Im Glanz der Morgenröte**
Schäfer: **Wo Schatten ist**
Scheer-Krüger: **Die Falterprinzessin**
Schiebeler: **Der Tod, die Brücke zu neuem Leben**
Schiebeler: **Leben nach dem irdischen Tod**
Seiling: **Goethe als Esoteriker**
Sharp: **Auch Tiere überleben den Tod**
Steiger: **Worte aus der Quelle**
Töpper: **Die Erfahrbarkeit außerkörperlicher Daseinsebenen**
Vogt: **Du bist Dein Weg**
Walter: **Unterwegs zur menschlichen Ganzheit**
Werkmeister: **Myrikos**

... ich schicke Ihnen anbei ein Buch mit den Visionen einer Jung-Schülerin, die schon lange hinübergegangen ist. Ich bin auch dankbar, wenn Sie es weitergeben, denn es liegt Giulia daran, daß auch Ihre Erfahrungen weitere Kreise erreichen ...

Die innere Welt

– Visionen von Giulia –

kommentiert und herausgegeben
von Cornelia Brunner
im Werner-Classen-Verlag, Zürich

Giulia, die in Wien bei Doktor Steckel zur Psychotherapeutin ausgebildet wurde, kam später zur weiteren Ausbildung und Analyse zu C. G. Jung. Im Alter von fünfzig Jahren, nach einer schweren Krankheit, setzten ihre Visionen ein, die C. G. Jung mit großem Interesse begleitet hat. Die Schwierigkeit bestehe aber darin, sagte er, dem Publikum solche Dinge verständlich zu machen. Cornelia Brunner, die in langem persönlichen Kontakt mit Giulia stand, hat es verstanden, ›solche Dinge‹ verständlich zu machen.

UNSER DANKESCHÖN AN SPONSOREN DES 'JUNG'-PROJEKTS:

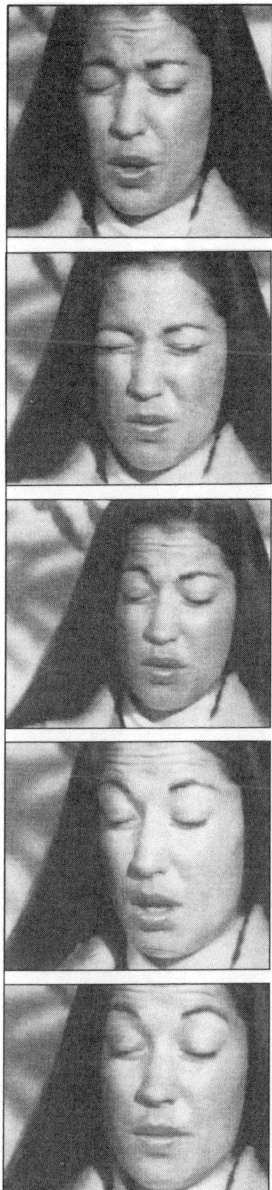

40minütige Video-Cassette mit dem SRG-Jung-Interview

... daß ich via Fersehaufzeichnung Zeuge von Miras C. G. Jung-Channeling wurde, hat mein Vertrauen in die kosmischen Zusammenhänge total gestärkt. Zu sehen, wie sich Mirabelles Gesichtszüge mit denen von C. G. Jung verbinden, wirkt so ungeheuerlich auf mich, daß meine Bereitschaft für eine neue Sichtweise wie eine weitere Dimension in mir aufbrach ...

Aus dem Brief einer Studentin am C. G. Jung-Institut.

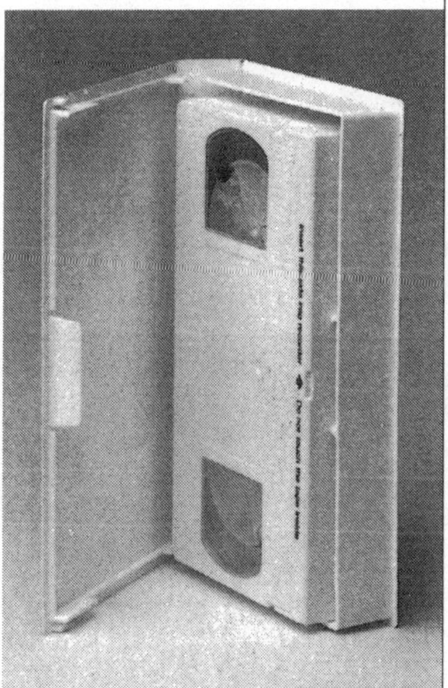

'C. G. Jung'-Channeling-Chronik IV, V ...

Lieber Leser! In den kommenden Folgen berichten wir über den weiteren rasanten Fortgang der 'Jung'-Dialoge und die damit zusammenhängenden, immer wieder staunen lassenden Rahmengeschehen.

Die vielen brisanten Themen drehen sich u.a. um eine Beziehungskrise der Autoren und CeGe's Haltung dazu, um 'Jung's Ansichten zur Dualseelen-Theorie, um die Richtigstellung des historischen Jungschen Horoskops und so weiter ... (Die Cassetten sind erst zum Teil aufgearbeitet, deshalb die vage Inhaltsangabe!)

In einer Kollektion persönlicher Gespräche zeigt 'CGJ' wiederum sein einzigartiges Können, unbewußte Inhalte bewußt zu machen und seinen Klienten den spirituellen Weg zu weisen. Auch einige Journalisten, Therapeuten und Ärzte nutzten die Chance eines direkten Kontaktes mit dem nunmehrigen Astral-Psychologen.

Wenn Sie über das jeweilige Erscheinen eines nachfolgenden Bandes sowie bezüglich aktueller Aktivitäten der Autoren persönlich informiert werden möchten (und uns bisher noch nicht kontaktierten) und/oder uns Adressen von Freunden nennen möchten, denen wir das Verlagsprogramm und Unterlagen über das 'Jung'-Projekt zusenden sollten, genügt eine Postkarte an den Verlag oder die Autoren.

Silberschnur-Verlag · Heddesdorfer Straße 7 · D-5450 Neuwied

Anschrift der Autoren

René & Mirabelle Coudris
c/o
STUDIO PHOENIX · AUSTRIA
Institut für Transkommunikation und Metapsychologie
A-4863 Seewalchen am Attersee

Bildquellen

Wir danken für die freundliche Abdruckgenehmigung:
Seite 5: DNZ-Archiv, Seite 45: Dover Publications, Seite 59: Boris Vallejo, Seite 101: Yousuf Karsh, Seite 111: Horst Stasny, Seite 191: Sulamith Wülfing, übrige Illustrationen: René Coudris/ Studio Phoenix-Bildarchiv.